성희롱의 이해

교육학박사 문 희 경

Understanding Sexual Harassment in the School

교육과학사

머리말

2010년 경인년(庚寅年) 새해가 밝았다. 아마도 내 인생에서 하나의 커다란 전환점이 되는 해가 아닌가 생각된다. 누구에게 내놓아도 부끄럽지 않을만한 가치 있는 학위논문을 쓰고 싶었지만, 지난 여름 무더운 더위가 시작되는 6월 중순에 많은 아쉬움을 뒤로 하면서 박사학위 논문을 마무리 하였다. 인쇄된 논문을 다시 읽으면서 여기저기 발견되는 아쉬운 부분들이 눈에 띄어 마음이 편안하지 않았다. 여러 차례 내면에서 울리는 정신세계와 대화하면서 하나의 결론에 도달하였다. 그 동안 이 분야의 현장에서 얻은 경험과 학위논문을 준비하는 과정에서 수집한 다양한 자료를 종합하여 학위논문의 주제인 성희롱(性戲弄) 분야를 좀 더 포괄적으로 이해하는 안내서를 쓰기로 결정한 것이다. 이와 같은 과정을 거쳐 이 책이 탄생되었다.

학부과정을 마치고 1982년부터 모교의 '학생생활상담센터'에서 카운슬러로서 각종 심리검사와 진로, 적성, 성격, 성적, 이성문제, 대인관계, 학교생활, 직장생활 등의 상담 업무를 수행하면서 인생의 여러 측면을 되돌아보는 귀중한 시간을 가졌다. 그러던 중 20세기를 마감하는 1999년에 생소한 상담을 처음으로 경험하게 되었다. 정부에서 공공기관에 '성희롱 고충상담실을 설치하라'는 공문을 발송하자 대학당국은 업무의 전문성, 시설공간, 인력충원 등의 한계로 인하여 새로운 담당부서를 신설하기 보다는 각 대학의 실정에 맞추어 총무과, 의무실, 기숙사, 상담센터 등 기존의 대학기구에 성희롱 관련 업무를 담당하도록 한 것이다. 이와 같은 이유로 인하여 저자가 몸담고 있는 대학에서는 학생생활상담센터에서 2001년부터 성희롱 관련 상담업무를 담당하게 하였다. 그 당시만 하여도 저자는 이와 관련하여 아무런 준비가 없었다. 저자는 대학생 상대의 일반상담과 성희롱과 성폭력 관련 상담을 좀 더 명확하게 구분하여 효율적으로 처리하기 위하여 관련 정보수집과 전문교육에 참여하면서 자격증도 취득하게 되었지만, 새로운 분야에 대한 지적 호기심 충족에는 한계가 있음을 느꼈다. 이 분야의 지적 욕구를 충족하기 위하여 내린 결정은 학위과정에 도전하는 것이었다.

이 책의 주제와 관련되는 성희롱에 관한 심층적인 이론공부와 업무현장에서의 상담 경험은 여러 가지 어려움이 뒤따랐지만, 의미 있고 보람 있는 하나의 학습여정이었다. 그러나 이 분야의 학습과 실무에서 부딪히는 어려움은 새로운 법이 만들어지고, 새로운 문화가 창조되어도 우리의 오래된 유교문화와 관련된 전통적 습성에서 벗어나지 못하는 문화지체(文化遲滯, culture lag)가 도처에 깔려있다는 현실이었다. 더욱 안타까운 현실은 지성인을 자처하는 집단을 포함하여 사회지도층조차 시대정신을 반영하는 문화에 적응하지 못하고, 한 순간의 실수로 그 동안 쌓아 올린 명예에 엄청난 타격을 입는 것을 바로 눈앞에서 보는 것이었다. 또한 '성희롱 관련 법률과 판례'에서 사용되는 용어와 사례들이 일반인들이 보아도 애매모호한 기준으로 인하여 혼란을 초래하는 현실이었다. 이러한 문제점 해결과 학위논문 준비과정에서 경험한 이 분야를 전체적으로 알기 쉽게 소개하는 개론서의 필요성에 대한 동기가 이 책을 집필하게 된 견인차 역할을 한 것이다.

이 책은 성희롱과 관련된 기초적인 이해를 위하여 4부 12장으로 구성되어 있다. 그러나 내용은 주로 교육현장에서의 사례를 중심으로 전개되었다. 제 I 부는 '지식기반사회와 양성평등의식'과 관련된 내용으로 제1장 '정보사회와 성역할 변화', 제2장 '성의 심리·사회적 이해와 양성평등'으로 구성되었다. 제Ⅱ부는 '성희롱의 이론적 기초'와 관련된 내용으로 제3장 '성희롱의 개념, 유형 및 특징', 제4장 '성희롱 관련 법규', 제5장 '성희롱 발생원인, 설명이론 및 발생현황', 제6장 '성희롱 피해의 영향과 피해자 대처행동'으로 구성된다. 제Ⅲ부는 '교육현장에서의 성희롱의 실제'와 관련되는 내용으로 제7장 '교육장면에서의 성희롱 현황과 영향', 제8장 '학교에서 성희롱 예방을 위한 정책과 규제방안', 제9장 '성교육과 성희롱 예방을 위한 프로그램', 제10장 '성희롱 고충상담과 피해구제'로 구성된다. 제Ⅳ부는 '성희롱 관련 사례와 미래전망'의 내용으로 제11장 '성희롱 관련 사례 분석'과 제12장 '성희롱 연구동향과 미래전망'으로 구성되었다. 마지막으로 부록에서는 '성희롱 업무에 필요한 각종 서식', '성희롱 관련 참고 사이트', '성희롱과 관련된 주요용어' 등의 내용을 포함시켰다.

책을 집필하는 과정에서 성희롱에 대한 이해를 쉽게 하고자 실무현장에서 경험한 지식과 실천방법(know-how)을 최대한 반영하려고 노력하였다. 이 책이 성(性)과 관련된 상담활동에 관심을 가지고 있는 많은 사람들에게 유용하게 활용되기를 바란다. 이 책을 처음 시작하는 단계에서 실무 현장에서의 단순한 경험만 가지고 무모하게 접근하였던 저자는 집필과정에서 이 분야의 선구자적인 논문과 저서들을 많이 인용하였는데 저자들에게 고개 숙여 진심으로 감사의 마음을 표한다. 이 책의 내용과 참고문헌 목록에 저자의 부주의로 인하여 출처를 밝히지 못하고 사용된 부분이 있다면 그분들에게 지면으로 용서를 구한다. 성희롱 · 성폭력이라는 단어조차 낯설었던 불모지 우리나라에서 선배 연구자들의 노력으로 이 분야의 피해당사자들인 소외계층이 도움을 받을 수 있는 사회풍토가 조성되어 가는 현실에도 감사함을 느낀다.

내년이면 저자는 모교에서 '학생생활상담'과 관련된 업무에 종사한지 30년이 된다. 북한산의 수려한 경관이 수없이 바뀌는 것을 지켜보면서 그 동안의 학교생활을 정리할 수 있는 결실이 있기를 나름대로 꿈꾸었었다. 이 책으로 그 동안의 개인적인 숙제를 대신하면서 마음의 짐을 내려놓는다. 이제는 편안한 마음으로 또 다른 날개 짓을 꿈꾸는 자신을 바라보면서 입가에 엷은 미소를, 여유 있는 미소를 지어 본다.

이 책이 완성되기까지 주위의 많은 분들의 도움이 있었다. 늦게 공부를 시작한 만학도에게 새로운 분야의 탐구 과정에 학문적 지도와 용기를 북돋아 주셨던 김청자 교수님과 본인의 귀한 작품을 각 부의 표지 그림으로 사용하도록 허락하여 준 작가 김도명 선생님에게 특별히 감사드린다. 다음으로 이 분야의 연구를 시작하는 단계에서부터 책을 집필하는 과정에 태평양 건너 미국 인디애나대학교에서 새로운 논문과 주요 책들을 공급해 준 딸아이, 바쁜 입사시험 준비 과정에서도 독수리 타법으로 원고 정리하는 엄마를 대신하여 관련 자료를 한글화하여 준 아들, 이 책의 집필과정을 뒤에서 묵묵히 지켜보면서 물심양면으로 응원해준 30년 지기 룸메이트, 저자의 학위취득을 누구보다 기뻐하셨던 고향 평택의 어머님과 오라버님, 수유리의 큰아주버님, 가족이라는 그들의 존재가 힘들은 집필과정에 가장 큰 힘이 되었다. 마지막으로 출판계의 여러 가지 어려움에도 불구하고 이와 같은 전문서 출판을 쉽게 허락하여 주신 교육과학사 김동규 사장님을 비롯한 임직원들, 그리고 오늘의 나를 있게 한 주변의 모든 분들에게 머리 숙여 감사를 드린다.

진심으로 감사합니다!

2010년 2월 22일
새봄을 준비하는 북한산을 바라보면서
문 희 경 씀

목 차

제 II 부 · 성희롱의 이론적 기초

제 III 부 • 교육현장에서 성희롱의 실제

제 IV 부 · 성희롱 관련 사례와 미래전망

표 목차

그림 목차

제 I 부

지식기반사회와 양성평등의식

항아리(2006), 김도명 작

제1장

정보사회와 성역할 변화

제1절 정보사회와 여성의 사회진출

1. 정보사회의 개념과 특징

현대사회는 20세기 중 · 후반부터 컴퓨터를 중심으로 발달된 정보통신기술(Information and Communication Technology : ICT)의 발달로 인하여 여러 부분에서 많은 변화가 계속되고 있다. 우리는 현대사회를 정보사회, 또는 지식기반사회라고 정의하고 있다. 이 개념은 1970년대에 Daniel Bell과 Alvin Toffler가 예견했던 후기 산업사회에 나타나는 여러 가지 징후를 뜻하며, 1990년대 후반에는 여러 분야에서 본격적으로 사용되기 시작하였다. 정보사회, 또는 지식기반사회의 개념과 특징에 대하여 간단하게 알아보면 다음과 같다.

우리는 언제부터인가 마치 생명을 유지하기 위하여 공기를 마시듯이, 생활을 하기 위하여 정보를 이용하게 되었다. 현대사회를 정보사회라고 하는 이유도 여기에 있다. 정보사회는 컴퓨터혁명, 정보혁명, 의사소통혁명으로부터 파생된 사회라고 할 수 있다(오택섭 외, 2005). ICT의 획기적인 발달에 의하여 정치, 경제, 문화, 교육 등 사회구조 전반에 걸쳐서 정보와 지식의 가치가 높아지는 사회가 정보사회이다. 그러나 정보사회에서 정보를 단순히 경제적, 혹은 산업적 특성에 한정하여 논의할 수는 없다. 왜냐하면 정보사회에서는 정보자체가 정치활동이나 사회활동, 문화활동을 위해서 필수불가결한 중요한 요소가 되고 있기 때문이다. 정보사회에서의 이러한 현상은 여성의 사회진출과 관련된 직업 활동에서도 예외는 아니다. 정보사회에서 노동시장의 변화는 여성의 사회진출에 많은 영향을 미치고 있으며, 사회문화생활에서 성(性)역할에도 많은 변화를 일으키고 있다. 따라서 정보사회에서 여성의 직업활동과 관련된 이해가 정보사회의 적응을 위한 하나의 핵심요소로 등장한다(김문조, 1987).

정보사회의 개념은 다양한 관점에서 정의되고 있다. 그러나 일반적으로 정보사회란 컴퓨터와 ICT가 결합하여 정보의 수집 · 가공 · 유통 능력이 획기적으로 증대되면서, 정보의 가치가 산업사회에서의 토지, 노동, 자본과 같이 중요하게 여겨지는 것을 의미한다. 바꾸어 말하면, 정보사회란 인간이 현대사회에 적응해서 살아가는 데 필요한 정보를 수집, 생산, 제작, 가공, 저장하는 과정을 통하여 정보의 유통을 확산시키며 이러한 행위가 사회 전반에 보편화된 사회를 말한다(서이종, 2001). 따라서 정보사회는 엄청난 양의 정보가 생산되어 빠른 속도로 이동 · 유포되고 소비되는 사회를 의미한다. 이와 같이 많은 사회과학자들의 정보사회에 대한 정의에 포함된 공통적인 요소는 다음과 같다. 첫째, 정보의 사회적 중요성이 증대된다. 둘째, 정보처리와 통신의 결합인 정보통신, 또는 새로운 기술(technologies)의 발전을 강조한다. 셋째, 정보통신의 발전에 따라서 사회 · 경제체제의 변화가 초래된다는 것이다. 정보사회의 개념에 포함된 공통 요소를 사용하여 김영석(1999 : 511)은 정보사회를 "정보의 유통량이 팽창하고, 정보 · 통신기술이 급격히 발달함에 따라 정보에 대한 접근이 용이해지며, 정보의 처리와 전달이 효율적으로 이루어지고, 정보의 사회 · 경제적 가치가 높게 부여되는 사회"라고 정의하고 있다.

그러나 정보사회는 정의하는 학자의 시각에 따라서 매우 다양하게 정의되고 있다. 김영석(1999)은 정보사회에 관한 여러 학자의 관점을 3가지로 종합하였다. 첫째, 정보사회를 정보의 대량생산 · 유통 · 소비를 가능하게 하는 기술혁신과 기반시설(infrastructure) 환경의 변화 차원에서 보는 기술적 관점이다. 둘째, 정보사회의 특성을 정보의 생산과 소비의 증가와 정보관련 산업이 성장하여 산업구조에 변화를 일으킨다고 보는 경제적 관점이다. 마지막으로 ICT의 기술적 특성이나 기반시설의 혁신 그 자체보다는 그것이 사회구조와 정치권력구조, 인간의 일상생활과 문화적 삶에 미칠 긍정적 · 부정적 영향에 초점을 맞추는 사회적 관점이다. 이와 같이 정보사회에 대한 다양한 정의는 보는 관점에 따라 정보사회를 얼마나 다양하게 특징지을 수 있는가를 예시하고 있다.

이러한 정보사회의 특성은 다음과 같이 종합할 수 있다. 첫째, 상품으로 교환되는 정보의 사회적 중요성의 증대이다. 정보사회에서는 개인 생활을 비롯한 정치, 경제, 문화 등의 사회생활에서 정보 의존도가 커지는 사회이다. 이와 관련하여 시장에서 교환되는 정보가 이전까지는 물리적인 상품교류를 보조하면서 부수적으로 교류되는 데 불과하였지만, 정보사회에서는 정보 자체가 제조상품이나 농업상품과 경쟁적인 위치에서 독자적으로 거래된다. 둘째, 정보노동력의 확대이다. 정보사회는 경제 활동의 중심이 상품의 생산에서 정보나 서비스, 지식의 생산으로 옮겨지는 사회이다. 즉, 정보산업이 구조적으로 증대되어 이와 관련되는 분야에 종사하는 노동력이 증대된다. 특히 정보사회에서는 고등교육의 확대와 ICT 전문성에 기초하여 골드칼라(gold collar)의 출현과 역할이 증대하고 있다. 골드칼라는 학력, 경력, 배경 등의 고정적인 관행에서 벗어나 자아실현을 위하여 부단한 노력으로 새로운 직업관과 사회관을 형성하며 창조적 파괴를 통한 새로운 문화를 창조한다(서문기, 2004). 이러한 현상은 여성의 사회진출과 관련하여 나타나는 특징으로 많은 가능성과 해결하여야 할 과제를 우리에게 던져주고 있다.

셋째, 개인과 기관의 상호연관성(interconnection)의 증대이다. 정보사회에서는 각종 정보기술 사이의 상호연계성이 증대됨에 따라서 은행, 신용카드 회사, 증권회사 등 각종 정보관련 기관 사이의 정보유통이 확대되고 있으며 정보통신망의 구조가 발달하여 네트워크를 통한 의사소통이이 가능하다. 넷째, 과학적 기술의 사회적 지위증대이다. 정보사회는 물질이나 에너지 이상으로 정보 자체가 중요한 자원이 되고, 정보의 가치 생산을 중심으로 사회 전체가 움직이는 사회, 즉 인간의 지적 창조력이 가장 중요한 사회이다. 다섯째, 다양한 메시지와 채널로 구성된 사회 환경의 형성이다. 특히 대중매체는 현대사회의 각 부문에 걸쳐

깊숙이 영향을 주고 있으며, 그 결과 엄청난 양의 메시지와 채널들은 결국 사람들이 현실을 이해하고 해석하는 중요한 토대로 작용한다. 마지막으로 정보기술의 광범위한 확산이다. 정보사회는 컴퓨터 및 전자통신기술의 결합인 ICT의 발전에 의하여 기능하는 사회이다. 사람들이 정보를 조작하고 저장할 수 있는 능력을 증대시켜 주는 ICT가 사회 각 부문에 걸쳐 확산되고, 이러한 기술을 제공하는 정보기기는 사회변화의 상징처럼 인식된다.

정보사회는 정보와 지식이 개인, 기업, 국가의 경쟁력을 좌우하는 핵심적 요소이자 가치창출의 원천이 되는 사회를 의미한다. 즉 자원, 노동, 자본이 주된 생산요소였던 농경사회와 산업사회를 넘어, 지식과 정보가 가치창출의 핵심적요소가 되고 그와 같은 인식과 가치관, 문화가 지배하는 사회인 것이다. 다시 말하면, 잘 조직되고 다듬어진 지식을 생산하고 사용하며 교환하고 재구성할 때, 이와 같은 과정에서 창출되는 생산적 힘과 사회적 가치에 우리의 삶이 크게 의존하는 사회를 의미한다고 볼 수 있다. 그리고 정보사회의 특징은 정보통신의 혁명과 과학기술의 발달, 경쟁의 세계화, 지식집약적인 기술혁신과 창의적 아이디어를 중시하는 환경, 수확체증(increasing returns)의 사회구조 등이다. 정보사회에서는 지식이 자원과 자본, 노동과 같이 생산의 핵심적 요소로서의 위치를 차지하게 되고, 일의 범위와 양상도 신체적 활동의 수준에 머무르지 않고 고도의 이지적이며, 이론적 원리를 광범하게 사용하는 특징을 지님에 따라서 사회의 여러 부문은 커다란 변화를 겪게 되었다. 이 시점에서 우리는 한 가지 질문을 던질 수 있다. 현대에 들어서 여성의 사회진출이 확대된 것은 사실이지만, 과연 그것이 지식기반사회와 여성의 사회진출 간의 관련성을 증명하는 것일까? 정말로 정보사회와 여성의 사회진출이 연관성이 있다면 과연 어떠한 영향을 주고받은 것일까?

2. 여성의 사회진출

과거 산업사회에서는 노동력이란 곧 노동자의 체력, 힘(power)이 우선적인 고려 대상이었다. 장시간을 일할 수 있는 체력이 있어야만 기계에 발맞추어 일을 할 수 있었고, 고용자는 이에 대한 대가로 이익을 얻을 수 있었던 것이다. 따라서 남성에 비하여 신체적으로 체력이 약한 여성들은 직업을 가진다는 것도 남성에 비하여 어려웠으며, 설령 직업을 가졌다고 하더라도 월급을 적게 받을 수밖에 없었다. 이 조차도 힘든 상황에서는 집안일에 종사하거나 매춘으로 연명하는 여성들도 있었다. 그러나 산업사회에서 정보사회로 변화하면서, 기존에 중점적이었던 육체적인 힘(體力)보다 정신적인 힘(知力), 즉 지식(knowledge)의 중요성이 부각되기 시작하였다. 이와 같이 노동력에 대한 개념 변화는 남성만이 아닌 여성에게도 사회 진출의 가능성을 부여하는 아주 중요한 변화의 하나인 것이다. 그리고 우리 사회가 근대화와 개방화의 과정을 거치는 동안 서구 사회 문화의 영향으로 남성과 여성의 평등이란 개념을 알게 되었으며, 교육의 중요성을 깨닫게 되었다. 정부의 주도로 남녀에게 평등한 교육의 기회를 제공하게 되면서 여성들은 그들의 지식을 사회에 환원하는 법을 배우게 되었던 것이다. 지속적으로 교육을 받은 여성들은 남성 못지않은 능력을 발휘하며 사회 곳곳에서 활약하기 시작했다.

이러한 과정들을 거치면서 21세기 정보사회가 성숙되고 있는 오늘날에는 여성들의 사회진출이 매우 활발하게 이루어지고 있는 데, 실제적인 현황을 아래에서 살펴보도록 하겠다. 고학력 여성들의 노동시장 참여를 통하여 고도성장을 달성한 미국과 유럽 등 선진국들의 경험이 우리나라 사회에서 고학력 전문직 여성의 지속적인 노동시장의 참여에 대한 사회적 인식을 확산시키고 있다. 또한 고학력 여성의 취업 지원을 위한 각종 정책 및 법, 제도적 인프라 구축에 정부가 앞장서고 있는 실정이다. 아래의 [그림 1-1]은 통계청이 발표한 여성 연령대별 취

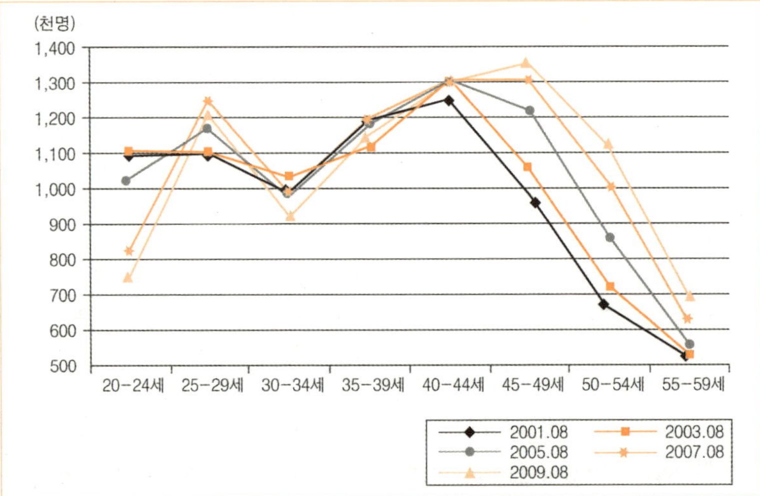

[그림 1-1] 여성 연령대별 취업자 분포추이

업자 분포 추이에 대한 종합이다.

또한 2006년 경제협력개발기구(Organization of Economic Cooperation and Development : OECD)의 발표에 따르면 우리나라의 '성, 제도, 개발(Gender, Institutions and Development : GID)지수'[1] 는 0.021로 스웨덴, 영국, 아일랜드에 이어 4번째로 높은 성평등도를 보이고 있다. 이것은 우리 사회의 제도적 성평등(性平等) 수준은 상당히 높은 편이라고 해석할 수 있다. 실제로 고학력 여성의 전문, 관리직 노동시장 진출도 1990년 7.7%에서 2006년 18.8%로 계속 증가하는 추세(통계청, 2007)이다. 이와 관련된 주요 이유는 여성의 공공부문 진출이 증가할 뿐 아니라 300대 기업의 여성고용이 증가하는 추세이기 때문이다(전국경제인연합회, 2007). 이와 같이 여성의 사회진출과 관련된 성평등 관련 지표는 1990년대 이후 정부의 평등정책이 모집 및 채용에서 퇴직, 해고에 이르

1) GID(Gender, Institutions and Development)지수는 OECD가 세계 여성의 날을 맞이하여, 2006년에 새로 발표한 여성평등지표로 가족 및 사회의 규범, 관습, 문화까지 포함하는 한 국가의 사회제도가 여성차별과 불평등에 미치는 영향을 평가하는 것으로, 수치가 낮을수록 제도적인 성평등 수준이 높다는 뜻이다.

는 전체 과정에서 여성들의 직업적인 차별을 완화하는데 크게 기여했음을 뜻한다.

그러나 제도적인 성차별과는 별도로 실제의 노동시장에서의 여성에 관한 성차별은 지속되고 있다. 우리나라 여성의 경제활동 참가율은 2005년에야 비로서 50.1%를 넘어섰으며, 2006년 50.3%의 여성 경제활동인구 중에서 기혼여성이 차지하는 비중은 기혼남성의 경제활동 참가율 85.0%에 비하여 현저하게 낮은 52.0%에 불과하다(통계청, 2007). 또한 M자 곡선[2])도 과거보다 완만해지기는 했으나 여전히 지속되고 있으며, 2006년 연령별 여성의 경제활동 참가율은 25~29세가 67.5%로 가장 높고, 30~34세에서는 53.1%로 급격하게 감소했다가 40~44세에서 다시 65.6%로 증가하는 M자형을 유지하고 있다. 자녀가 있는 여성의 취업 중단 비율은 38.4%에 이르며, 이들의 취업 중단 사유는 자녀양육(64.9%)과 임신 및 출산에 따른 직장 불이익(12.6%)에 의한 것으로 나타났다(여성가족부, 2005). 이와 같은 불이익은 저출산 문제의 직·간접적인 원인이 되고 있다. 또한 출산과 육아로 인한 여성의 경력 단절은 노동시장에서 여성의 지위를 더욱 낮게 만들 뿐만 아니라 성별임금격차와 성별직업분리를 유지·강화하는 결과를 초래하고 있다.

제2절 노동구조의 변화와 여성정책

1. 정보사회의 노동구조 변화

정보사회는 사회의 일상을 구성하는 모든 영역에서 변화를 초래한

2) 노동시장에 진입한 여성들이 출산과 육아를 이유로 노동시장에서 퇴장했다가 일정 기간 이후에 노동시장에 재진입하는 현상을 단적으로 보여주는 그래프

다. 컴퓨터와 ICT의 급속한 발전으로 정보사회는 사회적, 경제적, 문화적 필요에 의하여 재구성되며, 동시에 이들 여러 가지 조건에 영향을 미친다. 기술의 사회적 구성론 관점에서 살펴볼 때, 정보사회는 기술을 매개로 관계를 맺는다(이승협, 2005). 이러한 정보사회에서 가장 많은 영향을 미치는 영역은 경제적 영역이다. 경제 분야에서 자본축적의 위기를 ICT를 활용하여 새로운 시장의 영역을 만들어내고, 기존의 영역을 정보영역으로 재구성해 가는 과정이 바로 정보사회 경제영역에서의 핵심내용 가운데 하나이다. 정보사회의 핵심영역으로 경제영역은 자본주의 체제에서 상품의 생산, 유통, 분배 및 소비로 구성된다. 기존의 상품생산(chain)은 ICT의 적용으로 상품생산에서 소비에 이르는 상품순환의 조직원리가 새롭게 변형된다. 이러한 변형은 ICT를 활용한 분절된 생산과 소비의 연결로 개념화할 수 있으며, 이것은 과거의 단순한 위계적 사무노동에서 정보의 수집, 가공, 처리 및 분석을 중심으로 하는 지적인 정신노동, 또는 관련 체제의 개발 및 유지를 위한 정신노동으로 노동의 성격이 변화되어 간다.

이와 같이 생산체계의 재조직화는 노동의 성격변화로 연결된다. 오늘날 정보사회 노동시장에서 인간노동의 최소화와 정보화는 상품의 사회적 평균 가치에 대하여 기술적 우위를 가질 경우에만 상대적 잉여가치를 확보할 수 있다(이승협, 2005). 동일업종이나 동일산업에서 인간노동의 최소화, 자동화, 정보화가 보편화된 수준으로 진행된다면, 개별조직은 이러한 과학기술의 도입을 통하여 얻을 수 있는 상대적 잉여가치도 최소화 될 것이다. 결국 자본의 유기적 구성에서 불변자본의 비율이 높아짐으로 인하여 잉여가치율은 하락하게 되어 조직은 다음과 같은 두 가지 선택에 직면하게 된다(이승협, 2005).

첫째, 끊임없는 기술혁신과 생산과정의 재조직화를 통하여 상대적인 잉여가치를 확보해 가는 무한경쟁을 지속해 가는 방식이다. 정보통신업계에서 세계적 대기업의 부침이 심한 것은 현재 정보통신산업이 이러한 무한 경쟁을 통한 상대적 잉여가치의 확보라는 방식으로 상대적 잉여가치를 실현시키고 있기 때문이다. 최근 세계무역기구(WTO)에서 지적재산권이 중시되는 이유도 이러한 시각에서 이해할 수 있다. 둘째, 주어진 기술조건과 시장조건에서 기업의 인적자원을 효율적으로 활용하는 방식이다. 불변자본과 기술을 둘러싼 기업 간 경쟁은 시장에서의 구매가능성과 기술혁신의 속도로 인하여 상대적으로 낮은 효과를 보인다. 따라서 기업은 불변자본과 기술의 평준화 및 표준화가 초래하는 잉여가치율의 저하를 가변자본인 노동의 관리를 통하여 보완함으로써 잉여가치를 높이려고 한다. 노동의 관리는 개별노동자가 가지고 있는 인적자원 요소의 질을 높이고, ICT를 활용하여 한편으로는 개별 인적자원을 집단적으로 조직화하고, 다른 한편으로는 노동과정을 유연하게 재조직화 함으로써 생산성을 최적화하려는 시도로 나타난다. 이와 같은 정보사회의 노동구조의 변화는 여성의 사회진출을 촉진시키고 있으며, 이와 관련된 여성정책 개발이 필수적이다.

2. 여성의 사회진출과 여성정책

우리나라는 500년간 유교정치의 영향을 많이 받아 왔다. 그 결과로 정치, 경제, 문화 등 사회의 주축을 이루는 분야들은 모두 남성 인력 중심으로 구성되었으며, 사회적인 체제도 남성 중심적인 경향을 가지고 있다. 또한 과거에 현모양처가 여성의 가장 큰 덕목으로 여겨졌듯이 가부장적 사회 하에서 여성들의 사회진출은 미미했다. 그러나 근대화와 개방화를 거쳐서 오늘날에는 대부분의 여성들이 남성들과 똑같이 교육을 받으며, 양질의 교육을 받은 여성 인재들이 많은 분야에서 배출되고 있다. 현대사회에서는 이러한 사회적 변화와 여성의 의식 수준 향상 등을 통하여, 여성의 사회진출이 활발하게 이루어지고 있다. 2005년에는 처음으로 여성의 사회진출이 50%를 넘었다. 단순히 인원만 늘어난 것이 아니라 국가 고위 공무원을 뽑는 외무고시, 행정고시, 사법고시에서 여성의 합격률이 매우 높아졌고 특히 외무고시는 합격생의 절반이상이 여성으로, 여성의 파워를 보여 주었다. 여성 국회의원의 수도 해마다 급격하게 증가하고 있으며 지난번 대통령 선거과정에서는 대선주자에 여성후보까지 등장했다. 주요전문직에 종사하는 여성의 수는 점점 늘고 있으며 가정의 생계를 책임지는 여성 가구주의 수도 증가 추세에 있다.

이러한 여성들의 취업과 경제활동이 증가하는 배경에는 교육수준의 향상이 한 원인으로 꼽힌다. 과거의 사고에서 벗어나 적극적으로 자신의 자아실현을 위하여 공부하고 노력하는 여성들이 늘어나고 있으며 이에 따라 고학력의 여성들이 늘어나고 있다. 이러한 현상을 통하여 여성들의 의식 수준에 큰 변화가 있었음을 알 수 있는 데, 이들은 사회가 요구하는 것보다는 자신의 선택을 보다 우선적으로 두는 경향이 있다. 최근 정보사회의 성숙과 함께 전개되는 지식기반사회의 도래로 여성들의 사회진출이 점차 증가하게 되었고, 이로 인하여 해결해야 할 과제들도 많이 남아 있는 상태이다. 여성노동자의 복지와 사회참여를 지원하기 위하여 선진국은 물론 우리나라에서도 여성정책이 도입되고 있다. 여성정책의 개념에 대하여 먼저 살펴보고 선진국의 여성정책과 우리나라의 여성정책을 비교해 보고 그것이 우리에게 주는 시사점은 무엇인가 살펴보고자 한다.

1) 여성정책의 개념과 목적

여성정책이란 정치, 경제, 사회, 문화 등 모든 영역에서 성평등 실현을 위한 국가 차원의 정책이라고 정의할 수 있다(이재경 · 조영미 · 민가영 · 박홍주 · (이박)혜경 · 이은아, 2007). 이 정의에서 여성정책인데 '여성을 위한'이라는 말은 왜 없느냐고 의아해 하는 사람도 있을 것이다. 많은 사람들이 여성정책을 여성을 위한 정책, 여성을 보호하기 위한 정책으로 오해하고 있다. 이와 같은 오해를 풀기 위하여 우선 여성정책이라는 말에서 '여성'의 의미를 먼저 알아볼 필요가 있다. 흔히들 여성정책이라고 하면 여성을 위한 정책, 여성을 보호하기 위한 정책 등으로 생각하기 쉽다. 그러나 여성정책에서 '여성'은 생물학적 여성이 아니라 성별 불평등한 사회에서 사회적 성별관계로서의 여성을 의미한다. 따라서 여성정책은 단지 여성만을 위한 정책이 아니고 여성들만의 문제를 다루는 정책도 아니다. 여성정책은 젠더중심접근(gender-focused approach)의 정책으로, 젠더 관계의 변화를 통하여 평등한 삶을 추구할 수 있도록 하는 정책이라 할 수 있다. 여성정책의 목적은 여성들의 다양한 차이를 인정하지만, 권력관계와 성별관계에 주목하고, 정책적 개입을 통하여 성 평등한 사회를 지향하려는 데에 있다. 따라서 여성과 남성 모두의 삶에 영향을 미칠 수 있다.

2) 국제연합(UN)과 여성정책

국제 사회는 1947년 유엔여성지위위원회(UN Commission on the Status of Women : CSW)의 창설 이후, 세계여성대회를 통하여 여성정책을 독립적인 의제로 다루기 시작하였다. 세계여성대회는 UN 차원에서 전 세계 비정부기구(NGO)들이 참여하여 여성의 관심과 경험을 나누는 국제회의이다. 유엔은 1975년을 '세계여성의 해'로 선언하고 같은 해 멕시코에서 제1차 세계여성회의를 개최하여 국가적 · 지역적 · 국제적 차원의 모든 발전계획과 수행과정에 있어서 여성문제를 통합할 것을 목표로 하는 '유엔여성발전 10년(1976-1985)'을 선포하였다. 그 이후 1980년 코펜하겐에서 2차 대회가, 1985년 나이로비에서 3차 대회가, 1995년에 북경에서 4차 대회가 열렸다. 북경여성대회에서는 빈곤, 교육 · 훈련, 건강, 여성에 대한 폭력, 무력 분쟁, 경제, 권력 및 의사 결정, 제도적 장치, 인권, 미디어, 환경, 여아 등 12개 주요 관심 부분의 전략목표와 행동 계획으로 구성된 '북경행동강령'이 채택되었고, 2000년 제23

차 유엔여성특별총회(Beijing+5)에서는 북경여성대회 향후 5년 동안의 성과를 점검하고 새천년 여성 발전 전략을 검토하였다. <표 1-1>에 요약 된 것과 같이 국제연합은 몇 차례의 세계여성회의를 통하여 중요한 여성문제를 다루면서 세계 여러 나라에 여성발전과 관련된 정책수립과 많은 영향을 미치고 있다(이재경 외, 2007).

〈표 1-1〉 **국제연합(UN)의 세계여성회의와 여성정책**

구 분	주요 내용
제1차 세계여성회의 (멕시코, 1975년)	• UN은 1975년을 '세계 여성의 해'로 선포하고, 전 세계 여성 및 국가 대표가 참여하는 제1차 세계여성대회를 개최. 멕시코에서 열린 제1차 회의는 평등, 발전, 평화를 주제로 여성 의제를 주요 의제로 채택하고, 성평등에 관한 담론의 장 마련. '세계 행동계획'을 채택하여 각국 정부로 하여금 여성의 동등한 참여 증진을 위한 국가 전략 수립을 요청하고, 'UN 여성 10년(1976-1985)'을 지정하여 여성 지위 향상 및 의사결정 참여를 위하여 노력함.
제2차 세계여성회의 (코펜하겐, 1980)	• 제2차 세계여성회는 1975년에 채택된 '세계행동계획'의 중간 점검, 평가를 위하여 개최. 국제사회와 각국의 많은 노력이 있었음에도 불구하고 여성의 실질적인 지위향상이 이루어지지 않았다는 인식에 따라 광범위한 평등, 발전, 평화의 목표 중 교육, 고용기회, 적절한 보건의료서비스에 대한 동등한 접근을 특별 중점분야로 선정함. 이에 앞서 UN은 1979년 '여성차별철폐 협약'을 채택하였으나, 우리나라는 1984년에 동 협약에 비준하여 4년마다 보고서를 작성할 의무를 가짐.
제3차 세계여성회의 (나이로비, 1985)	• '유엔 여성 10년 : 평등, 발전, 평화'의 성과를 점검, 평가하는 제3차 세계여성회의는 '세계적인 여성주의의 탄생'이라고 일컬어지기도 함. 동 회의에서는 평등, 발전, 평화를 저해하는 장애를 극복하기 위하여 2000년까지 이행할 '나이로비 여성 발전 미래 전략'을 채택함. 이후 많은 국가에서 남녀평등 관련 법률을 제정함.

〈표 1-1〉 국제연합(UN)의 세계여성회의와 여성정책 (계속)

구 분	주요 내용
제4차 세계여성회의 (북경, 1995)	• 제4차 세계여성회의에서 여성발전을 위한 나이로비 미래전략의 이행을 촉구하고, '북경행동강령'을 채택함. '북경행동강령'은 경제, 사회, 문화 및 정치적 결정에 완전하고 평등한 참여를 통하여 사적, 공적인 삶의 모든 영역에서 여성의 능동적인 참여를 저해하는 장애요인을 제거하는 데 목적을 둠. 특히 12개 관심분야(빈곤, 교육 및 훈련, 건강, 여성에 대한 폭력, 전쟁, 경제, 권력 및 의사결정, 여성향상을 위한 제도적 장치, 인권, 미디어, 환경, 여아)를 설정하고, 성 인지적 관점의 통합과 여성의 정책 및 의사결정과정 참여를 강조함.

3) 각국의 여성정책

다음으로 복지국가 실현과 관련하여 활발한 여성정책을 실천하고 있는 스웨덴과 영국의 여성정책을 먼저 살펴보고 난 다음, 우리나라의 여성정책과 비교함으로써 우리나라의 여성정책이 나아가야할 방향에 대하여 간략하게 고찰한다.

가. 스웨덴의 여성정책 : 스웨덴에서는 모든 사람은 성, 종교, 사회적 지위 등에 관계없이 평등한 가치를 지닌다는 것에 우선순위를 두고 있다. 또한 평등의 근본이념 중의 하나가 바로 기회의 평등이다. 이러한 기회의 평등은 질적 측면 뿐 아니라 양적 측면에서도 고려되고 있다. 따라서 교육, 일, 여가, 권력 등과 같은 사회 전반적인 부분에서 남성과 여성의 동등한 분배가 이루어지며, 남성과 여성의 지식 및 경험, 가치 등이 동등한 비중으로 다루어지고 있다. 다음에서 스웨덴의 여성고용정책과 보육정책에 대하여 살펴보면 다음과 같다.

첫째, 스웨덴의 중점적인 여성고용정책은 완전고용이다. 모든 개인이 그 자신이 살아가기에 충분한 수입을 지불받을 수 있는 일자리를 가져야한다는 목표를 달성하기 위하여 노동력의 수요와 공급에 개입하는 적극적인 노동시장 정책을 전개하여 왔다. 그 결과 여성의 고용도 증대되어 완전고용 수준에 이르게 되었다. 여성의 완전고용에 영향을 끼친 요소들은 다음과 같다. (1) 모성보호와 양육을 위한 다양한 제도가 도입되었다는 것이다. 이를 통하여 아이를 가진 여성들도 노동시장 참여가 가능하게 되었다. (2) 공공부문의 성장으로 여성들에 대한 고용기회를 창출하였다. (3) 동일한 내용의 노동을 할 경우, 여성과 남성이 임금차별을 받지 않도록 연대임금제도를 도입하여 여성들의 취업욕구를 높였다. 이러한 국가의 적극적인 노력으로 인하여, 여성을 노동자라는 보편적인 범주로 확대시킬 수 있었다.

둘째, 스웨덴은 전통적인 성역할 체계를 넘어선 보육정책을 바탕으로 양육을 사회화하여 자녀양육이 여성만의 책임이 아닌 남녀공동의 책임이며, 사회활동 또한 남성과 여성 모두의 권리라는 사회적인 인식을 확대시켜 나갔다. 아동수당[3], 부양료 선불제[4], 부모보험[5] 등을 통하여 육아의 부담을 줄여나갔으며 그로 인하여 여성과 남성 모두 일할 권리를 누리면서 자녀양육도 함께 할 수 있는 체제를 마련하였다.

나. 영국의 여성정책 : 영국의 여성정책은 아내와 어머니로서의 여성, 남성의 피부양자이며 가사 전담자라는 전통적이고 고정적인 성역할 체계를 전제로 전개되었다. 그리고 시장경제에 의하여 자연스럽게 여성들의 사회진출이 이루어진 바과자적 정부의 괴도기를 지나시 평등법규의 손재와 그 중요성을 강조하여 성차별반대법규 제정에 힘쓴 규

3) 사회보험체계에서 지불된다. 기본아동수당, 추가아동수당, 연장아동수당이 있다. 아이를 낳은 어머니들에게 일정금액의 수당을 지급해 줌으로써 경제적인 지원을 하는 제도라고 할 수 있다.

4) 부모가 이혼한 경우 부모 중 한명이 혹은 대부분 여성이 자녀를 양육할 경우 다른 부모는 자녀를 위해 부양료를 내야하는데 경제적 능력이 안 될 경우 국가로부터 부양료를 지급받는다.

5) 건강보험의 일부로 자녀출산과 관련된 부모급부금과 일시적인 부모급부금이 있다.

칙제정자로서의 정부모습이 두드러지는 도약기를 거쳐, 탁아시설의 육성계획이나 모성휴가, 시간제근로자에 대한 고용보호를 통하여 모성부여와 자녀양육의 사회화를 추진하는 규제자, 또는 집행자로서 정부가 기능하는 발전기에 이르고 있다.

첫째, 초기 영국의 여성고용정책은 국가가 적극적으로 개입했던 스웨덴과 달리 국가개입이 최소한으로 이루어졌다. 영국에서의 여성노동에 대한 국가개입의 시기와 성격은 여성 노동자들의 필요와 요구가 아닌 시장경제의 필요에 따라서 결정되었다. 그러나 사회가 점차 변화하고 발전하여 감에 따라서 특히 노동조합이 적극적으로 여성노동자들을 조직화하여 여성운동이 성장함에 따라 여성들은 여성고용정책에 대한 개선을 강력히 요구하였고 1970년 동일임금법, 1975년 성차별 금지법이 제정되었다. 이들 법률은 여성에 대한 차별을 제거하고 노동공급을 증대시켜 여성들의 취업을 유도하는데 기여하였다. 그러나 고용시장에서의 근본적인 여성차별 원인을 파악하지 못한 채 진행되어 많은 한계점들이 존재하였다. 최근에는 양적인 고용촉진정책이 아닌 안정적이고 소득이 높은 직종에 여성들이 많이 취업을 할 수 있도록 특정분야에의 고용촉진정책에 초점을 두고 있으며, 여성의 취업 장애요인을 제거하고자 여성능력개발 정책이 추진되고 있다. 또한 자녀들과 충분한 시간을 보낼 수 있도록 국가적 차원의 육아전략과, 적절한 휴가의 법제화 등 여성고용정책에 대한 적극적인 노력이 이루어지고 있다.

둘째, 영국은 가족친화적인 고용정책의 일환으로 다양한 육아정책을 마련하고 있다. 하나의 예로서 가족들에게 0~14세 아동을 위한 질 높은 육아와 보호자의 경제적 부담을 덜어주는 육아를 보장하는 '국가육아전략'을 이행 중에 있다. 이것은 아동들의 복지를 증진시키고 여성들에게 동등한 기회를 제공하여 일과 가정이 안정되도록 지원하는 것이다. 또한 육아개발센터, 보육시설이 새로 설치되고 보다 질 높은 육아프로그램이 제공되도록 하고 있으며, 저소득 취업부모들의 보육료 부담을 덜어주기 위해 보육세금 공제, 육아보조금의 확대, 방과 후 보육시설의 확대 등을 추진하고 있다.

다. 우리나라의 여성정책 : 우리나라에서 여성정책이라는 용어가 사용되기 시작한 것은 여성정책심의위원회가 만들어진 1983년부터이다. 그 이전까지는 주로 소외계층에 있는 여성과 일부 부녀를 대상으로 한 '부녀행정'의 성격이 더 컸다. 1980년대 후반부에 이르러서야 여성정책이 독립적으로 다루어지기 시작하였다. 현재 노동시장에서 성차별 금지와 여성 노동권 보장을 위한 제도적 장치들이 마련되어 있고 여성들의 모성 보호 정책도 확대되었다. 비례대표 여성공천 할당제, 여성공무원 채용목표제, 국공립대 여성교수 채용목표제 등의 시행으로 인하여 이러한 여성정책들이 역차별이라는 목소리도 나오고 있어, 여성공무원 채용목표제가 2003년 양성평등채용목표제로 이름이 전환되어 여성을 어느 정도 채용해야 한다는 의미가 아닌, 남성과 여성의 성비의 균형을 이루어 채용해야한다는 의미를 나타날 수 있게 하였다. 그러나 여성정책들이 역차별이냐 아니냐에 대한 문제는 우리가 앞으로 그 균형을 잘 맞추어 극복해야 할 문제로 남아 있다.

라. 여성정책 개발에 대한 시사점 : 이와 같이 우리나라 여성정책의 현실을 스웨덴과 영국의 경우와 비교해 볼 때, 우리나라의 여성정책은 명시적, 실질적으로 여성의 사회참여를 지원하거나 복지를 구현하는 구체성이 상당히 떨어지는 것으로 나타났다. 이를 통하여 여권론(女權論)의 혁신적인 변화와 그에 따른 정책적 내용의 전개를 통한 현실적인 제도적 고려가 대단히 구체적으로 필요하다는 것을 알 수 있다. 이제 도약기를 지나 양성평등의 자립기를 구현하기 위한 우리나라 정부는 여성문제에 있어서 다음과 같은 정책개발에 노력하여야 한다.

첫째, 우리나라 정부는 정책형성에 앞서 여성의 역할에 대한 정의를 분명히 내려야 한다. 즉, 여성이 사회에서 어떤 존재로 기능하는가에 대한 역할 정의를 보다 분명하게 내릴 필요가 있다. 이러한 여성의 역할 인지로부터 여성정책의 내용과 배려가 사회구조에 적합하게 구성될 수 있을 것이다. 영국의 경우는 가족의 중요성과 어머니로서의 여성을 강조하여 알맞은 여성정책을 구체화함으로써 모성으로서의 여성에 대한 정책적 배려가 공고히 되었으며, 스웨덴의 경우는 애초에 여성을 어머니와 노동자로 인식하는 견지에서 사회적으로 일하는 여성의 역할에 주목하여 왔다. 그에 따라 남녀의 동등한 수혜 자격이나 맞벌이 부부에 대한 세금지원 및 자녀양육의 사회화와 편모에 대한 지원이 이루어졌다. 따라서 우리 정부도 사회에서 여성의 역할 및 존재에 대한 정의로부터 그에 따른 정책을 개발하여야 할 것이다.

둘째, 여성의 사회경제적 평등을 위한 정책적 지원이 필요하다. 즉, 성별분업의 논리를 재조직화하는 사회주의적 여권론의 관심으로부터 여성을 어머니와 노동자로 규정하는 측면에서 여성의 사회경제적 평등을 위한 정책적 배려에 주목해 볼 필요가 있다는 것이다. 그리고 성별분업을 재조직하는 논리로부터, 여성을 노동자로도 간주하여 더 이상 성별 노동분업에 의한 여성의 종속을 가져오지 않도록 해야 할 것이며, 자녀양육의 사회화 및 양육의 가족책임 및 모성휴가와 시간제 근로에 대한 정책적 배려를 통하여 여성복지의 확대를 꾀하여야 할 것이다. 정부는 복지주의적 여권론과 좀 더 사회주의 여권론에 주목하면서 여성의 사회경제적 평등을 제고하기 위해 좀 더 적극적이고 구체적인 규제자 또는 집행자로 활동해야 할 것이다.

이상에서 정보사회에서의 여성정책과 관련하여 선진국과 우리나라의 현황을 간단하게 살펴보았다. 오늘날 여성의 사회참여가 많아지고 법적, 제도적 남녀차별이 어느 정도 완화되고 있는 추세이지만 강한 성차별적 상호방식과 남성의 권력남용을 묵과하는 성향 및 여성의 비주체적 의식은 앞으로 우리 사회가 극복해 나가야 할 과제로 남아있다. 현재 시행되고 있는 여러 여성정책이 있다고는 하지만, 국가적 · 사회적 지원은 여전히 제한적인 수준이며 사회적 기반도 미비하다. 여성 노동권의 확보에 장애가 되고 있는 각종 차별적 관행과 노동 관련 제도들을 강화함으로써 여성 노동자들에 대한 사회문화적인 인식들을 변화시켜야 한다. 또한 지속적인 제도적 노력과 함께 뒤따라야 하는 것이 바로 인식의 개선이며 이것을 위해서 무엇보다 여성 스스로의 노력이 중요하다. 여성들이 자신의 권리를 찾고자 노력하고, 여성 스스로 남성과 여성을 구별하지 않고 동등한 인격체로 볼 때, 양성평등이 이루어지고 우리 모두 삶의 질을 높일 수 있을 것이다.

제3절 사회문화와 성(性)역할 변화

우리나라의 사회와 문화가 양성평등을 저해하고 있다고 주장하는 사람들이 많다. 물론 우리나라의 전통적인 유교문화에 기초한 사회사상이 '남존여비(男尊女卑)'라는 그릇된 가치관을 창출하였으며 과거 여성들의 사회진출을 비웃으며 등한시했던 것은 사실이다. 그러나 사회와 문화 전반에 걸쳐서 그 원인을 찾는 것보다 더 핵심적인 부분을 살펴보는 것이 중요하다. 여기서는 여성과 남성을 이분화 시키고 성차별을 야기하는 고착화된 성역할에 대하여 알아보고, 사회체제의 중심에 있는 법률을 통하여 사회에서 성역할과 성차별에 대해 간략하게 고찰하고 난 다음, 건전한 성역할 수행을 위한 양성평등과 성차별의 과정에서 발생하는 성희롱, 성폭력 등의 사회적 쟁점을 약술하고자 한다.

1. 성별 이분화(二分化)와 성역할

성역할은 남녀가 맡은 각기 다른 고유의 사회적인 기능을 일컫는다. 우리 사회의 성역할이 사회적으로 구성되었지만, 차별과 불평등을 야기하지 않는다면 문제가 될 이유는 없다. 그러나 여성과 남성을 둘러싼 여러 가지 오해들을 토대로 한 문화적 규정은 성역할을 규정함으로써 사회적 불평등을 만들어 내기도 한다. 구성론에 따르면 개인은 특정한 역사적 시점에서 자신을 관할하는 사회·경제적 환경과 관련을 맺으면서 구체적 인간으로 구성된다. 이러한 경우에는 개인 각각의 가치가 가진 사회적 보상과 처벌, 혹은 정상과 비정상의 기준을 간파한다. 이러한 과정을 통하여 각 사회의 구성원들은 그 문화의 보편적인 특징을 내면화하기도 한다. 우리가 아는 모든 사회의 구성 원리는 성별 이분법으로 작동한다. 이와 같이 사회에서 한 개인이 여성 또는 남성으로 태어난다는 것은 곧 그 사회의 성별분리 문화로 진입한다고 볼 수 있는데, 이 때 각 개인의 성별정체성은 무엇을 할 수 있고 없는가를 결정하는 사회규범이 된다. 사회규범의 법제화인 법률을 통해서 성역할이 사회적인 영역에서 어떻게 작동하는가를 알아보고, 관련 사례들을 살펴보면 아래와 같다.

2. 법조문에서 여성과 남성

법조문에서도 여성의 성역할과 관련된 설명은 투명하거나 중립적이지 않다. 공정함을 위하여 끊임없이 노력하고 수정·보완하는 과정이 필요하다. 법을 만든다는 것은 신의 영역이 아닌 불완전한 인간의 영역이기 때문이다. 따라서 법은 그 사회를 구성하는 남녀의 사회적, 경제적, 문화적 관계에서 더 나아가 심리적 관계까지도 반영된다. 우리나라 사회에서 불평등한 사회의 성역할에 기초한 성별 직무분리가 법에서 나타나 작동하는 방식은 다음과 같이 3가지로 나눌 수 있다.

첫째, 경찰공무원 급여품 및 대여품 규칙에는 방한장비, 전투장구, 안전장구 등을 남자 경찰에게만 지급하게 되어 있다. 이것은 성별에 따른 업무분리로 해석할 수 있는 사항이다. 특정 업무에 필요한 장비들을 남성에게만 지급한다는 것은 표면적으로 이러한 일이 남성의 일이라는 분명한 명시는 하지 않았지만 결과적으로 남성만이 담당할 수 있는 일이라는 뜻이다. 둘째, 소방공무원임용령에서도 이와 같은 점이 나타나고 있다. 채용단계에서부터 성별을 구분하는 것은 소방업무의 남녀 구분을 전제로 한다. 이러한 성별에 따른 업무분리는 특정 성별만이 할 수 있는 일이라는 점이 인정되지 않는 한, 기회를 제한하는 차별이라 볼 수 있다. 마지막으로 예를 하나 더 추가하면 다음과 같다.

다음 사례는 남녀의 부양능력에 대한 편견과 이것이 남녀의 노동연한, 즉 남녀 정년 차이와 같은 고용관행으로 이어짐을 알 수 있다. 국민연금법 유족 연금 지급 대상자[6]의 기준을 보면, 가입자가 남편일 때는 아무 조건 없이 남편임을 인정하지만 가입자가 부인일 경우에는 그 남편은 배우자가 사망하더라도 본인 나이가 60세가 되지 않았다면, 연금을 바로 받을 수가 없다. 광주민주유공자 예우에 관한 법률도 마찬가지로 성년의 아들이나 손자가 있는 조부모는 유족 범위에 속하지 못한다. 이처럼 법률에 전제되어 있는 여성과 남성의 성역할 관념은 현실에서 일어나는 다양한 사건에 대한 법 해석에 영향을 미치고 있다. 여성이 남성에 비하여 정적이고 수동적이라는 가정은 가정폭력 살인사건을 처리하는 데에서도 그대로 투영될 수 있다. 이러한 법 해석 안에는 남성은 원래 우발적, 충동적, 능동적인 성향이 다분하므로 고의성 없이 살인을 저지르지만, 수동적이고 정적인 여성이 살인을 저지르기까지는 사전의 엄청난 고의성과 계획이 반드시 포함되어 있다고 바라보는 시각이 깔

6) 국민연금법 제63조(유족의 범위)-유족 연금을 지급받을 수 있는 유족은 가입자 또는 가입자이었던 자의 사망당시 그에 의하여 생계를 유지하고 있던 다음의 자로 한다. 이 경우 가입자 또는 가입자이었던 자에 의하여 생계를 유지하고 있던 자에 관한 인정 기준은 대통령령으로 정한다.

려있다. 이러한 사례들과 관련된 불평등한 현실의 법률을 파악하고 이에 대한 정책 방안이 필요하다.

이와 같은 현실은 여성들로 하여금 남성중심의 가치관을 무비판적으로 수용하며 다양한 여성 콤플렉스를 길러냄으로써 남성 우월적 사회구조에 적응하도록 하는 무의식적 기제로 작용하고 있다. '모든 인간은 고유한 존재이다'라는 대전제를 인정한다면, 성 · 인종 · 종교 · 문화 등 다양한 차이는 차이 그대로 존중되어져야 한다. 그런데 이러한 차이가 존중되기는커녕 오히려 차별의 근거로 작용하는 경우가 허다한 실정이다. 모든 형태의 차별을 받지 않을 권리는 인간의 기본적 권리이다. 따라서 차별의 문제는 우선적으로 인권침해라는 관점에서 바라볼 필요가 있다.

특히 '여성에 대한 차별'은 여성의 안녕을 저해하는 법률, 관습, 고정관념 및 편견을 바탕으로 형성된 것으로 사회, 경제, 정치, 문화, 교육 등 다양한 분야에 깊이 뿌리내려져 있음을 볼 수 있다. 국제연합(UN) 헌장과 세계인권선언은 여성의 열등한 지위와 억압은 남녀 간 불평등의 문제일 뿐만 아니라 여성에 대한 물리적 · 사회적 성차별로 간주하면서 성차별 철폐를 목표로 하고 있다. 또한 여성인권에 대한 존중과 준수를 요구하는 결정적인 국제적 법률문서인 여성협약은 '여성에 대한 차별'을 '모든 분야에 있어 여성이 남녀평등의 기초 위에서 인권과 기본적 자유를 인식하고 행사하는 것을 저해하는 성에 근거한 모든 구별 · 제외 · 제제'로 규정하면서 여성이 겪고 있는 모든 형태의 차별을 바로잡기 위해 국가가 여성 불평등의 사회적 원인에 맞서 싸울 것을 요구하고 있다. 이제 우리나라도 인권보장법의 기능을 할 성차별 및 성희롱을 금지하는 법안인 '남녀차별 금지 및 구제에 관한 법률'과 '남녀고용평등법 등 개정 법률'이 제정되기에 이르렀다. 여성들이 하나의 독립된 인격체로서의 자아를 확립하여 '길들여진 삶'이 아닌 '스스로 만들어가는 삶'의 주체가 되고 서로를 존중하는 양성평등의 가치가 실현되기 위한 사회적 관심이 요구되는 시점인 것이다.

3. 양성평등과 성차별

최근 들어 우리 사회에서는 성(性)에 관한 기사거리들이 많이 다루어지고 있다. 양성평등과 같은 사회적 문제부터 성폭력, 성희롱 등과 같은 성범죄까지 사회적 쟁점(issue)으로 급부상하고 있다. 이전과는 달리 사람들의 인식수준이 높아지고 있으며, 민주주의 의식도 자리잡아감에 따라서 개개인의 권리도 상승했기 때문에 이러한 사회적 맥락이 형성되어 간다고 볼 수 있다. 그러나 우리들의 인식이 바뀐다고 하여 하루가 다르게 사회가 변화할 것이라는 기대는 하지 않는 것이 좋을 것이다. 건전한 성역할 수행과 관련된 양성평등의 문제는 과학기술이 발전하는 속도와는 다르게 막상 현실을 들여다보면 그 속도가 매우 더딜 뿐만 아니라 그 심각성이 더해 가고 있다. 다음은 이와 관련하여 우리나라의 성차별의 현실을 나타내는 통계자료이다.

■ "한국 성차별, 인도보다 심해"-WEF "134개국 중 115위" 해마다 뒷걸음.

스위스 세계경제포럼(WEF)이 발표한 '세계 성차별(Gender Gap) 지수 2009'에서 한국이 전체 134개국 가운데 115위에 머물렀다. WEF가 해마다 발표하는 이 지수는 각 나라의 양성평등 수준을 수치로 계량화하여 교육, 보건, 고용, 정치 등 4가지 부문에서 0(완전 불평등)~1(완전 평등) 사이로 점수를 매긴다.

27일 발표된 한국의 올해 점수는 총 0.6146점. 보건 부문은 80위(0.9730)로 그나마 나은 편이나 고용(113위)과 정치(104위), 교육(109위)에서 나쁜 점수를 받았다. 한국은 2006년 92위였으나 해가 갈수록 97위(2007년), 108위(2008년)로 순위가 떨어지고 있다. 구체적으로는 여성 정부수반 재직기간 30위, 유사직업 임금평등 109위, 초등교육 등록 120위, 출산성비 116위, 여성의 정부각료 진출 124위 등을 기록했다.

-2009년 10월 28일자, 동아일보 기사 中-

위의 신문기사에서 볼 수 있듯이 우리나라는 국민들의 성 평등 인식수준이 다른 나라에 비하여 낮은 편에 속한다. 더군다나 해마다 그 순위가 밀리고 있으니 양성평등에 있어서는 발전이 없다고 해도 과언이 아니다.

우리는 태어남과 동시에 각자의 생물학적 성별에 따라 여러 가지 제약을 받으며 성에 관한 선입견을 가지고 자라게 된다. 이렇게 자리 잡은 선입견들은 사회화를 통하여 확대되고, 우리나라의 전통적인 유교사상과 맞물려 더욱 심화된다. 가부장적 사회 속에서 남성다운 것은 보다 높은 가치를 가지게 되고 이에 반하여 여성다운 것은 열등하다고 치부됨으로써 남자와 여자가 해야 할 일이나 역할이 다르다는 사고방식이 굳어지는 것이다. 이로 인하여 여성은 여성대로, 남성은 남성대로 사회가 부여한 성역할 때문에 불편해 하는 경우가 많다. 남성은 강하고 씩씩하며 모든 것을 해결하는 슈퍼맨이 되어야 한다는 사실을 부담스러워하고, 여성들은 여자라는 이유로 제대로 인정받지 못하는 것에 불만을 토로한다. 이러한 성차별에 의하여 '남녀차별'이라는 개념이 두드러졌고, 성심리와 성문화에 우리의 선입견이 고스란히 투영되어 나타나고 있다.

제2장

성의 심리 · 사회적 이해와 양성평등

제1절 사회생활과 성(性)심리

1. 성의 심리학적 이해

이 책의 주제인 성희롱에 대한 이해의 기초를 제공하기 위하여 먼저 성(性)의 사회 · 심리학적 이해에서 출발하고자 한다. 성(性) 심리에 관하여 설명을 하기 전에 '성심리'라는 단어가 가지고 있는 이미지를 통하여 그것이 무엇인가를 개괄적으로 살펴볼 필요가 있다. 일반 대중들이 '성심리'라는 말을 접하고 가장 먼저 떠오르는 이미지는 무엇인가를 생각해 보자. 아마도 각 개인마다 느끼는 바가 다양할 것이다. 혹자는 왠지 모르게 부끄러움이 떠오를 것이고, 혹자는 육체적 성(sex)이 먼저 눈에 들어올 것이며, 혹은 심리학과 관련지어서 개념적 이미지를 형성할 수도 있다. 여기에 유일한 하나의 정답은 없으며, 모두 답이 될 수도 있을 것이다.

먼저, 성 심리학(性心理學, sex psychology)은 성에 대한 심리사회적인 접근법을 연구하는 학문이다. 여기서 심리(心理)라 함은 마음의 작용과 의식의 상태를 말한다. 결국 성심리라는 것은 성에 대한 심리적인 측면, 성에 관한 개개인의 의식 상태를 말하는 것이다. 이러한 성심리가 올바르게 자리 잡기 위해서는 성에 관한 개념이 명확하게 수반되어야 할 것이다. 좀 더 구체적으로 성심리학에 대해 알아보면, 성에 관련된 감정, 사고, 성격과 관련이 있다. 성심리학은 성(性, sex)을 바라보는 다양한 측면들-예를 들면, 생물학적인 측면, 행동적인 측면, 임상적인 측면, 문화적인 측면, 도덕적 · 종교적인 측면-가운데 하나의 관점에 불과하다. 그렇다면 과연 성이란 것은 무엇인지 살펴보자면 다음과 같다.

性(성) = 心(마음) + 生(몸)

먼저, 성(性)의 사전적 의미를 찾아보면, '(1) 사람이나 사물 따위의 본성이나 본바탕, (2) 남성과 여성, 수컷과 암컷의 구별, 또는 남성이나 여성의 육체적 특징, (3) 남녀의 육체적 관계, 또는 그에 관련된 일'이라고 말하고 있다. 성(sexuality)이라 함은 인간이 성적인 존재로서 성을 경험하고 자기 자신을 표현하는 것을 말한다. 대중적으로 널리 알려진 성(sexuality)은 성행동(性行動, sexual behaviors)적 이미지를 대표하는 경우가 많다. 그러나 성(sexuality)이라는 개념을 성행동(sexual behaviors)으로 대체하는 인식은 매우 잘못된 개념이다. 왜냐하면 성행동이란 이성 간이나 파트너를 대상으로 하는 키스, 포옹, 애무, 성교, 또는 자위행위와 같이 우리의 신체를 이용해서 성적인 행동을 하는 것을 의미하는 것이지만, 성(sexuality)은 단순한 행위를 뛰어넘는 포괄적인 의미를 가지고 있기 때문이다. 성은 인간의 성행위만 가리키는 것이 아니라 정신과 육체를 통합한 인간 전체라는 뜻이다. 따라서 행위적 측면(몸)을 말하는 성행동은 몸과 마음까지 포괄하는 성을 대체할 수 없는 것이다.

성의 개념적 측면에서 성심리는 특히 성(sexuality)이 포함하는 '마음'적 측면을 확대하여 보는 관점이라 하겠다. 즉, 성의 개념 중 단순한 생물학적인 욕구만 포함하는 것이 아니고 성을 통해서 상대방과 정서적인 교감을 느끼고 연결감을 가지고 친밀해지는 것을 포함한다. 또한 성의 심리 · 사회적인 측면은 성에 관련된 자아정체감 등도 포함되는 개념이다. 즉, 자신이 남성인가 여성인가에 대한 자신의 자아의식, 성정체감 등을 포괄하고 있다. 성심리는 이미 모두의 안에 내면화되어 있으며, 우리가 가장 접근하기 쉬운 측면이자 가장 해석하기 어려운 측면의 양면성을 지니고 있다. 특히 성별에 따른 성심리를 살펴볼 때에 삶과의 근접성을 느끼게 될 것인데, 이것은 개인들이 경험했던 혹은 들어보았던 이야기들이 많이 포함되어 있기 때문이다. 이처럼 성심리는 사람 사이의 일상적인 성적 교류, 혹은 성적 상호작용을 포괄하고 있는 '친근한' 개념이다.

그러나 대부분 심리학적 접근이 그렇듯이 인간의 상호작용과 관련된 근접성에 딱 맞아 떨어지게 해석하는 것에는 다소 난감한 면이 존재하는 것도 사실이다. 따라서 성심리를 연구하는 학자는 최대한으로 객관적인 태도를 유지하여야 하며, 이것은 성심리학의 가장 중요한 문제라고 할 수 있다. 또한 성심리에는 두 가지의 관점이 존재하고 있다. 개인적인 관점의 성심리와 사회적인 관점에서의 성심리가 있으며 서로가 상호 영향을 주고받고 있다. 이들 두 가지 관점은 매우 긴밀한 관계이기 때문에 따로 생각할 수 없다. 다음에서 사회적인 성심리가 무엇이며, 어떻게 형성이 되는가를 알아보고, 개인적인 성심리와는 어떠한 연관성이 있는가를 살펴보도록 한다.

2. 성심리의 사회화

성심리가 사회화된다는 것에 의문을 제기하는 사람도 있을 것이고, 고개를 끄덕이는 사람도 있을 것이다. 시작단계에서 '성'이라는 것은, 특히 대한민국의 경우에 있어서, 사회적으로 공공연히 말할 수 있는 주제도 아니며, 그것은 다분히 개인적인 삶의 한 부분이 아니겠느냐고 반박하는 사람들도 있겠다. 물론 '성'이란 것은 인간의 사적인 삶의 내부에서 존재하였고, 공적인 곳에서는 '성'을 터부시하기까지 하였다. 그러나 이러한 인식은 점점 시대의 흐름에 따라서 개방적인 형태로 변화해 가고 있다. 예를 들면, 이혼의 사유로서 '부부간의 성관계'에 소홀히 하였다는 것이 유효하다는 것을 들 수 있다. 만약 과거에 이러한 이유로 이혼을 하겠다고 한다면, 사람들의 경멸에 찬 눈총을 받으며, 이혼도 하지 못했을 것이다. 그러나 현대에 들어와서 서구의 성문화가 물밀듯이

들어오고, 인터넷의 보급으로 사람들의 성에 대한 인식도 많이 변화하였다. 이러한 인식의 변화가 있었기 때문에 사적인 영역에 있었던 '성'이 공적인 영역의 문제로서 대두되기 시작한 것이다.

다음에서 성심리의 사회화와 관련이 있는 성담론(性談論), 성정체성, 성역할, 성태도, 성차별의 개념을 알아보고(장수용, 2007), 개념을 통해서 성심리가 사회로부터 내면화될 수 있다는 사실의 확인을 시도하고자 한다.

1) 성담론

담론(談論, discourse)은 우리말로 '현실에 대한 설명을 산출하는 표현', 즉 현실을 설명할 수 있는 그 무엇이라는 의미로서 이론, 전형(典型, paradigm)과 유사하다. 성에 대한 담론은 사적인 영역으로 절대화되었던 성의 영역이 어떻게 사회적으로 구성되고 창출되는가를 밝히고, 그것이 사회적 권력관계를 형성하는 데 어떻게 기여하는가를 분석하는 것이다. 이것을 위해서는 성을 하나의 사실로 의미화 하는 데 동원되는 다양한 이념(ideology)과 체계적인 담론으로 표현하고 있는 지식체계를 해석할 수 있어야 한다.

2) 성정체성

성의 정체성(性正體性, gender identity)은 자신이 남성인가 여성인가에 대하여 주관적인 의미를 부여하는 것을 말한다. 아동의 성에 대한 정체성은 생물학적인 차이에 근거해서 대체로 3~4세까지 발달하고, 많은 경우에는 자신의 신체적인 특징에 근거해서 자신은 '남성이다', '여성이다'는 정체성을 가진다. 그러나 자신의 생물학적인 성과 성 정체성이 항상 일치하지는 않는다. 예를 들면, 남성에서 여성으로의 성전환

수술을 고려하는 사람들은 생물학적으로는 남성이지만, 자신은 여성이라고 생각한다(채규만, 2009). 현대사회는 성이 개방화되고 또 사회 자체가 다원화되어서 소수를 존중하고 복잡성을 당연하게 받아들이는 특징을 지니게 되었다. 그럼으로써 과거에는 극단적으로 양분화되었던 남성성 · 여성성의 고정관념의 벽이 점차 허물어지고 있다. 예를 들면, 우리의 주위에는 때때로 여성이면서도 남성적인 성격을 가지고 있는 사람들이 있다. 그들의 신체적 성이 여성이라고 하여 반드시 '여성성'을 가져야 한다고 생각하는 사람들도 있을 것이다. 그러나 여성이지만 남성적 카리스마를 지니고 있다고 하여 그들의 이러한 '양성적'인 점이 오히려 장점으로 부각되는 일도 있다. '양성적이다'라는 것은 남성성과 여성성 이외의 양성성이 존재한다는 말이 아닌, 한 인간에게 남성성과 여성성이 동시에 존재하고 있다는 개념으로 볼 수 있다.

3) 성역할

성역할(性役割, gender role)은 자신이 살고 있는 사회와 문화를 고려하여 여성과 남성에 관한 정상적이고 적절한 태도와 행동에 관한 총체적인 면을 반영한다. 즉 남성성, 여성성의 성정체성에 대해서 구체적인 태도와 행동 양식을 말하는데, 이런 행동은 사회문화적인 영향을 많이 받는다. 영아기가 끝나고 유아기가 시작되면 성의 분화에 따른 사회화 과정이 시작된다. 유아는 성별에 따라 동성의 부모를 모방하고 성역할을 학습한다. 아이들끼리 소꿉놀이를 할 때에 여자 아이가 엄마 역할을 하고 남자 아이가 아빠 역할을 함으로써 자연스럽게 여성과 남성의 구분된 성역할을 학습하게 된다. 만약에 남자 아이가 엄마 역할을 하는 것이 부모나 주위 성인들의 눈에 띄게 되면 그 남자 아이는 꾸지람을 듣거나 '남자가 여자 역할을 하는 것은 옳지 않은 것'이라는 이야기를 듣게 될 것이다. 우리의 사회는 과거부터 지금까지도 아이들에게 남자아이는 야구, 축구 등의 활발한 운동을 하여야 하며, 여자아이는 얌전하게 인형놀이를 하여야 한다고 가르치고 있다. 마치 그것이 그들이 태어나기도 전부터 미리 정해져 있는 예법이라도 된다는 듯이 말이다. 유아기부터 시작되는 성역할의 이분화는 아이들의 연령이 증가할수록 점점 고착되어, 후에는 남성의 역할과 여성의 역할이 별개의 분야로서 나누어지게 된다.

4) 성태도

성태도(性態度, sex attitude)는 개인이 가지고 있는 성심리를 바탕으로 하여 형성되는 성에 대한 태도를 말한다. 성태도는 시대와 문화에 따라 극심한 변화를 보인다. 성태도는 특히 사회문화적인 영향을 많이 받는 편이며, 시대가 요구하는 성의식이 개인의 성심리에 간섭하고 그것으로 인하여 성심리가 변화되면 성태도도 변화하게 된다. 성심리와 성태도, 성행동은 개념적으로는 구분되어 있지만 서로가 많은 영향을 미치는 관계에 있다. 혼전성교에 대한 성태도를 예로 들어 보자. 1970~80년대의 청소년이 이성교제나 혼전성교에 대하여 찬성하는 비율은 10년 동안에 15~30% 정도 증가하고 있다. 그리고 찬성하는 비율은 점차적으로 가속화되며 늘고 있다고 한다. 이러한 실정은 사람들의 성태도가 엄청나게 변화하고 있다는 것을 시사한다.

5) 성차별

성차별(性差別, sex discrimination)은 성이 다르다는 이유만으로 이성에 대해 차별하는 것을 의미한다. 성차별은 조금씩 다른 믿음과 태도를 보일 수 있다. 첫째, 한쪽 성이 다른 성보다 우월하고, 가치가 있다는 믿음이 있다. 둘째, 성에 따라서 개개인의 성격이 다를 것이라는 믿음이 있다. 셋째, 어느 한쪽 성에 대한 혐오, 또는 불신이 있다. 성차별은 사회적으로 고착화된 성역할에 의해서 많은 영향을 받고 있다.

다음 [그림 2-1]은 유엔에서 매년 측정하는 여성권한지수의 우리나라 순위 추이를 나타내는 그래프이다. 유엔개발계획(UNDP, 2008)의 여성권한척도는 정치 · 경제 · 사회 각 분야의 중요 정책결정에서 여성의 참여정도를 지표화한 것이다. 여성권한척도 지수는 국회의원 여성 비율, 입법부 · 고위임직원 · 행정관리직의 여성 비율, 전문기술직 여성 비율, 남녀 소득비율(변수는 남녀별 1인당 국민총생산, 임금, 경제활동인구, 전체인구) 등으로 구성되어 있다. 2008년, 한국은 전 세계 93개국 중에서 68위를 차지하였다. 다만, 우리나라의 여성권한척도 지수(1점 만점) 자체는 2005년 0.48, 2006년 0.50, 2007년 0.51, 2008년 0.54로 해마다 소폭 상승하고 있는 것으로 조사되었다고 한다. 우리나라에서 성차별은 조금씩 감소하고 있는 추세이다. 여성들의 고학력화로 인한 의식향상과 더불어 양성평등에 대한 긍정적 인식이 늘어나면서 정부정책도 양성평등을 지향하는 쪽으로 조금씩 변화하고 있는 것이 성차별의 감소를 돕고 있다. 그러나 아직 우리나라에서 성차별이 완전히 사라진 것은 아니다.

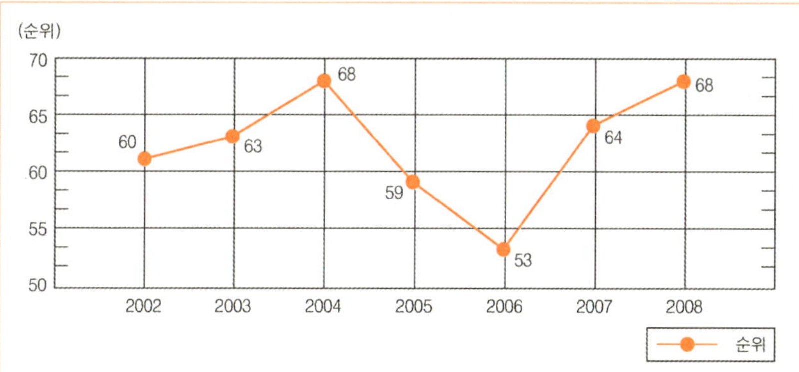

[그림 2-1] UNDP 여성권한 척도 순위 추이

3. 성별에 따른 성심리의 차이로 인한 사회적 편견

『화성에서 온 남자, 금성에서 온 여자』라는 책은 남녀의 사랑 심리의 바이블 격으로 추앙받으면서 많은 인기를 누리고 있다. 이 책에서는 남성과 여성이 서로 사랑할 때에 드러나는 성별에 의한 차이들을 조금은 극단화하여 표현하긴 했지만, 많은 사람들이 그 이야기에 공감하는 것을 보았을 때에 실제 우리의 모습과 상당 부분 유사한 면이 많다고 볼 수 있다. 그리고 성별에 의하여 성심리에 차이를 보이는 것은 앞서 살펴본 사회화된 성심리의 결과물인 성역할에 근본을 두고 있다.

전통적으로 우리나라는 남성 중심적인 사회체계가 중심을 이루고 있으며, 그것의 대표자격인 것으로 나타나는 것이 가부장제이다. 가부장제의 안에서 여성은 남성과는 다른 존재로 인식되어 왔으며, 그로 인하여 가족 내에서 여성이 해야 할 일과 남성이 해야 할 일들이 극단적으로 양분화 되었다. 그리고 가족 내에서 일어난 성역할의 양분화는 곧 사회 전체를 대표하는 여성성과 남성성의 정형으로서 굳어지게 된다. 굳어진 여성성과 남성성은 부모를 통하여 아이들의 성심리에 결정적인 영향을 미치게 되며, 이것은 곧 그들의 성 행동으로 나타나게 된다. 다음에선 우리나라에서 고정관념이 된 여성과 남성의 성심리 간의 차이를 알아보고 사회적 편견 가운데 네 가지의 예를 들어서 간단하게 요약한다(채규만, 2009).

1) 데이트는 남성이 먼저 신청하여야 하고, 마음에 드는 사람이 있어도 여성은 기다려야 한다

두 친구가 서로 사귀고 있을 때에 '누가 먼저 고백하였는가'를 물어보면, 거의 대부분이 남성이 고백했다고 대답한다. 남성은 사랑과 연애에 적극적이지만 여성은 수줍어하며 소극적인 면이 많다. 물론 현재는 이러한 편견이나 경향이 점차 사라지고 있고, 남성성과 여성성을 극단화하기 보다는 양성성의 개념도 부각되고 있기 때문에 남녀 모두가 좋아하는 이성에게 호감을 자유롭게 표현하고, 그 결과도 수용하는 분위기로 바뀌고 있다.

2) 남성은 성적인 존재이고, 여성은 성을 초월한 존재이다

남성은 성적으로 강하고 성을 즐기기에 남성이 성관계를 요구하는 것은 당연하게 여겨 왔다. 남성이 매춘을 하거나 여성 접대원이 있는 술집에 가는 것은 공적인 일의 영역으로서 덮어지는 경우가 많지만, 여성이 호스트바에 가거나 혼외 관계를 가지는 것은 절대 있어서는 안 될 일이며, 사회적으로 손가락질을 받는 일이 된다. 여기서 알 수 있는 것은 남성은 성적인 면에서 능동적인 존재로 대우받으며 여성은 성적인 면에서 수동적인 존재로 비춰진다는 것이다. 심리학적이나 생물학적으로 보면 남성과 여성의 성적인 욕구의 강도나 기대는 동일하다. 그러나 사회적으로 요구되는 성태도가 각각 다르기 때문에 이와 같은 오해가 생기게 된다.

3) 남성은 성적으로 리드해야 하고, 여성은 남성을 따라가면 된다

위의 (1), (2)와 매우 관련이 있는 대표적인 오해이다. 전통적으로 데이트를 신청하는 것도, 스케줄을 정하는 것도, 프러포즈를 하는 것도 모두 남성이 먼저 리드해야 한다는 사회적인 인식이 있다. 남성은 성적으로 매우 적극적인 존재이고 여성은 수동적인 존재라는 사회적 인식이 고착화되었다.

4) 남성은 감정이 없고 강하며, 여성은 보호적이고 지지적이다

남성과 여성에 관한 성역할 중에서 가장 편견이 많은 부분은 여성은 부드럽고, 정서적으로 감정을 잘 표현하고, 양육적인 태도를 가진 것이라고 보며, 남성은 자신의 감정 표현을 억제하고 자신의 약점을 보여서는 아니 된다는 선입견이다. 사실 이러한 성역할의 오해는 과거 산업사회를 거치면서 더욱 심화된 경향이 있다. 산업사회에서는 가정(사적 영역)과 사회(공적 영역)가 분리되면서 남편은 공적 영역에 종사하고 아내는 사적 영역에 종사하게 되었다. 이 과정에서 사회는 공적 영역에 종사하게 된 남편에게는 감정적이고 인간적인 면보다는 빠른 일처리를 위한 기계적이고 이성적인 면을 강요하게 되었다. 또한 국내 특유의 군대 문화도 이러한 남성의 성역할에 많은 영향을 미치고 있다. 그리고 사적 영역에 종사하게 된 여성에게는 가사와 양육을 돌보는 데에 적합한 모성적인 면과 양육적인 태도를 요구하게 되었던 것이다.

제2절 사회생활과 성의 문화

1. 성문화의 개념

문화라는 것은 사회구성원에 의하여 습득, 공유, 전달되는 행동양식이나 생활양식의 과정 및 그 과정에서 이룩하여 낸 물질적 · 정신적 소득을 통틀어 이르는 말이기 때문에 그만큼 사회적인 영향을 받게 된다. 이러한 관점에서 성문화도 사회적인 영향에서 변화되어지고, 그 시대에 맞는 특징을 가지게 되는 것이다.

성문화(性文化, sex/gender/sexuality culture)는 우리의 일상에 들어

와 있는 성과 관계된 여러 가지 문제를 말한다. 여기서의 문화는 성의 중층적 의미를 해체하고 분석하여 접근하는 하나의 방법으로 제시할 수 있다. 먼저 sex와 gender, sexuality의 각 개념을 알아봄으로써 성문화에 대해 간략히 살펴보도록 한다.

- sex : 생물학적으로 규정된 성
- gender : 사회문화적으로 규정된 성역할
- sexuality : 성적 욕망을 포함한 에로틱한 욕망과 실천과 정체성

Sex는 남녀 간의 생물학적, 또는 해부학적인 차이를 부각시키는 의미를 담고 있다. 즉 육체적인 면에서 바라보는 성이다. Sex가 남자와 여자가 태어나면서부터 이미 가지고 있던 선천적인 것으로서 성을 바라본다면, gender는 성의 후천적인 발달에 중점을 둔다. gender의 개념은 생물학적인 염색체, 호르몬의 차이보다는 사회적 요소에 의해서 성이 '발달'한다고 본다. 사회적으로 성이 학습된다는 것이다. Sexuality는 대중적인 드라마나 영화에서 곧잘 쓰이는 소재로서 성적인 욕망을 뜻한다. 이 세 가지의 중층적 의미는 상호 교차하면서 일정한 성역할과 성문화를 구축한다. 즉, 생물학적 성의 차이, 사회화된 성역할 고정관념, 육체를 둘러싸고 발생하는 다양한 문제를 바라볼 수 있는 범주를 말한다. 변화하는 성문화 및 성역할을 살필 수 있는 시각을 주기도 한다. 예를 들면, 성형, 다이어트(diet), 동성애(homo-sexuality), 트랜스젠더(trans-gender), 크로스섹슈얼(cross-sexual), 위버섹슈얼(uber-sexual) 등 현대에 들어서면서 다양해진 성문화들을 이해할 수 있는 새로운 시각을 열어 주는 것이다.

2. 우리나라 성문화의 역사적 흐름

한국의 성문화는 역사적 단계마다 각기 다른 형태와 제도로 발달되었으며, 그것이 당시의 정치적 환경과 무관하지 않음을 볼 수 있다. 고대사회는 부권사회(夫權社會)의 강화를 위하여 여성의 투기와 강간에 대한 규제를 하였으나, 혼전이나 배우자의 사망 시에는 정절이 중시되지 않았다. 사회가 비교적 안정되었던 신라와 고려의 경우는 비교적 성문화가 자유분방하였으며 따라서 이와 관련된 범죄도 거의 나타나지 않았다. 그러나 조선시대에 들어와서 국가의 체제정비를 위한 유교문화의 강화와 함께, 특히 조선 후기에는 지배층의 기득권 유지를 위한 유교적 지배질서의 강화가 있었다. 다음에서 이와 같은 역사적 흐름에서 성문화의 변천과정을 살펴본다.

1) 고대사회의 성문화-가부장제의 기틀마련

사유재산과 일부일처제의 연관성에 주목하면, 남성이 여성의 성을 통제 하면서 상속자를 보호하고 재산상 이익을 확보하기 위해 일부일처제가 필요했음을 알 수 있다. 즉 재산의 축적이 가능하여진 시기부터 남성의 자기혈통 유지 및 확인을 위하여 여성을 억압하였다는 것이다. 우리나라의 경우도 국가가 형성되는 고대사회의 혼인과 연애의 특성을 살펴보면, 이와 같은 기초에 부합되는 현상들을 발견할 수 있다. 고조선과 삼국시대를 비롯한 고대사회의 성문화는 혼사와 연애로 나타난다. 고대사회의 경우 연애는 자유롭게 이루어졌으나 혼사는 같은 신분 안에서 혼인이 이루어지는 '신분내혼'이었고 배우자의 성에 대한 통제는 주로 여성에게 가해졌다. 혼인의 형태도 씨족, 혹은 가족이 주체가 되었다.

그러나 부여나 고구려에서는 부자상속제가 정착하였고, 그에 따른 윤리관이 발달하기 시작하였다. 이 시기에는 동성불혼이나 근친금혼이

나타나지는 않았으나, 여성통제를 통하여 가족제도를 유지하려는 경향은 뚜렷이 나타났다. 예를 들면, 간통은 반드시 남녀가 같이하는 것인데도 규제대상은 주로 여자였다. 이처럼 고대 부여나 고구려에서는 남성이 성생활을 더 자유롭게 유지할 수 있는 토대를 만들었다. 다만 삼국시대 중 신라시대의 성문화는 매우 개방적이었고 성 평등적이었다. 신라의 문헌에는 간통과 투기에 대한 기록이 없다. 다처의 사례도 거의 없었다. 그 결과 신라시대에는 여왕이 등장하였고, 처용가라는 향가가 등장하게 된 것이다.

2) 고려시대의 성문화-안정된 국가의 자유 분망한 성문화

삼국을 통일 한 고려의 성문화도 개방적이었다. 고려의 귀족이 특권 유지의 수단이며 신분 상승의 도구로 혼인을 활용하였다면, 일반인들은 자유로운 연애를 통하여 혼인하였다. 고려시대는 발해, 송, 거란, 여진 등 외국과 교역이 활발하여 국제 혼이 많았고, 성문화도 상당히 개방적이었다. 각종 불교행사 등을 통하여 남녀가 만날 수 있었고, 남편 생전에만 정절을 지키면 된다는 의식 때문에 미혼자나 과부, 홀아비 간의 연애가 많았다. 결혼 풍속은 친정에서 사는 것이 일반적 이였고 장인장모를 모시는 것도 일반적인 현상이었다. 따라서 출가외인 이라는 관념이 없었다. 조선의 개국공신인 정도전은 여자들이 친정을 믿고 남편을 무시하고 교만하게 군다며 혼인풍속을 시집살이 형태로 바꾸자고 주장할 정도였다. 제사 역시 윤행하였고 상속도 받을 수 있었으며, 호적에도 출생순서로 기록돼 성차별 문화가 비교적 적었다고 할 수 있다.

3) 조선시대의 성문화-사회의 혼란과 보수화되는 성문화

조선시대의 성문화는 전기와 후기로 나누어 고찰할 수 있다. 먼저 조선시대 전기의 성문화는 상당히 보수적이고 가부장적으로 변한다. 그리고 전기보다 후기로 갈수록 더욱 보수적이고 가부장적으로 변화한다. 조선시대 전기에는 고려 패망의 원인을 고려인의 문란한 생활로 돌리고 개국의 정당성을 살리기 위해 유교이념의 왕도정치를 시작하였다. 조선 전기의 현실에서 혼인은 아내를 취하는 것이기보다는 '장가드는' 행위였다. 조선 전기는 조선 후기와 같은 가부장 문화가 정착되기 보다는 '동성끼리는 혼인할 수 없다', '금혼령이 내리면 혼인할 수 없다', '과부는 재가할 수 없다', '사대부는 3년 안에 재혼할 수 없다' 등의 혼인 질서를 통하여 다만 가족문화를 정착하려 하였으며, 혼인상태를 조화롭게 유지하도록 힘썼다.

16세기까지만 하여도 한국은 상당히 개방적인 사회였다. 이 시기에는 비록 제한적이나마 신분상승이 가능하였고, 유교・불교・도교 사상이 공존했으며, 고대로부터 면면이 이어져 내려온 여권존중의 전통이 여전히 남아 있었다. 이 시기 사람들은 남자가 여자 집으로 가서 혼례를 올리고, 그대로 눌러 사는 장가와 처가살이 혹은 친정생활을 하였다. 보통 자녀들이 다 클 때까지 친정에서 살다가 느지막이 시댁으로 가곤 하였다. 그리하여 가족관계에서 아들과 딸을 가리지 않았고, 친족관계에서 본손과 외손을 구별하지 않았다. 이에 따라 고려시대와 마찬가지로 재산을 아들과 딸이 균등하게 상속받았고, 조상의 제사도 서로 돌려가며 지낼 수 있었다. 남녀의 권리와 의무가 서로 동등했던 셈이다. 또한 여성의 바깥출입도 비교적 자유로웠을 뿐 아니라 학문과 예술 활동도 장려되었다. 조선 전기에 설씨 부인, 조선 중기에 신사임당・송덕봉・허난설헌・황진이・이매창・이옥봉 등 여성문화예술가들이 대거 출현한 것도 바로 이 때문이었다. 이처럼 제도적・관습적으로 여권존중의 전통이 유지되었기 때문인지, 조선 중기엔 남녀 간의 애정 표현도 비교적 자유롭게 이루어졌다. 그리고 평범한 부부들도 자유롭게 애정을 표현하며 애틋한 부부애를 누렸다.

다음으로 조선시대 후기의 성문화는 다음과 같다. 16세기까지만 하여도 우리나라는 열린 사회였다. 한국 여성사는 임진왜란, 특히 인조반정을 기점으로 크게 달라졌고, 18세기 후반 이래 역사상 유래를 찾기 힘든 암흑기로 접어들더니, 20세기인 일제시대에 이르자 남성중심의 가부장제가 가장 절정에 이르고 말았다. 임진왜란(1592)과 병자호란(1636) 이후 사회는 문란하여지고, 실학의 발달과 더불어 양반의 지위가 흔들렸다. 이와 같은 사회변화에 대비하여 지배층은 해학을 강조하고 무너진 사회체제의 회복을 시도하였다. 기득권의 유지를 위하여 적서차대[1]와 장자우위 정책을 시도하였으며 여성에게 유교적 예절을 극단적으로 강조하기 시작하였다. 이와 같은 맥락에서 효부 열녀문화가 강화되었고 국가에서는 이들에게 열녀문을 내려 가부장 문화의 정착에 힘을 썼던 것이다. 일반인들은 열녀의 행동을 크게 칭송하였고 가문의 명예로 전해졌다. 근대에 들어와서 이러한 의미의 정조관념은 사라졌지만 그 대신 여성의 정절을 중시하는 문화는 순결 이데올로기로 강화되어 오늘날까지 지속되고 있다. 한편 적서차대와 장자우위의 법으로 양반특권층의 수를 줄이고자 하였고 유교적 지배질서는 더욱 강화되었던 것이다. 성종 때 시작된 재가한 여성의 자손이나 서자에게는 과거시험을 금지하는 등이 그 예에 속한다.

4) 근 · 현대사회의 성문화-여성들의 인식 변화

근 · 현대 사회의 변화에서 수차례의 전쟁을 겪으며 가족의 상황은 큰 변화를 가져온다. 여성들은 전쟁으로 인하여 남자들이 집을 비우는 동안 많은 일들을 혼자 해 나가야 했고 그러는 동안 여성의 능력은 많이 향상 된다. 이로 인하여 여성들은 가정의 테두리 밖에서의 활동이 가능

1) 본처와 첩 사이에서 태어난 자식을 차별함

해 지고 이러한 변화가 여성들의 인식에 큰 영향을 끼쳤다. 이와 더불어 20세기 성 과학의 발달로 여성의 성적 욕구와 기능들이 밝혀지고, 생산의 수단이 아닌 성적 쾌락을 자유롭게 느끼는 변화가 일어났다. 수차례의 전쟁은 이러한 사회적 변화를 가져오게 하였고 여성들의 사회적 역할의 확산으로 인해 남성 주도의 사회는 점차 축소되어 가고 있다. 또한, 근・현대 사회로의 변화에 서구문화가 무분별하게 들어오면서 비정상적으로 급변하여 발전한 형태로 성문화의 쾌락적인 부분, 본능적이고 원색적인 부분만 받아들이려고 하는 경향도 보였다. 그 때문에 오늘날 성문화에 있어서 부정적인 측면이 두드러지게 되었음도 알 수 있다.

이상에서 살펴본 단계와 과정을 통하여 오늘날 우리의 머리에 각인된 성문화가 구축된 것이다.

3. 우리나라 성문화의 특징

1) 성 의식

우리나라 고유의 유교적 성문화로부터 기인하는 문제점은 성에 대해 금기시하며, 성은 억제와 통제의 대상이며 은밀하고 부끄러운 것으로 인식되었다는 점이다. 이렇듯 이중적 성윤리가 적용되어 남성에게는 성적 쾌락의 추구는 물론 성적 방종까지 허용하고, 여성에게는 순결, 정절을 강요했는데 그것의 한 예가 삼종지도와 칠거지악[2]이다. 또한 여성의 인내와 순종을 끝없이 강요했으며 남존여비 사상과 남아선호 사상으로 남녀 간 성차별이 심하였다. 우리나라의 전통적인 가족제도를 지탱해 온 사상은 유교이다. 유교에서의 성은 오직 생명출산을 위한 행위이자 혈통의 순수성과 가계계승의 목적에 의미를 두고 있다. 이러한

2) 삼종지도(三從之道) : 고대사회에서 여자가 지켜야 할 세 가지의 법도를 이르는 말;
칠거지악(七去之惡) : 남편의 일방적인 의사표시로 아내와 이혼할 수 있는 일곱 가지 이유

출산위주의 성 의식은 조선시대를 통하여 성을 은밀한 영역으로 인식하게 하였으며, 현대 산업사회인 오늘날까지도 성에 대한 보편적인 인식으로 자리 잡고 있다.

우리 사회는 성을 은밀하게 나누는 사적이면서 금기적 영역으로 인식하고 있는 것이다. 성을 금기시하는 유교적 성문화는 공식적인 교육현장에서도 성에 대한 정보를 정확하게 전달하지 못하며, 가정 내에서도 어릴 적부터 아이들은 성에 대하여 무관심하고 모를수록 좋았다. 그러나 근대화에 따른 서구사회의 성 개방과 성 자유화 풍조가 급속히 확산되며 여성의 성적 지위가 향상되어 왔으며 자신들의 지위에 자신감을 가지게 되었다. 그러나 서구사회의 무분별한 성문화의 유입으로 상업주의에 의하여 퇴폐적, 폭력적인 저급한 서구의 성문화가 유입되어 서구의 성개방과 성자유화의 단면만을 전체로 부각시켜 성의 문란과 방종이 초래되었고, 성과 사랑이 분리될 수 있다는 쾌락주의 위주의 성 개념이 확산되었다. 현재 우리 사회의 이중적인 성의식 가치가 충돌되어 전통적인 유교사상과 서구의 사상이 갈등을 일으키게 된 것이다. 따라서 앞으로 무분별한 서구의 상업주의 성문화를 분별 있게 받아들이고 한국의 긍정적인 성문화를 이끌어나가는 데 주력하여야 할 것이 우리 성문화의 앞으로 나아가야 할 과제이다.

2) 우리나라 성문화 및 성역할 변화

사회의 풍토가 바뀌고 사람들의 인식의 변화로 인하여 한국의 성문화 및 성역할에도 많은 변화가 있어 왔다. 그러나 그 근원적인 부분에서는 여전히 변하지 않는 것들도 있다. 이제 우리가 살고 있는 사회에서는 어떠한 성문화가 있는가와 관련된 성역할에 대해서 알아보도록 한다. 우리나라의 성문화와 성역할은 다음과 같은 특징을 가지고 있으며 치열한 갈등관계를 형성하고 있다.

가. 불평등한 사회구조 : 산업화, 지식기반 정보사회로의 진입 등 생산 시스템의 변화는 기존의 성별 고정관념과는 매우 변화된 면이 많이 있는데도 불구하고 이에 적극 대처하지 못함으로써 사적 노동, 공적 노동, 공공영역에서의 갈등이 초래되고 있다. 예를 들면, 가부장적 가족문화와 의례는 기회와 평등의 혜택을 받고 성장한 새로운 세대에 심각한 갈등을 초래한다. 이러한 갈등현상이 사회적으로 표면화된 것이 결혼이민자 및 이혼율의 증가 등으로 나타난다. 남성들은 전통적인 성별체계를 고수하고자 하는 반면, 여성들은 이미 가부장 사회의 한 구성물이 아닌 근대적이거나 탈근대적인 자기 위상정립을 하고 있는 상태인 것이다.

나. 이중적 성규범 : 남성의 성의 실천은 관대하게 보고, 여성의 성을 수동적이고 무성적으로 규정함으로써 결과적으로 여성을 남성의 욕망의 대상으로서의 여성과 종족번식을 위한 대상의 여성으로 분열시키는 여성의 성에 대한 모순적인 사회규범이 존재한다. 이와 같은 성규범으로 인하여 여성에 대한 성범죄 등 각종 사회적 갈등이 발생하는 것이다.

다. 가족에 대한 가치변화 : 여성의 교육기회와 고용기회가 증가되면서 남성에 대한 경제적 의존도는 낮아진다. 산아제한[3]으로 인한 모성역할의 감소, 가전제품의 발달로 인한 가사노동의 변화도 여성의 삶의 질을 획기적으로 바꾸었다. 빈곤여성에 대한 사회적 지원 및 복지제도도 점차 증가하고 있다. 또한 30대 인구 중 미혼자의 비율은 2000년 13.4%에서 2005년 21.0%로 5년 만에 7.6% 증가했다. 여성은 기존의 성역할 고정관념에서 벗어나 행복을 추구하기 위한 적극적 선택을 하고 있는

3) 수태 또는 출산의 제한 및 조절.

것이다. 요즘 세대는 누구의 엄마 · 아빠, 누구의 며느리 · 사위 등 역할 중심의 자아에서 탈피해 한 사람의 개인으로 살아가고 사회적인 지위를 누리려고 하는 경향이 두드러진다. 이와 같은 현상이 여성에게 빨리 받아들여지는 것은 우리 사회가 전통적으로 남성보다는 여성에게 관습화된 역할활동을 강요하였고 상대적으로 남성은 여성보다 높은 지위를 누릴 수 있었기 때문이며 반면 남성들은 상대적으로 가부장적 윤리에서 더디게 벗어나고 있어 지금도 결혼이라는 제도 자체에서 자유롭지 못한 것이다.

라. 여성의 사회적 역할 증가 : 현재 정보기술의 발달은 더 이상 신체적 차이에 따른 노동능력의 차이를 중시하지 않는다. 산아제한, 평균기대수명 향상 등으로 여성의 생활양식(life style)은 급격하게 변화하고 있다. 이러한 변화는 젠더 문화를 빠른 속도로 재편하고 있는 것이다. 기혼여성의 경제활동 참가율은 2004년 49.8%로 증가하였고 여성이 노동현장에 머무르는 시간이 증가하면서 결혼과 출산 형태에 새로운 영향을 주고 있다. 이러한 변화에 따라 젠더 갈등은 가족, 직장, 사회문화 및 정부정책 등에 지속적으로 반영되고 있는 것이다. 공공영역 및 정책에 있어 성인지적[4] 관점의 도입은 이와 같은 변화 현상을 공공의 영역에서 보완하기 위한 것이다.

3) 오늘날 성에 관련된 쟁점

21세기 성 도덕(moral)[5]의 변화는 성문화의 발전적 요소가 아닌 성 인식의 전환이다. 그 동안 우리나라의 성 인식은 많은 변천을 거듭해 왔

4) 여성과 남성이 지닌 생물학적, 사회문화적 경험의 차이에 의하여 서로 다른 이해나 요구를 가지고 있다고 보고, 특정 개념이나 정책 등이 특정성에게 유리하거나 불리하지 않은지 성역할 고정관념이 개입되어 있는지 아닌지를 검토하는 관점을 의미함.

5) 집단의 구성원에 의하여 형성되는 집단 내의 심리적 상태

다. 근대에 이르러 보수적인 성의 실체는 문화산업의 발달로 인하여 그 좁은 문을 개방했다. 90년대 컴퓨터가 일반화되면서 성의 홍수시대를 맞았다. 나이, 성별에 관계없이 컴퓨터를 켜면 성에 대한 호기심은 미처 여과할 겨를도 없이 해결됐다. 특히 통신문화와 섹슈얼리티를 지향하는 영화, 성을 주제로 한 문학 등 문화전반에 걸친 성 도덕은 가정의 기본적인 골격을 해체시키는 위험수위까지 치달았다. 서울에 밀집되어 있는 여자대학에서 학생 1,000명을 상대로 한 앙케트 조사에서 순결에 대한 개방적 사고가 30% 이상 보여 순결이 더 이상 여성들의 멍에가 되지 않음을 여론조사를 통해 보여줬다. 21세기의 성문화는 정신적인 만족을 통한 개방입장이 지배적이다.

가. 청소년의 성문화 실태(청소년 성매매, 원조교제) : 청소년 성매매는 과거부터 있던 현상이지만, 최근 성매매를 하는 청소년이 점차 저연령화되고, 정상적으로 학교를 다니는 청소년들에까지 확산되고 있는 양상을 보이고 있다. 이것은 우리 사회가 가지고 있는 성의식의 문제점과 밀접하게 연결되어 있는데 성적 서비스산업의 팽창과 물질만능주의의 팽배가 성 가치의 하락과 연결되면서 더욱 성매매 현상을 불러일으키고 있는 것이다. 성매매는 익명성을 그 특성으로 하기 때문에, 이름은 없고 육체와 자본만이 존재하는 현상을 보여주는데 이것은 성을 파는 여성을 사회적 관계로부터 고립시키고, 쉽게 폭력과 착취의 대상으로 만든다. 특히 이러한 성매매가 성인이 아닌 자아정체감이 아직 확립되지 않은 청소년에게도 이루어지기 때문에 그 심각성이 더 크다고 할 수 있다. 성을 파는 청소년들을 정신적 · 육체적으로 황폐화시키는 것은 물론이고, 아직 정신적으로 성숙하지 못한 청소년들이 건전한 사회인으로 성장하는데 있어 큰 장애요소로 작용한다.

나. 대학생의 성문화 실태 : 대학생의 성문화와 실태는 다음과 같다.

■ 대학의 실태-대학은 성폭력 박물관

학내 성폭력 실태는 어느 정도일까? 대학마다 총 여 학생회는 '대학은 성폭력 박물관' 이라고 목청을 높인다. 학내 성희롱 · 성폭력 발생 유형은 '학생-학생'에 국한되지 않는다. '교수-학생, '선배-후배(동기), '교수-조교, '교수-교수', '교직원-학생' 간으로 다양하다. 뿐만 아니라 다수 여학생을 상대로 한 MT나 대학축제, 신입생 환영회 등의 행사에서 여성을 비하하거나 성적 수치심을 일으키는 프로그램을 진행하는 것도 성폭력 · 성희롱 범주에 속한다. 학내 성폭력 문제의 심각성을 사회적 문제로 확산시킨 사건이 1993년 S대에서 발생한 '신교수 · 우조교 사건'이다. 당시 가해자였던 신모 교수가 법정에서 일부 승소 판결을 받고, 교단에 다시 서게 되자 S대는 이 문제로 또 한 차례 진통을 겪었다. 2001년 12월12일 전체 대학의 87%인 309개 대학이 관련규정을 마련했다. 학칙은 학교마다 차이가 있지만 대개 성폭력의 정의, 적용범위, 피해자 권리 확보 및 비밀유지의 의무, 담당기관(상담소) 설치, 상담소 업무, 성폭력대책위원회와 징계위원회 운영, 사건처리에 관한 규정 등을 담고 있다. 이 가운데 상담소를 별도 설치하고 전문 상담위원을 두는 등 실효성을 담보하기 위한 처벌 규정이 제대로 마련되지 않아 학교 측과 학생 측이 팽팽한 마찰을 일으키는 경우가 많다.

■ 대학생들의 성문화-동거

대학생 동거가 증가하는 이유는 다음과 같다. 첫째, 서구의 개인주의와 합리주의 사고를 적극 수용한 결과로 결혼에서 오는 가부장적 의무와 희생, 구속에서 벗어나고 싶은 욕구가 매우 강하기 때문이다. 뿐만 아니라 각자의 독립성을 인정하면서 일상을 공유하는 동거는 결혼제도의 까다로운 절차나 번거로움을 피할 수 있고 헤어지기도 쉽다는 '장점'이 있다는 것이다. 대학생들이 무엇보다 동거의 실질적 요인으로 꼽는 것은 경제적 부담 감소다. 커피숍, 비디오방, 여관 등을 돌며 이루어지는 소비문화가 학생에게 지우는 금전적 부담은 클 수밖에 없다. 많은 대학생이 동거의 장점으로 '방세 · 교통비 · 생활비 · 유흥비 등의 절약'을 내세우는 것도 이 때문이다. 실제 지금의 동거문화를 확산시킨 한 가지 원인으로 1998년 말 IMF 위기가 발생했을 때, 대학가에 새롭게 등장한 '공거족'을 꼽을 수 있다. 이성 · 동성을 불문하고 말 그대로 '한 집 또는 한 방에서 생활을 함께하는' 공거족은 경제적 논리에서 출발했다. 월세 또는 전세 보증금 부담을 줄이기 위하여 한 집에서 생활하되 성 관계는 철저히 배제시켰다. 뿐만 아니라 개인생활을 존중하고 상대에 대하여 일체 간섭하지 않는 것을 '공거'의 전제조건으로 삼았다. 그러나 남녀가 한 집에서 같이 생활하다 보면 성욕을 억제하기란 쉽지 않은 일, 공거형태가 자연스레 동거 형태로 넘어가면서 동거문화를 확산시킨 측면이 있다고 한다. 동거에 들어가기 전 의도하지 않은 임신에 대비해 출산, 혹은 낙태여부, 아이에 대한 양육과 금전적 책임 부분을 명확히 하는 것이 바람직하다. 그러나 대학생의 경우 임신 · 출산과 양육 문제까지 감안하고 동거에 들어가는 커플은 실제로 많지 않다. 사랑하는 사람과 같이 있고 싶어서, 혹은 성적 욕구 때문에 동거를 시작하는 경우가 오히려 많은 실정이다. 1970년대부터 동거가 확산되기 시작한 프랑스의 경우 동거커플 자녀가 불이익을 받지 않도록 보장하는 '시민연대협약(PACS)'을 법률제도로 운영하고 있다. 뿐만 아니라 동거커플에 결혼한 부부와 동등한 자격을 부여하고 있다. 한편 미국은 동거커플의 권리를 인정하는 동거부부등록제를 실시하고 있으며 '동거부부증서'를 발급하고 있다.

다. 미혼모 문제의 심각성 : 1960년대 이후 우리나라는 급속한 산업화와 더불어 전통적인 사회구조에도 급격한 변화가 있었다. 이와 함께 성에 대한 가치관 혼돈과 성 규범의 약화, 성의 의미를 왜곡시키는 성무지 등으로 인하여 충동적이고 책임감 없는 미혼모의 문제가 대두되었다. 미혼모 문제는 성과 관련된 중요한 사회문제의 하나로서 미혼모 자신의 심리적 · 정신적 피해는 물론 태어난 아기의 양육도 큰 문제가 된다. 최근 가장 문제가 되고 있는 점으로 미혼모의 연령이 점점 낮아지고 있다는 것을 들 수 있다. 여기에는 산업화와 개방화로 인한 사회규범의 혼란과 대중매체를 통한 무분별한 성적자극이 큰 원인으로 작용한다. 미혼모의 경우 인공유산(낙태)을 하는 경우가 많은데, 이것은 자신의 건강을 위협하는 일인 동시에 한 생명의 존엄성마저 앗아간다는 점에서 사회적 문제로까지 인식되고 있다. 미혼모의 문제는 비단 여성만의 책임이 아니다. 미혼모가 있으면 당연히 미혼부가 있기 마련인데, 우리사회에서는 가부장제의 잘못된 인식으로 미혼모 문제만이 있을 뿐 아직까지 미혼부라는 단어조차 생소한 실정이다.

4. 우리사회의 성문화가 나아가야할 방향

1) 올바른 성문화의 정착을 위한 대안

올바른 성문화 정착을 위한 성교육 방향은 다음과 같다.

인지적 성숙을 위한 성교육 방향 : 위에서도 언급한 것과 같이 가치관의 변화와 인터넷의 보급으로 인하여 한국의 청소년들은 매우 이른 나이에 성적 영상을 포함하는 여러 성적인 자료들을 접하게 된다. 이와 같은 경우에 문제는 이러한 자료들 중의 대다수가 청소년들에게 그릇된 성 의식을 심어줄 수 있다는 것이다. 우리는 청소년들에게 정확한 성 지식을 가르쳐 바람직한 성가치관을 형성하게 하여 책임 있는 성행동을 하도록 도모해야 한다.

정서적 성숙을 통한 성교육 방향 : 청소년기에 들어서면서 많은 청소년들은 신체적인 성숙을 겪게 되고 안과 밖으로 많은 변화를 겪게 된다. 이로 인하여 그들은 정체감에 혼란을 느끼거나 매우 불안한 상태에 있는 것이 사실이다. 혼란 상태의 청소년들을 바르게 이끌기 위해서는 신체적 성숙과 더불어 자연발생적으로 나타나는 다양한 청소년들의 성적 표현을 이해하고 지도하여야 한다. 무조건 말해선 안 될 것으로 지시하기 보다는 오히려 그들에게 성이란 무엇인가를 그리고 그것이 개인과 사회에게 얼마만큼의 중요성을 갖는 것인가를 가르쳐야 한다. 우리가 청소년들을 이해하고 포용하는 것은 그들이 겪는 심리적 불안, 죄의식을 극복할 수 있도록 많은 도움을 줄 것이다.

행동적 성숙을 위한 성교육 방향 : 최근에는 아주 어린 청소년들도 성 문제에 휘말리는 경우가 많다. 이것은 그들의 성 의식이 성숙하지 않았기 때문이며, 그들의 성 행동을 성숙시키기 위해서는 많은 교육이 필요하다. 먼저, 청소년들에게 빈번하게 일어나는 성희롱이나 성폭력과 같은 잘못된 행동이 어떠한 결과를 낳게 되는가를 알게 하는 것이 필요하다.

■ **대학생 성교육의 필요성-대학생들에게도 성교육이 절실하다.**

대학가의 미혼모와 낙태 문제, 영아살해유기 사건은 자유로운 성 개방 문화가 건강하고 올바른 방향으로 나아가지 못할 때 어떤 결과를 초래할 수 있는지 보여준다. 따라서 청소년 또한 대학생들에게도 보다 더 현실적인 성교육이 필요함을 느낄 수 있다.

제3절 양성평등과 건전한 성문화 정착

1. 양성평등의 중요성

양성평등은 '남성과 여성이 평등하다'라고 쉽게 해석할 수 있다. 그러나 이 남성과 여성이 평등하다는 말에는 두 가지 의미가 포함되어 있다. 첫째, '남녀는 인간으로서 평등하다'라는 것이고, 둘째, '남녀를 인간으로서 평등하게 대우해야 한다.'는 것이다. 그렇다면 왜 양성평등이 중요한 것일까? 양성평등의 중요성에 대해서 알아보도록 하자. 우리나라는 유교적 전통의 영향으로 여성이 남성에 비해서 크고 작은 차별을 받으며 살고 있다. 또한 고정관념에 따른 성역할을 강요하는 분위기 속에서 남성도 역시 그 성역할 아래에서 차별을 받아왔다고 할 수 있다. 따라서 우리가 인간으로서의 권리를 확보하기 위해서 양성평등을 실현하는 것은 매우 중요한 과제이다.

1) 여성인력의 효과적인 이용

지식기반사회가 도래하면서 이전에 없던 직업들이 많이 생겨나고 여성의 사회진출도 급증하여 여성의 사회진출이 어색하지 않은 것이 오늘날의 모습이다. 이러한 분위기에서 여성의 잠재력을 개발하고 능력을 발휘할 수 있는 제도를 마련할 필요성이 있다. 이것은 인력개발을 통해서 국가경쟁력을 확보하는 데에도 긍정적인 영향을 미칠 수 있다. 성심리에서 언급했듯이 UNDP에 따른 우리나라 여성권한지수는 2008년 세계 93개국 중 68위를 차지할 정도로 매우 낮은 수준이다. 점차 상승하고 있다고는 하나 우리나라 여성들의 교육수준과 그들의 능력에 비해서 사회에서 그 능력을 발휘하지 못하고 있다는 것을 알 수 있다. 이러한 현상은 여성들이 사회구성원으로서의 공적영역에 대한 참여기회가 아직 불평등하다는 것이다. 형식적 · 절대적 측면에서만이 아니라 실질적 · 상대적 측면에서의 양성평등 실현을 위하여 많은 노력이 필요하다.

2) 인간으로서의 정체성 확립

양성평등의 실현은 남성과 여성이 성역할 고정관념에서 자유로워지면서 성에 의한 구분이전에 한 인간으로서의 정체성이 확립되는 기회를 제공한다. 또한 한 인간으로서 타고난 역량을 개발하고 자아를 실현하는 중요한 계기가 될 것이다.

3) 동반자적 관계를 통한 사회적 삶의 질 향상

양성평등의 실현은 사회적 삶의 질 향상에도 긍정적인 영향을 미칠 수 있다. 남녀 모두가 권리, 책임, 의무를 공유하며 서로를 존중하고 개방적인 교류를 통하여 동반자적 관계를 유지하게 된다면 사회적 삶의 질 향상과 더불어 생산성 향상에도 기여할 수 있다. 따라서 법과 제도, 사회, 조직, 가족, 의식 등 모든 면에서의 양성평등 실현을 위한 노력은 더 나은 사회를 위해 우리가 간과해서는 안 되는 영역이다.

2. 양성평등 정책

그렇다면 정책적으로 양성평등은 어떠한가? 양성평등은 정책과 제도 면에서 많은 부분 개선되고 있다. 물론 양성평등 정책과 제도가 우리가 피부로 느낄 수 있을 만큼의 실질적 평등으로 이어지는 것은 아니다. 그러나 이러한 변화를 통하여 점진적으로 실질적인 양성평등이 실현될 수 있다.

1) 양성평등 정책

우리나라 헌법을 통하여 양성평등의 개념을 엿볼 수 있다.

■ **대한민국 헌법 전문**

"모든 영역에 있어서 각인의 기회를 균등히 하고……."

■ **헌법 제 11조 제 1항**

"모든 국민은 법 앞에 평등하다. 누구든지 성별 · 종교 또는 사회적 신분에 의하여 정치적 · 경제적 · 사회적 · 문화적 생활의 모든 영역에 있어서 차별을 받지 아니한다."

'헌법 제 11조 제 11항'에서 밝힌 바와 같이 대한민국 국민이라면 성별에 의하여 모든 영역에서 차별받지 않아야 한다. 따라서 헌법에 나온 것과 같이 남성이든 여성이든 모든 국민이 법 앞에서 평등할 수 있도록 적절한 정책이 필요하다.

양성평등 정책이란 양성평등을 목표로 결정되어야 한다는 일정한 이념과 지향성을 갖는 개념으로, 여성정책 뿐 아니라 정책의 성인지적 관점을 반영하여 남녀가 보다 동등한 권리를 누리며 성별에 의해 차별받지 않고 여성과 남성이라는 성별에 따른 고정관념에 구속됨이 없이 자유롭게 자신의 능력을 개발하고 선택할 수 있는 권리를 갖게 하는 정책을 포괄하는 개념이다(변신원, 2006).

2) 양성평등 정책 패러다임 변화

양성평등 정책 패러다임은 두 가지 접근으로 나눌 수 있다. 첫 번째는 '여성중심 접근'이고 두 번째는 '젠더중심 접근'이다(변신원, 2006).

첫째, 여성중심접근 WID(Women in Development)이다. 여성에 초점을 두며 성불평등 문제를 여성만의 특수한 상황으로 인식하는 접근이다. 개발과정에서 배제된 여성을 생산과정에 통합시켜 발전의 혜택을 분배하는 것을 지향한다. 이에 관련된 정책들로는 여성중심 가족계획, 모자가정 지원, 요보호여성복지, 여성보건관리, 출산휴가, 여성교육, 여성노동, 여성소득창출사업 등이 있다. 이 접근법의 한계는 여성정책의 주변화와 고립화 경향이 있다는 것이다.

둘째, 젠더중심접근 GAD(Gender And Development)이다. 남성과 여성 간의 관계에 초점을 두며 성역할 변화를 통하여 젠더관계를 개편하고 여성지위 향상을 위한 전략적 젠더를 요구하는 접근법이다. 여성을 배제하는 남성중심성, 가부장적 질서를 전환시켜 양성평등을 획득하는 것을 목표로 한다. 이에 관련된 정책들로는 부모 모두에게 출산휴가를 부여한다든지, 스웨덴에서 이루어지고 있는 16개월 유급 육아휴

직제 중 최소 2개월을 아버지가 사용하도록 법으로 의무화한 경우가 그 예라 할 수 있다.

3. 양성평등 인식 부족으로 인한 문제

양성평등에 대한 관심이 높아짐에 따라 우리 사회의 많은 부분에서 양성평등이 실현되고 있다. 그러나 아직도 양성평등은 인식이 부족하여, 또는 양성평등에 대한 잘못된 인식으로 인하여 사회문제가 되기도 한다. 양성평등이 올바르게 인식되지 못하여 발생하는 대표적인 문제인 역차별과 성희롱에 대하여 살펴보고자 한다.

1) 역차별

양성평등에 대한 잘못된 인식으로 인하여 발생하는 대표적인 문제가 바로 역차별이다. 역차별이란, 부당하게 차별을 당하는 쪽의 차별을 막기 위한 제도나 방침, 행동 따위가 너무 급진적이어서 도리어 반대편이 차별을 당하게 되는 경우를 말한다. 여성을 사회적 약자로 여겨왔던 여성중심접근의 양성평등정책은 이러한 역차별을 상당부분 초래하였다. 대표적으로 국회의원 여성할당제, 고위공무원 여성할당제, 행정고시 양성채용 목표제 등을 역차별로 보는 시각이 있다. 이것은 일정 비율 이상의 수를 의무적으로 여성으로 고용해야 한다는 제도인데, 각계의 시각에 따라 역차별로 보아야 할 것인지, 그것이 아닌지에 대한 의견이 분분하다. 이 때문에 남성이 역차별을 받고 있다는 주장이 펼쳐지기도 하며 큰 사회문제로 대두되기도 한다.

또한 우리의 인식 속에 자리 잡고 있는 '여성은 남성보다 약자이니 대우받아야 한다.'는 인식 때문에 일상생활에서도 많은 역차별이 일어나고 있다. 일상생활에서 역차별의 대표적인 예로는, 여성과 남성이 데이트를 할 때 남성이 데이트 비용을 다 내는 것, 힘든 일은 무조건 남자에게 시키는 것 등이 있다. 이러한 역차별을 극복하기 위해서 우리에게 가장 필요한 것은, 양성평등 인식을 올바르게 정립하는 것이다. 여자도 남자처럼 대우해주어야 한다는 그릇된 양성평등 인식이 아닌, 여성과 남성이 동등한 존재로 대우받아야 하며 차별받지 아니한다는 올바른 인식이 정립될 때 역차별을 극복하는데 한걸음 더 나아갈 수 있을 것이다.

2) 성희롱

양성평등의 인식이 확대되었지만 아직도 양성평등에 대한 인식이 제대로 자리 잡지 못하여 발생하는 문제점 중 대표적으로 성희롱을 들 수 있다. 성희롱은 주로 일부 사회구성원들의 전근대적 사고방식으로 인하여 여성에게 성적 굴욕감을 느끼게 하는 것으로, 국가인권위원회법 제27조 제5항에 따르면, 성희롱은 업무, 고용 그 밖의 관계에서 업무 등과 관련하여 성적 언동 등으로 성적 굴욕감 또는 혐오감을 느끼거나 성적 언동 그 밖의 요구 등에 대한 불응을 이유로 고용상의 불이익을 주는 언행으로 규정하고 있다. 직장 내에서의 여성에 대한 편견과 차별로 인하여 자신의 능력을 발휘하는데 제약을 받는 모든 것들이 성희롱과 관련되었다고 볼 수 있다(김정임, 2008). 남성 상사들이 여성부하직원들에게 성희롱을 하는 경우 여성들은 쉽게 그 상황에서 벗어나거나 가해자를 응징할 수 없기 때문에 그 피해가 더 클 수밖에 없다. 또한 과거에 남성이 여성에게 성희롱을 하여 피해자가 주로 여성이었던 것과 달리 최근에는 여성이 남성에게 성희롱을 하는 경우도 나타나고 있다. 남성과 여성이 서로 동등한 인격체로 존중해 주고 배려해 주는 행동을 할 때 이러한 성희롱이 없어질 수 있으며, 이를 위해서 올바른 양성평등의 인식확산이 매우 중요한 과제라고 할 수 있다.

제 II 부

성희롱의 이론적 기초

차 한잔 합시다(2006), 김도명 작

제3장

성희롱의 개념, 유형 및 특징

제1절 성희롱의 개념

우리나라에서 성희롱이라는 용어는 1980년대부터 '환영받지 못하는 성적 행태'를 지칭하는 성희롱, 성적 모욕, 성적 성가심 등의 용어로 사용되기 시작한 것으로 알려지고 있다. 성희롱이 사회적 쟁점으로 다루어지기 시작한 것은 1993년 S대학교 신교수 · 우조교 성희롱 사건 때부터라고 할 수 있다(김정인, 2000; 천대윤, 1999). 성희롱은 여성학을 포함하여 상담심리학, 교육학, 사회학, 사회복지학, 법학, 행정학, 아동학 및 청소년학 등에서 폭넓게 학제간 연구의 주제로 다루어지고 있다(하혜숙, 2009). 다음에서 '성희롱'의 개념을 학설, 법률 · 판례 · 제도 등을 중심으로 살펴보고 난 다음, 성희롱 유사개념인 성폭력에 대하여 살펴본다(문희경, 2009).

1. 학술적 개념으로 성희롱

성희롱 개념은 학자와 국가에 따라서 다양하게 정의되고 있으며, 특히 문화적 요인이 정의에 많은 영향을 미친다(Powell, 1983; Saguy, 2000). 일반적으로 '성희롱'이란 학교를 포함한 사회생활에서 상대방 의사에 반(反)하는 성(性)과 관련된 언동으로 불쾌하고 굴욕적인 느낌을 가지게 하거나 고용상의 불이익 등 유 · 무형의 피해를 주는 행위를 말한다. 학술적 개념으로 '성희롱(性戲弄)'이란 영어의 'sexual harassment'를 우리말로 번역하여 사용하는 용어로서 성적 괴롭힘, 성적 모욕, 성적 성가심 등을 말한다. '성희롱'이란 용어는 1975년 미국 Cornell대학교에서 만들어진, 여성들이 원하지 않는 성적 행동에 초점을 맞추어 정의되고 있다. 우리나라에서도 성희롱은 주로 여성에 대한 남성의 행위로서 피해여성의 동의, 가해자의 성적 만족, 피해자의 성적 수치심 발생 등과 관련하여 성적 침해 행위에 해당된다고 할 수 있다. 즉 성희롱은 상대방의 의사에 관계없이 성(性)과 관련된 언행을 함으로써 상대방이 불쾌하고 굴욕적인 느낌을 갖게 하고 피해를 주는 일체의 행동을 말한다(박동명, 2003).

성희롱에 대한 학술적 정의는 경험적 조사연구를 통하여 개발되고 있으며 다양한 개별 집단이 지각하는 성희롱에 대하여 조사함으로써 보다 심층적이고 복합적인 측면이 고려된다. Fitzgerald와 동료연구자(Fitzgerald, Schullman, Bailey, Richards, Swecker, Gold, Ormerod, & Weitzman, 1988)는 '성희롱을 공적 측면에서 권력의 차이가 존재하는 상황에서 성차별, 또는 성적인 언급, 요구 등을 통하여 수단적 관계를 성화(sexualization) 시키는 것'으로 정의한다. 그리고 성희롱은 공적 측면에서 권력의 차이가 존재하지 않더라도 여성이 원하지 않거나 여성에게 가해적인 경우에 성립될 수 있다. 성희롱을 학문적 · 이론적으로 규명하려는 노력 가운데 하나는 심리학적 관점에서 시도되고 있다. 심리학적 관점의 성희롱은 스트레스를 유발하는 상황을 이해하는 분석의 틀에서 정의된다(Fitzgerald, Swan, & Fischer, 1995). 이와 같이 스트레스[1]에 대한 분석틀을 성희롱에 적용하여 개념을 정의하면, 성희롱은 수요자에 의해서 무례하거나 자신의 자원을 초과하며 개인의 안녕을 위협하는 것으로 인식 · 평가되는 원하지 않는 성적 언행이나 행태를 의미한다(김정인, 2000).

대학이나 직장에서 성적 언동이나 행태가 성희롱으로 인식 · 평가되는데 영향을 미칠 수 있는 요인들은 다양하다. 이들 요인으로는 성희

1) 일반적으로 스트레스 개념은 '자극으로서의 스트레스', '반응으로서의 스트레스', 그리고 '개인과 환경간의 역동적인 상호작용으로서의 스트레스' 등의 관점이 있다. 첫 번째 관점은 개인에 대해 가해지는 다양한 자극을 스트레스로 보는 입장이고, 두 번째 관점은 변화나 적응이 필요한 사건이나 상황에 처하여 우리의 신체가 가능한 자원을 동원하여 적응하기 위하여 하는 반응을 스트레스로 보는 관점이다. 세 번째 관점은 스트레스를 개인과 환경 간의 상호작용으로 보는 관점으로서 개인과 환경 간의 상호작용 과정에서 자극의 특성과 자극에 대한 지각자의 개인적 특성을 모두 강조한다(박성혁, 하혜숙, 2007 : 8).

롱의 유형, 빈도, 지속 기간 등이다. 그리고 성희롱 행동에 대한 개인의 다양한 특성, 성별 차이 등과 같은 요인들에 영향을 줌으로써 궁극적으로 성희롱 인식 과정에 영향을 줄 것이다. 이와 같이 성희롱의 구성요소는 상황의 총체성으로 판별하여야 하며, 성희롱 현상에는 (1) 추정된 성희롱의 유형 구성 여부, (2) 그 행위가 일회성인가 반복적인가의 여부, (3) 그 행위가 적대적이고 분명히 불쾌감을 자아냈는가의 여부, (4) 추정된 가해자가 동료인가, 또는 감독관인가의 여부, (5) 그 성희롱에 다른 사람들이 관여했는가의 여부, (6) 그 성희롱이 여러 사람들을 대상으로 했는가의 여부 등이 성희롱 판단을 위한 요소에 포함된다(Pinkston, 1993).

성희롱을 어떠한 요소에 중점을 두느냐에 따라서 다양한 정의가 가능하다. 학술적 관점에서 성희롱을 개념 · 정의하기 위해서는 다음과 같은 개념요소가 포함된다. 첫째, 피해자가 원하지 않는(unwanted) 행위이고, 둘째, 성적인 행위, 또는 성에 근거한 행위이고, 셋째, 고용관계로 인한 업무뿐만 아니라 학업 및 기타 개인의 업무를 포함하여 넓은 의미에서 업무와 직 · 간접적으로 관련이 있으며, 마지막으로 손해 또는 침해가 발생할 것 등의 요소가 충족되면 이들 행위는 성희롱에 해당될 수 있다(오정진, 1998).

이상에서 살펴본 학술적으로 정의된 성희롱의 특징은 성희롱의 주요 원인으로 남녀 간의 권력 불균형을 지적하고 있다. 따라서 이들 정의는 여권주의(feminism)적 시각을 강하게 대변하는 것으로 성희롱은 조직에서 남성과 여성 간에 발생하는 문제는 아니며, 오히려 일반 생활 영역으로 확대될 수 있는 광범위한 개념이다(신성자, 1993). 그러나 모든 성적 관심이 성희롱에 포함되는 것은 아니며 이들 관심에 대한 판별은 많은 논란을 야기할 수 있다. 이와 같은 관점에서 성희롱에 대한 규정의 핵심은 이성(異性)에 대한 관심의 표현으로부터 성희롱을 구분하는 경계를 설정하는 것이다(Gutek, 1985).

2. 법률과 판례에서의 성희롱

1) 법률적 개념

'성희롱'에 대한 법률적 개념이다. 미국의 대부분 교육기관은 1964년 시민권법(the Civil Right Act)과 1972년 교육법 수정안인 Title Ⅸ에서 규정한 성차별 금지조항에 근거하여 성희롱 관련 규정 및 대처절차를 마련하고 있다. 이 수정교육법은 연방으로부터 재정지원을 받는 교육프로그램이나 활동에서 성(sex)에 기초한 차별을 금지하고 있는데, 이러한 성차별 금지 항목에 성희롱을 포함하고 있다. 이후 1980년 미국의 고용기회평등위원회(Equal Employment Opportunity Commission : EEOC)가 성차별 지침을 발표하면서, 그 내용 가운데 성희롱을 성에 기초한 차별을 금지하는 민권법 제7조에 위반되는 차별행위라는 점을 공식적으로 확인하였다(박성혁 · 하혜숙, 2007). 이들 지침서에 기초한 대학에서의 성희롱 정의는 고용관계를 포함하여 교육적 환경, 개인의 복지 측면 등을 포함하여 그 범위를 넓게 규정하는 특징이 있다.

미국의 EEOC는 공민권을 확대 해석하여 성희롱을 금지하는 것으로 해석하며, 성희롱을 성차별의 한 가지 형태로 보고 있으며(김영환, 2000), 1980년 '성희롱에 대한 지침서'를 공포하고, 성희롱을 달갑지 않은 성적인 접근(unwelcome sexual advance), 성적 호의(sexual favor)의 요구 및 기타 성적인 언어, 또는 신체적 행위가 다음과 같은 상황에서 이루어지는 것으로 정의 한다 : (1) 성희롱 행위에 대한 승낙이 명시적, 묵시적으로 개인의 고용조건하에서 이루어질 때; (2) 성희롱 행위에 대한 승낙 또는 거부가 개인에게 영향을 미치는 고용 결정의 근거로서 사용될 때; (3) 성희롱 행위가 작업 수행을 부당하게 저해시키거나, 위협적, 적대적, 가해적인 작업환경을 창출시키는 목적, 또는 효과를 가졌을 경우이다. 유럽공동체(European Union : EU) 위원회 발간의 지침서에서도 '성희롱이란 원하지 않는 성적 행위, 혹은 직장에서 남녀의 존엄성에 영향을 미치는 성차별적 행위'로 개념을 정의하고 있다(박동명, 2003).

한편 우리나라에서 성희롱에 대한 법적·제도적 관점에서의 정의이다. 우리나라 법률에서 성희롱이 명시된 것은 '여성발전기본법'(1995년), '남녀고용평등과 일·가정 양립 지원에 관한 법'(2008년 6월 22일 시행), '남녀차별금지및구제에관한법'(1999년 시행-2005년 국가인권위원회 법으로 이양) 등에 직장 내 성희롱의 금지 및 이에 관련된 사항들이 명문으로 기술되어 있다. <표 3-1>은 '여성발전기본법', '남녀고용평등과 일·가정 양립 지원에 관한 법', '국가인권위원회법'에서 규정하는 성희롱에 대한 법적 개념의 종합이다.

〈표 3-1〉 법적 개념으로서 '성희롱' 종합

해당 조문	개념·정의
여성발전기본법 제3조 제4호 및 여성발전기본법 시행령 제2조 제4항	• '성희롱'이란 업무, 고용, 그 밖의 관계에서 국가기관·지방자치단체 또는 각급 학교 및 공직 유관 단체의 종사자, 사용자 또는 근로자가 다음의 어느 하나에 해당하는 행위를 하는 경우를 말한다. (1) 지위를 이용하거나 업무 등과 관련하여 성적 언동 등으로 상대방에게 성적 굴욕감이나 혐오감을 느끼게 하는 행위. (2) 상대방이 성적 언동이나 그 밖의 요구 등에 따르지 않았다는 이유로 고용상의 불이익을 주는 행위
남녀고용평등과 일·가정 양립 지원에 관한 법 제2조 제2호	• '직장 내 성희롱'이란 사업주, 상급자 또는 근로자가 직장 내의 지위를 이용하거나 업무와 관련하여 다른 근로자에게 성적 언동 등으로 성적 굴욕감 또는 혐오감을 느끼게 하거나 성적 언동 또는 그 밖의 요구 등에 따르지 아니하였다는 이유로 고용에서 불이익을 주는 것을 말한다.
국가인권위원회법 제2조 제5호	• '성희롱'이란 업무, 고용 그 밖의 관계에서 공공기관의 종사자, 사용자 또는 근로자가 그 직위를 이용하거나 업무 등과 관련해 성적 언동 등으로 성적 굴욕감 또는 혐오감을 느끼게 하거나 성적 언동 그 밖의 요구 등에 대한 불응을 이유로 고용상의 불이익을 주는 것을 말한다.

2) 판례에서 개념

'성희롱'에 대한 판례에서의 개념이다. 우리나라 대법원의 판례는 '성희롱'에 대하여 종합적으로 접근하고 있다(박동명, 2003). 예를 들면, 'S대학교 신교수 · 우조교 성희롱 관련 민사소송' 손해배상 판결에서 '성희롱' 외에 '성적 표현이나 행동'(1심 서울민사지방법원 판결), '성적 성가심', '성적 괴롭힘'(2심 고등법원 판결), '성적 굴욕감', '성적 혐오감'(3심 대법원 판결) 등의 용어가 동시에 사용되고 있으며, '직장 상사의 성적 치근거림'에 대하여 불법행위로 판단하고 있다. 대법원은 성희롱의 개념을 적극적으로 정의하고 있지 않지만, 위 사건의 내용에 관해서 '피고의 위와 같은 언동은 분명한 성적인 동기와 의도를 가진 것으로 보이고, 그러한 행동은 비록 일정기간 동안에 한하는 것이지만 그 기간 동안 만큼은 호의적이고 권유적인 언동으로 볼 수 없고, 오히려 원고로 하여금 성적 굴욕감이나 혐오감을 느끼게 하는 것으로서 원고의 인격권을 침해하였다'라고 판단하였다. 이러한 대법원의 판단은 성희롱의 성립 여부에 관한 현재 우리나라의 여성발전기본법, 남녀고용평등법과 일 · 가정 양립에 관한 법, 국가인권위원회법 등 법률의 조건, 즉 고용관계와 고용상의 불이익을 좁게 해석하지 않고 성희롱의 특성과 입법취지를 살펴 폭넓게 해석하고 있는 점에서 높게 평가할 수 있다(이혜은, 1998; 하혜숙, 2007a).

그러나 이러한 성희롱에 대한 법률 및 판례에서 나타나는 불법행위로서의 개념 · 정의는 성희롱 특성을 제대로 반영하지 못하고 있다. 왜냐하면 성희롱은 반드시 고용관계 내에서만 성립되는 것은 아니며, 실제로 엄격한 의미에서 고용관계로 보기 어려운 학교 내에서 동료학생이나 선 · 후배 그리고 교수와 학생들 사이에서도 발생할 수 있기 때문이다. 또한 고용 관계라고 하더라도 고용상의 불이익을 줄 수 있는 권력관계가 아닌 동료 사이에서도 얼마든지 발생할 수 있기 때문이다(하혜숙, 2007a). 이와 같은 학교상황을 포함하여 성희롱을 직장, 또는 직접적인 고용관계에서 권력관계에 기초하여 고용상의 불이익을 주는 행위로 한정하는 것은 성희롱 현상에 대한 현실적 이해가 부족한 좁은 의미의 개념이다(이나영, 1999).

이와 같이 불법행위로서 '성희롱'은 헌법상 보장되는 개인의 존엄과 행복추구권으로부터 연역되는 일반적 인격권의 한 가지 내용으로 '직장에서 근로자에 대한 지휘명령권, 또는 인사권을 가지거나 기타 실질적으로 그 근로자의 임면, 근로조건의 결정 등에 관하여 영향을 미칠 수 있는 권한을 가진 사람이 그 근로자를 상대로 하여 그 근로자의 의사에 반하여 성과 관련된 언행을 하여 그 상대방이 몹시 불쾌감을 느끼고 성적인 굴욕감을 느끼게 하는 것', 또는 근로자의 직무수행에 부당하게 간섭하고 근로자의 근무환경을 외부적 또는 정신적으로 불쾌하고 열악하게 만들기 위하여 위와 같은 행위를 하거나 위와 같은 행위를 함으로써 그러한 결과를 가져오도록 하는 것 등은 근로자에 대한 성차별에 해당하여 위법하다고 대법원은 S대학교 여조교 성희롱사건에서 판시하고 있다[대판 1998년 2월 10일 95다39533]. 그리고 한국여성민우회(1994)가 성희롱 현상을 일반적 성희롱과 직장 내 성희롱으로 구분함으로써, 성희롱 발생 여부를 고용관계가 성립하는 곳에서 고용상의 불이익 여부를 기준으로 판단하도록 하고 있는 것은 관련 법률의 정의 규정보다 포괄적으로 이해하고 있는 것으로 성희롱에 관한 광의의 개념 정의이다.

이상에서 살펴본 것과 같이 성희롱에 대한 학문적, 법률 및 판례에서 개념을 전체적으로 종합하면 다음과 같다. 우리나라에서 사용되고 있는 '성희롱'이라는 용어는 영어의 'sexual harassment'를 의미하지만, 이 용어에 대한 우리말 번역은 통일되어 있지 않다.[2] 성희롱을 강간이

2) 지금까지 살펴본 것과 같이 성희롱 개념은 학자에 따라서 다양하게 정의되어 사용되고 있다. 이와 같은 이유는 직장에서 고용관계의 전제, 남녀 공동생활의 맥락, 당사자 사이의 권력관계, 피해의 유형 등 성희롱을 구성하는 구조적 특성과 관련하여 중점을 어디에 두느냐에 따라서 약간씩 표현이 달라진다. 그러나 '성희롱'은 영어의 'sexual harassment'로 우

나 강제 추행보다 정도가 약한 불쾌한 성적 접촉 정도로 이해하는 경우도 있으며, 어떤 것이 성희롱이 될 수 있는가에 대한 충분한 논의가 부족한 실정이다. 위에서 살펴본 것과 같이 성희롱 개념에 관한 우리나라와 미국의 법적·제도적 정의를 통하여 알 수 있는 것과 같이 관련 법률이나 제도적으로는 성희롱을 기본적으로 고용관계에서 고용상의 불이익 여부와 관련 되는 원치 않는 성적 행위로 정의하고 있다.

3. 성희롱 유사 개념으로의 성폭력

1) 성폭력 개념

성희롱과 유사하게 사용되는 개념으로 성폭력이 있다. 성폭력에 대한 개념은 각 개인의 성별에 따라서 '성'에 대한 태도가 다를 수 있고, '성폭력'에 대한 인식과 문화적인 가치관에 따라서 다양한 정의가 가능하다. 이 밖에도 개인의 가치관에 따라서 어디서부터 어디까지가 성폭력이고 어떠한 행위들은 친근감이나 애정의 표현이 되는가에 대한 판단을 내릴 수 있다. 이와 같은 이유에도 불구하고 성희롱의 유사 개념으로 성폭력에 대한 개념 정의는 증상이나 대처방안을 강구하기 위한 첫 단계로서 중요하다(채규만, 2009). 성폭력에 대한 이론적 접근에는 전통주의적 시각, 정신병리적 시각, 학습된 행동의 시각, 여성주의적 관점 등 다양한 이론적 접근에서 연구되고 있다.

리말에서는 '성적 괴롭힘'으로 번역하여 사용되기도 한다. 영어의 'harassment'는 '개를 덤벼들도록 부추기다(to set a dog on)'라는 뜻의 불어 'harer'를 그 어원으로 가지고 있으며, '끊임없이 공격으로 괴롭히다', '지치게 하다, 피곤하게 만들다, 귀찮게 굴다, 지긋지긋하게 굴다'라는 사전적 의미를 가지고 있다. 그리고 'sexual harassment'를 성희롱으로 번역하여 사용하는 경우에는 역사적, 정치적 함의를 반영하지 못하고, 우리 사회에서 아직 성(性)에 대한 명확한 개념 정의가 되어 있지 않으며, 남녀의 성(性)에 대한 사회적 수용 정도가 다르다는 것을 인식하고 이것을 매개로 한 문제와 관련되는 의미에서 '성적 괴롭힘'이라는 용어로 번역하고 사용하는 경우도 있다(이혜은, 1998 : 9-11).

일반적으로 성폭력(sexual violence)은 성희롱과 구별하여 사용하는 경우와 성희롱에 강간, 성폭력 등을 포함하여 하나의 개념으로 사용하는 경우가 있다(김엘림, 1997). 전자의 예는 프랑스의 형법, 제4차 세계여성행동강령 등 국제기구 문서이며, 후자는 미국의 여성법률부조기금(Women's Legal Defence Fund)이 EEOC의 '성희롱에 관한 지침서'에서 의미하는 성희롱이다(박동명, 2003). 우리나라의 법체계와 상황으로 볼 때, 성희롱과 성폭력을 동일하게 취급하는 것은 옳지 않고 서로 다른 개념으로 구분하여 이해하여야 할 것이다. 성희롱은 피해자가 주로 여성으로 원하지 않는 성적언동 등으로 상대방에게 성적 수치심이나 정신적, 육체적 피해를 준다는 점에서 성폭력과 비슷하다. 그리고 상대방을 가치 있는 인격체로 인식하지 않고 '성적 대상화'로 취급하여 인간존엄과 성적 자기 결정권을 침해한다는 점에서는 성폭력과 공통점을 가지고 있다. 그러나 성희롱과 성폭력은 서로 다른 개념이며 다음 <표 3-2>는 이들 두 개념의 간략한 비교이다.

〈표 3-2〉 **성희롱과 성폭력의 비교**

구 분	성희롱	성폭력
근거	• 여성발전기본법 • 남녀고용평등과 일 · 가정 양립 지원에 관한 법 • 국가인권위원회법	• 형법 • 성폭력특별법
당사자	• 공공기관, 민간기관 등의 사업주, 상사, 동료, 부하 등	• 제한 없음(다만 강간죄는 범죄의 객체를 여성으로 한정함)
행위수단	• 폭행, 또는 협박이 필요 없음	• 폭행, 또는 협박이 필요
행위내용	• 성적 언동 등	• 범죄의 종류에 따라 강간, 추행, 간음 등이 필요
판단기준	• 피해자의 주관적인 침해	• 객관적으로 인정되는 침해
제재수단	• 민사상의 손해배상의 대상이 되고, 형사상 제재는 없음	• 징역과 벌금

이 밖에도 성희롱과 구별되는 개념으로는 강제추행, 강간 등이 있다. 형법 제298조는 '폭행 또는 협박으로 사람에 대하여 추행한 자는 10년 이하의 징역 또는 1천만원 이하의 벌금에 처한다'라고 규정하고 있다. 이 법의 보호법익은 사람의 성적 자유, 또는 성적 자기결정의 자유라고 할 수 있다. 추행(醜行)은 상대방의 의사에 반하는 음란한 행위로서 폭행, 또는 협박에 의하여 성적 수치심, 혐오감정을 불러일으키는 일체의 행위를 의미한다. 그리고 추행은 주관적 목적경향과 상관없이 객관적으로 확정되어야 하며, 폭행 또는 협박에 의하여 사람을 추행한다는 인식과 의사가 있어야 한다. 강간은 형법 제297조 '폭행 또는 협박으로 부녀를 강간한 자는 3년 이상의 유기징역에 처한다'라는 규정에 의한 개념이다. 강간죄의 주체는 남자이다. 그러나 여자도 형사미성년자나 심신상실자를 이용하거나 폭행이나 협박에 간여함으로써 범죄를 범할 수 있다. 객체는 부녀이고, 기혼 · 미혼 · 연령 등을 불문한다.

이상에서 살펴본 것과 같이 성폭력은 폭력에 대한 인식을 확장하게 하는 넓은 개념이라고 할 수 있지만, 때로는 '성폭력죄'와 동일시되는 관계로 의사소통에 혼란을 초래한다(김계현 외, 2005). 성폭력은 형사처벌의 대상이 되는 범죄행위로 좁게 해석하는 견해는 1993년 제정된 '성폭력범죄의 처벌 및 피해자보호 등에 관한 법률'(성폭력특별법)에 명시된 '성폭력죄'라는 용어와 관련이 있다. 그러나 이 법은 '성폭력'이 아니라 '성폭력범죄'를 언급하고 있으며, 별도의 의미 규정을 제시하지 않은 채, 형법 제32장 '강간과 추행의 죄' 외에도 성풍속과 관련된 여러 범죄들(음화 등의 제조 · 배포, 공연 음란 등)을 나열하는 것으로 정의를 대신하고 있다. 성폭력특별법에 제시한 성폭력범죄 중에서 성폭력에 해당하는 형법상의 범죄는 강간(제297조), 강제추행(제298조), 준강간, 준강간추행(제299조), 미수범(제300조), 강간 등 상해치상(제301조), 강간 등 살인치사(제301조의2), 미성년자 등에 대한 간음(제302조), 업무상의 위력 등에 의한 간음(제303조), 추행(제305조) 등으로 주로 신체적이고 성기 중심적인 범죄행위들이다. 따라서 정신적 · 언어적 폭력을 망라하는 넓은 의미의 '성폭력'이라는 관점에서 본다면 '성폭력범죄'는 상당히 좁은 범위에 국한된다고 볼 수 있다.

2) 성희롱과 성폭력의 관계

성희롱과 성폭력은 상대방이 원하지 않는 성적 언행으로 피해를 주는 행위라는 공통점이 있다. 직장이나 학교와 같은 단체의 구성원들 간에 일어나는 성폭력은 개인의 성적 자율권을 침해하며, 고용 조건, 교육 조건 및 환경에 영향을 주기 때문에 성희롱 금지 규정을 위반하는 행위이다. 만약 위반 행위가 강간, 강제추행 및 미수와 같은 '성폭력 범죄'라면, 해당 단체의 징계를 받는 것은 물론 형사 처벌의 대상이 될 수 있다. 그러나 우리나라의 법규에서 성희롱 규제 대상은 사업체와 공공기관의 종사자, 사용자, 근로자 등으로 범위가 한정되어 외부인과의 관계에서 발생한 성폭력에 대해서는 성희롱 규정이 적용되지 않는다(하혜숙, 2009). 이와 반면에 단체생활에서 상대방에게 부과되는 원하지 않는 성적 언행이나 요구는 성폭력에 이르지 않는 경우에도 성희롱에 해당될 수 있다.

3) 성폭력의 유형

성폭력의 유형은 다음의 <표 3-3>과 같이 종합될 수 있다(채규만, 2009: 454-6).

〈표 3-3〉 성폭력의 유형

<table>
<tr><th colspan="2">유 형</th><th>설 명</th></tr>
<tr><td rowspan="3">강간</td><td>미성년자 강간</td><td>• 성인 남성이 법적으로 미성년자인 여자아이와 성관계를 가지는 경우이다. 나라마다 미성년자에 대한 기준이 다르지만, 우리나라는 13세 미만의 개인을 형법상 미성년자로 규정한다. 일반적으로 미성년자인 여성이 성인과의 성교에 동의했을지라도 그녀는 법적으로 자기의 행위에 대한 개념을 정확히 파악할 정도의 지식이 없으므로 이것은 강간으로 규정되며, 우리나라의 경우에도 마찬가지로 규정한다(형법 제305조).</td></tr>
<tr><td>면식자와 낯선자 강간</td><td>• 가해자와 피해자의 면식 관계에 의하여 구분되는 것으로 가해자와 피해자가 서로 알고 있는 사이에서 발생하는 강간을 면식자 강간이라고 하고, 그렇지 않는 경우를 낯선자 강간이라고 한다.</td></tr>
<tr><td>부부 강간</td><td>• 전통적인 결혼체제의 관점에서는 성교 행위를 결혼 계약의 일부로 보기 때문에 부인은 남편으로부터 강간을 당했다고 법적으로 고소할 수 없다. 이러한 경우에는 부인은 항상 지배적인 남편의 욕망이나 욕구를 거역하지 않고 따라야만 한다. 결혼이란 친교적인 대인관계를 의미하므로 부부간의 강제 성교를 강간이라고 여기는 사람은 많지 않다. 그러나 여성주의자들은 권리운동의 영향으로 결혼생활에서 강제적인 성교가 문제시되었다. 이와 같이 부부간의 강제성교 문제는 문화적인 배경과 매우 밀접한 관련성을 가진다.</td></tr>
<tr><td colspan="2">성적학대</td><td>• 불평등한 지위관계의 맥락에서 상위자가 하위자에게 원하지 않는 성적인 요구를 내포하는 행위라고 정의한다. 이와 같은 경우에는 만약 성적인 요구에 응하지 않으면 여러 가지 형태의 불이익을 준다. 이러한 학대 행위는 거의 힘의 불균형에서 시작되며, 성에 관련된 이야기나 농담, 희롱, 눈짓에서부터 강간의 시도 및 강간까지 해당된다.</td></tr>
<tr><td colspan="2">근친 강간</td><td>• 결혼을 허락하지 않는 근친 간에 발생하는 성행동을 말한다. 이러한 정의에는 보통 '상대자가 누구인가'와 '어떤 성적인 행위가 발생했는가'의 두 가지 요소가 판단의 기준이다. 우리나라에서는 친부, 의부, 사촌 등의 친척들에 의한 근친 강간이 주로 많다.</td></tr>
</table>

〈표 3-3〉 성폭력의 유형 (계속)

유 형		설 명
대학 내 성폭력	교수-학생 사이	• 교수가 학생에게 신체접촉, 데이트 강요, 성적인 모욕을 주는 농담을 하는 행위 등을 포함한다. 특히 신분을 이용하여 교수가 학생에게 학점, 취직, 논문지도와 통과, 진로 등을 미끼로 하여 자신의 성적인 요구를 학생이 들어주지 않으면 불이익을 준다고 압박하는 모든 행위로, 성적인 폭력에 해당한다.
	선 · 후배 또는 동기 사이	• 학과, 동아리모임, 학내 활동 중에 선후배 동료 사이에서 원하지 않는 성적인 접촉이나 성관계가 여기에 해당된다. 즉, 남녀 학생 사이에서 강제적인 성관계, 여성에게 술을 따르도록 강요하는 행위, 여성의 신체를 만지거나, 신체를 이용한 수치스러운 농담, 성적인 압박감 등이 모두 여기에 해당된다. 실제로 대학에서 많이 발생하지만 선후배라는 관계를 고려해서 학내의 문제로 삼기 어려운 상황이다. 그러나 어느 누구도 본인이 원치 않는 성적인 요구나 접촉을 거부할 권리가 있다.
	교직원-학생 사이	• 학교의 교직원이 학생에게 직간접적으로 성적인 요구를 거부할 경우에 학생에게 여러 가지 학사행정에서 불이익을 주는 경우에 해당한다. 그리고 교직원이 직접적으로 성폭행을 하는 경우도 있다. 이러한 경우에는 즉각 성폭력센터, 또는 지도교수에게 신고를 하여 적절한 도움을 받아야 한다.
직장 내 성폭력		• 직장의 상사나 동료들이 자신들의 사회적인 지위나 위치를 이용하여 부하 직원에게 접근하여 본인들이 원치 않는 성적인 접촉, 성행위, 성적 농담 등으로 상대방에게 심리적 수치심, 신체적인 모멸감을 야기하는 행동을 말한다. 이러한 경우에 여성들은 대체로 자신에게 가해 질 불이익 때문에 두려워 참고, 숨기면서 장시간 고통을 당하는 경우가 많다. 직장 내에서 성폭력은 초기에 바로 신고를 하여 적절한 도움을 받도록 하여야 한다.
사이버 성폭력		• 가상공간에서 본인이 원하지 않는 성적인 음담패설, 성적인 언어, 외모나 취향 등에 관하여 성적인 모욕과 수치심을 야기하는 여러 가지 행동을 하는 것을 말한다. 이러한 현상은 오프라인으로 이어져서 성폭력으로 이어질 수 있기 때문에 조심하여야 한다. 가해자에게 즉각적으로 불쾌한 감정을 표현하거나 통신을 차단할 수 있는 방법을 모색해야 한다.

제2절 성희롱의 유형

성희롱 유형 분류는 학문적 분류, 근거 법률에서 명시된 분류, 기초실태조사 연구에서의 분류 등 다양하게 진행되고 있으며, 유형분류의 준거가 일정하지 않기 때문에 체계적이고 종합적인 분류에는 한계가 있다(박동명, 2003; 이혜은, 1998; 하혜숙, 2007a). 다음에서는 성희롱 연구가 시작된 미국의 대표적 연구에서 제시된 분류를 먼저 살펴보고, 우리나라에서 진행된 연구와 관련 법률에서의 분류를 요약한다.

1. 학자에 의한 성희롱 분류

성희롱 유형을 분류한 대표적인 연구로는 Till(1980)의 연구, Fitzgerald와 동료 학자들(1988)의 연구, Gruber(1992)의 연구 등이 있다. Till(1980)은 대학에서 여대생들이 겪는 성희롱 경험을 심각성의 정도에 따라서 (1) 일반화된 성차별적 주목과 행동, (2) 부적절하고 무례한 성적 구애, (3) 보상을 전제로 한 성관련 행동, (4) 처벌 위협에 의한 강제적인 성적 행위 요구, (5) 성범죄 및 성적 비행의 5가지로 분류하였다. 이들 중 일반화된 성차별적 주목과 행동은 여성을 격하하고 차별하는 언행이나 태도를 의미한다. 부적절하고 무례한 성적 구애란 상대방이 원치 않음에도 불구하고 하는 무례한 성적 제안을 말한다. 보상을 전제로 하는 성관련 행동이란 어떤 혜택을 조건으로 성적인 행위를 하도록 권유하거나 보상을 미끼로 하는 성적 행동을 의미한다. 마지막 두 유형은 보복이나 처벌로 위협하면서 강제적으로 요구하는 성적 행위, 강간이나 성폭행 등을 의미한다.

Fitzgerald와 동료학자들(1988)은 앞에서 살펴 본 Till(1980)의 5가지 유형의 성희롱 범주를 바탕으로 하여, (1) 성적인 희롱, (2) 원하지 않는 성적 관심, (3) 성적 강요의 3가지 범주의 성희롱 유형 분류를 하였다. 이들 가운데 '성적인 희롱'이란 여성 자체를 모욕하고 비하하는 태도를 나타내는 모든 언어적, 신체적 형태를 의미한다. 이와 관련된 예로는 여성 전체를 모욕하는 언어나 비방, 조롱하는 행동, 누드사진이나 기타 음란물을 보여주는 등 여성에 대한 차별적이고 적대적인 말과 행동, 태도들이다. '원치 않는 성적 관심'은 일반적이고 무례하게 성적인 관심을 보이는 언어적, 비언어적 행동을 의미하며, 성적 강요는 직장 내 성희롱의 가장 대표적인 사례로서 직장 일과 관련하여 어떤 혜택이나 보상을 조건으로 성적 교제를 요구하는 것을 의미한다.

그리고 성희롱의 의도에 따라서 (1) 일상적인 성차별적 형태의 성희롱(gender harassment), (2) 유혹적 형태의 성희롱(seductive behavior), (3) 보상적 형태의 성희롱(sexual bribery), (4) 보복적 형태의 성희롱(sexual coercion), (5) 폭력적 유형의 성희롱(sexual assault) 등으로 분류되기도 한다(Fitzgerald, Shullman, Bailey, Richards, Swecker, Gold, Ormerod, & Weitzman, 1988).

또한 한국여성민우회(1998)는 구체적인 행동의 형태나 특성을 중심으로 직장 내에서 많이 발생하는 성희롱을 (1) 눈으로 하는 성희롱, (2) 말로 하는 성희롱, (3) 몸으로 하는 성희롱, (4) 성적 서비스를 요구하는 성희롱, (5) 성역할의 편견에 기초한 성희롱 등의 5가지 범주로 구분하였다. 이들 범주들 가운데 성역할에 기초한 성희롱은 사회문화적으로 형성된 성역할의 편견에 기인한 성희롱을 의미한다. 예를 들면, 여직원을 아줌마, 할머니 등으로 부르거나, 여성에게는 가사나 내조를 남성에게는 가장의 역할과 힘 등을 강조하는 말을 함부로 하거나 사무실 청소나 잔심부름 등의 역할을 특정한 성에게만 강요하는 행위를 의미한다(하혜숙, 2007a). 이들 범주의 성희롱 예방을 위해서는 올바른 양성평등의식 함양이 요구된다.

서울대학교 성희롱 · 성폭력상담소(2003)는 대학의 성희롱에 관한 연구에서 행동특성이나 사례의 심각성 등을 고려하여 성희롱 유형을 (1) 언어적 성희롱, (2) 비언어적 성희롱, (3) 물리적 성희롱 등 3가지 범주로 분류하였다. 대학에서 발생하는 성희롱 가운데 언어적 성희롱은 성적으로 모독하는 별명이나 호칭을 사용하거나 신체나 외모에 대한 모욕이나 조롱, 음담패설, 여성다움이나 남성다움을 강조하는 언행 등이 포함된다. 비언어적 성희롱은 사무실이나 동아리 방에서 음란물 등을 보여 주거나 게시하는 등의 행동이 포함된다. 물리적 성희롱은 볼을 만지거나 엉덩이를 치는 행동이나 상대방이 원치 않는 입맞춤이나 포옹, 기타 원치 않는 신체적 접촉 등이 포함된다.

이 밖에도 성희롱 분류 방법은 공미혜(1995), 신혜숙(1996), 천대윤(1999) 등의 연구에서도 시도되고 있다. 공미혜(1995)는 직장 내 성희롱 실태와 영향요인에 관한 연구에서 성희롱의 유형을 시각적, 언어적, 신체적 성희롱으로 분류하였다. 신혜숙(1996)은 성희롱의 책임이 어디에 귀착되느냐를 기준으로 가해자 책임형 성희롱, 사회구조 책임형 성희롱, 피해자 책임형 성희롱으로 분류하였으며, 천대윤(1999)도 시각적 성희롱, 언어적 성희롱, 신체적 성희롱의 3가지 유형으로 분류하였다.

2. 법률에서의 성희롱 분류

일반적으로 성적 언동 등에 해당하는 '성희롱'의 대표적 유형으로 '남녀차별금지기준(제17조)'에서는 <표 3-4>에서 구체적으로 제시된 것과 같이 언어적 행위, 시각적 행위, 육체적 행위로 분류하고 있다.

국가인권위원회법은 '성희롱이라 함은 업무, 고용 그 밖의 관계에서 공공기관의 종사자, 사용자 또는 근로자가 그 직위를 이용하거나 업무 등과 관련하여 성적 언동 등으로 성적 굴욕감 또는 혐오감을 느끼게 하거나 성적 언동 그 밖의 요구 등에 대한 불응을 이유로 고용상의 불이익을 주는 것을 말한다'(제2조 제5호)라고 정의하고 있다. 이것을 유형

〈표 3-4〉 남녀차별금지기준에 따른 성희롱의 유형

유 형	특 징
언어적 행위	• 음란한 농담이나 음담패설, 외모에 대한 성적인 평가나 비유, 성적 사실관계를 묻거나 성적인 내용의 정보를 의도적으로 유포하는 행위, 성적 관계를 강요하거나 회유하는 행위, 음란한 내용의 전화 통화, 회식자리 등에서 무리하게 옆에 앉혀 술을 따르도록 강요하는 행위 등이다.
시각적 행위	• 외설적인 사진, 그림, 낙서, 음란출판물 등을 보여 주는 행위, 직접 또는 팩스나 컴퓨터 등을 통하여 음란한 편지, 사진, 그림을 보내는 행위, 성과 관련된 자신의 특정 신체 부위를 고의적으로 노출하거나 만지는 행위 등이다.
육체적 행위	• 입맞춤이나 포옹, 뒤에서 껴안기 등의 신체적 접촉, 가슴, 엉덩이 등 특정 신체부위를 만지는 행위, 안마나 애무를 강요하는 행위 등이다.

별로 보면, 조건형 성희롱, 환경형 성희롱, 비근로형 성희롱 등으로 나눌 수 있다. 성희롱을 예방하기 위하여 정부, 각급 기관 등이 공익광고와 교육을 통하여 노력을 하고 있지만, 인격적 주체로서 여성에 대한 사회적 인식이 전반적으로 낮고, 사회 곳곳에 내재해 있는 불평등한 위계질서와 권력관계가 끊임없이 성적 괴롭힘을 발생하는 자극제로 작용하고 있다(김영환, 2000, 2003; 박선영, 2006). <표 3-5>는 성희롱의 유형별 특징에 대한 요약이다.

〈표 3-5〉 성희롱의 유형별 특징

유 형	특 징
조건형 성희롱 (Quid Pro Quo sexual harassment)	• 보복형 성희롱이라고도 하며 고용이나 승진을 조건으로 성희롱을 하거나 성희롱을 거부한 것에 대한 보복으로 고용이나 승진에서 제외하거나 직급(위)에 있어서 불이익을 주거나 해고하는 행위를 말한다.

〈표 3-5〉 성희롱의 유형별 특징 (계속)

유 형	특 징
환경형 성희롱 (Hostile work environment sexual harassment)	• 지나친 성적 농담이나 음담패설 등 언어를 통하여, 또는 음란하고 불쾌한 눈빛을 통하여 굴욕적이거나 불쾌한 작업환경을 만드는 행위, 원치 않는 신체적 접촉을 하거나 성기를 노출하는 등의 행위, 성적으로 자극적인 사진이나 낙서 등을 사무실이나 작업장에 걸어놓음으로써 정상적인 근무를 불가능하게 하는 행위를 비롯하여 회식자리 등에서 무리하게 술을 따르라고 하거나 옆에 앉으라고 요구하는 등 성적인 봉사를 강요하는 행위를 말한다.
비근로형 성희롱	• 고용이나 근로관계 외에 스승과 제자의 관계에서 입학, 졸업, 성적, 학위수여 또는 추천서 등을 대가로 행하는 성희롱을 말한다. 과거의 '남녀고용평등법'에서는 근로관계 에서 발생하는 성희롱만을 규정하고 있었다. 그러나 현행 인권위원회법에서는 업무, 고용 외에 '그 밖의 관계'를 포함함으로써 통제기관의 범위가 확대되어 학교에서 교수(사)가 그 직위를 이용하여 재학생이나 학업과 관련하여 성희롱하는 행위를 포함한다.

제3절 성희롱의 특징

성희롱의 개념과 유형에서 살펴본 것과 같이 성희롱은 매우 유동적이고 광범위한 유형의 현상들을 내포하고 있다. 성희롱이 발생한 상황적 맥락, 문화적 맥락, 가해자와 피해자의 관계나 개인적 배경, 심리적 요소까지도 개념형성 여부에 영향을 미치기 때문에 개념이나 유형에 대한 일반화가 어려운 특징이 있다(윤영민, 2002; 이미정, 2002). 이와 같은 이유는 성희롱은 개념을 형성하는 요소가 가해자의 의도나 기타 객관적인 요건에 의하여 구성되는 것이 아니고 피해자의 주관성이 작용한다는 특징을 가지고 있기 때문이다. 이러한 특징에서 알 수 있듯이, 성희롱은 객관적 요건에 의하여 성립되는 것이 아니라, 피해자의 주관적 심리에 의하여 개념이 성립한다. 왜냐하면 '원하는지' 여부는 피해자의 주관성에 의하여 결정되기 때문이다. 이와 같은 이유 때문에 성희롱은 사람들마다 인식하는 형태가 다를 수 있으며, 같은 행위라도 가해자가 누구인가에 따라서 피해자의 느낌이 다를 수 있다(김양희, 1995a, b; Frazier, Cochran, & Olson, 1995). 성희롱에 대한 특징은 여러 가지 관점에서 고찰할 수 있다. 다음에서 일반적 성희롱의 특징과 관련하여 (1) 가해자의 범위, (2) 피해자의 범위, (3) 성희롱의 판단주체, (4) 성희롱의 총체성 등에 관하여 약술한다(박동명, 2003).

1. 가해자의 범위

사회생활에서 성희롱은 대부분 매일 출근하여 서로 얼굴을 대하며 협력해야 하는 공동체인 사업장 또는 그러한 사업장에 있는 사람들과 어울리는 장소에서 발생한다. 따라서 성희롱의 가해자는 고정되어 있는 것이 아니다. '남녀차별금지법'에 의하면 공공기관의 종사자, 사용자 및 근로자 등이 성희롱의 행위자, 즉 가해자가 될 수 있다. 또한 '남녀고용평등법'에서도 직장에서 성희롱의 행위자를 '사업주, 상급자 또는 근로자'로 규정하고 있다. 그러나 '남녀차별금지및구제에관한법(2005년 '국가인권위원회법'으로 이양)'과 '남녀고용평등법(2008년 '남녀평등과 일 · 가정 양립지원에 관한 법'로 일부 개정)'은 고객을 적용대상에 포함하고 있지 않다(박동명, 2003).

2. 피해자의 범위

'남녀차별금지기준'에서 성희롱의 피해자는 상급자, 동료, 하급자,

협력업체종사자, 파견종사자 등이 될 수 있다. 일반적으로 성희롱을 행하는 당사자는 남성이고 그 피해자는 여성이 압도적으로 많지만 반드시 그렇지는 않다. 때때로 여성에 의하여 성희롱이 행해지고 남성이 피해자가 되는 경우도 있다. 성희롱에서 남성과 여성은 모두 가해자와 피해자가 될 수 있으며, 직장의 상사가 부하 직원에게 하는 성희롱뿐만 아니라 동료근로자간의 성희롱이나 하급자가 상급자에게 하는 성희롱도 규제의 대상이 된다. 이와 반면에 '남녀고용평등과 일 · 가정 양립지원에 관한 법'은 직장에서 성희롱의 행위자를 '사업주, 상급자 또는 근로자'로 규정하고 있고, 그 상대방을 '다른 근로자'로 규정하고 있다. 그러므로 이 법에서는 근로자가 사용자에게 하는 성희롱은 포함하지 않는 것으로 해석할 수 있다.

3. 성희롱의 판단주체

성희롱 여부의 판단은 여러 가지 관점에서 할 수 있다. 조건적 성희롱은 고용관계에서 가시적 불이익이 발생하므로 그 성립여부를 판단하기 용이하다. 그러나 환경적 성희롱은 작업조건의 변경에 관계되는 것이므로 가해자와 피해자의 시각차가 존재할 수 있어 그 판단이 용이하지 않다. 이와 같은 경우에는 누구의 관점에서 '성희롱' 성립 여부를 판단할 것인가는 중요한 문제가 된다. 그 기준으로는 합리적인 사람 기준(reasonable person standard), 합리적인 여성 기준(reasonable women standard), 합리적인 피해자 기준(reasonable victim standard) 등이 있다(박동명, 2003).

성희롱의 판단기준으로 '합리적인 피해자 기준'을 채택하는 것이 바람직하다(박동명, 2003). 다시 말하면, 성희롱 피해자의 주관적인 사정을 고려하여 판단하고, 사회통념상 합리적인 사람의 입장이라면 문제되는 행동에 대하여 어떻게 판단하고 대응하였을 것인가를 동시에 고려하여야 한다. 우리나라 남녀고용평등과 일·가정 양립지원에 관한 법 제2조 제2항에서 합리적인 피해자 기준을 명시하고 있다. 그리고 합리적인 피해자라면 문제된 행동에 의하여 정신적 피해를 입고 인격권을 침해받겠는가에 대한 기준도 시대상황 변화에 따라서 신축적이고 융통성 있게 제시되어야 할 것이다. 그러나 대부분의 성희롱은 성(性, sex) 그 자체보다는 권력(power)과 관련되어 있다(Browne, 2006).

4. 성희롱의 총체성과 모호 영역

어떤 행위가 성희롱을 구성하느냐는 전체적 기록과 '상황의 총체성'으로 판단할 수 있다. 즉, 성희롱을 유발한 작업환경에 관련된 모든 사실들과 상황들이 총체적이고 종합적으로 구성되고 자유롭게 집합되고 기록되어야 한다. 이와 같은 관점에서 성희롱 형태의 성격, 발생 빈도, 심각성, 지속성, 분별성, 물리적 피해, 추정적 사건이 발생한 상황 등을 총체적으로 판단하여야 한다. 성희롱 지각과 판단에 영향을 미치는 요인들은 성희롱을 남성과 여성 가운데 누가 평가하느냐의 문제 이외에도 성희롱 형태의 특성, 사건의 심각성, 성희롱 유발자의 성, 피해자의 연령, 가해자와 피해자의 상대적 권력관계, 성희롱 형태의 적절성, 미래에 다시 일어날 가능성, 작업장의 맥락, 과거의 결과, 과거의 경험 등이 동시에 상호 작용하는 종합적인 것이다(하혜숙, 2007a). 우리나라 대법원 판결도 총체적, 또는 종합적 관점에서 성희롱을 판단하고 있다.

이와 같이 성희롱 현상은 개념을 구성하는 요소의 유형과 범주가 객관적으로 확립되어 있지 않고 사건이 일어난 상황맥락, 피해자의 주관성까지 개념형성에 미치며 계속적인 연구의 결과에 따라서 진화하고 있는 유동적인 개념이다. 모든 사회현상에 관한 개념은 문화적, 개인적 배경에 따라서 인식상의 괴리가 다소 발생하지만, 성희롱의 경우에는 그 현상적 특성 때문에 명백한 성희롱과 성희롱이 아닌 것 사이의 중간에 위치하여 어느 쪽으로든 해석될 가능성이 있는 모호한 형태가 광범위하게 존재한다. 따라서 성희롱은 모호한 형태들을 지각하는 과정에서 광범위하게 발생하는 성희롱 인식의 차이 그 자체가 모호 영역(gray area)이다(하혜숙, 2007a).

제4장

성희롱 관련 법규

제1절 성희롱 법제의 개관

우리나라 법률에서 성희롱이 처음으로 명시된 것은 1995년 제정된 '여성발전기본법'이라고 할 수 있다. 그 다음으로 1999년 '남녀고용평등법(2008년 12월 21일 '남녀고용평등과 일·가정 양립 지원에 관한 법'로 일부개정)'과 1999년 시행된 '남녀차별금지및구제에관한법(2005년 '국가인권위원회법'으로 이양)'에 직장내 성희롱의 금지 및 이에 관련된 사항들이 명시되어 있다. 우리나라의 성희롱 관련 법제는 '성희롱 피해자'의 구제와 '성희롱 예방교육'에 초점을 맞춘 내용으로 구성되어 있다.

'국가인권위원회법'에 따르면, 성희롱 피해자는 국가인권위원회에 진정할 수 있으며, 국가인권위원회는 구제조치의 권고나 고발 및 징계 권고 등을 할 수 있으며, '남녀고용평등과 일·가정 양립 지원에 관한 법'에서는 직장 내 성희롱을 금지하고, 성희롱이 발생한 경우, 사업주의 조치의무와 불이익조치 금지 의무 및 의무위반 시 제재에 대하여 규정하고 있다. 또한 '근로기준법'에서는 부당해고 등을 당한 근로자가 노동위원회에 대한 구제신청을 할 수 있도록 규정하고 있으며, '장애인차별금지 및 권리구제 등에 관한 법', '아동복지법', '노인복지법'에서는 각각 장애인, 아동, 노인에 대한 성희롱을 금지하고, 이를 위반하는 경우 처벌하도록 하고 있다. 이 밖에도 성희롱 피해자는 '민법' 및 '국가배상법'에 따라서 손해배상을 청구할 수 있고, 가해자가 '경범죄처벌법', '형법' 및 '성폭력범죄의 처벌 및 피해자보호 등에 관한 법'을 위반하면 수사기관에 신고할 수 있도록 규정하고 있다.

그리고 성희롱 예방교육과 관련하여 관련 법규는 '사업주는 연 1회 이상 직장 내 성희롱 예방을 위한 교육'을 실시할 것과 '성적 언동 등에 대하여 미리 거부감을 표시하거나, 이의를 제기하거나, 성희롱 규제에 관한 법령을 알아두는 것 등은 성희롱 예방에 도움이 된다'고 규정하고 있다.

다음에서 우리나라 법체계에서 성희롱과 관련된 법 조항을 포함하고 있는 법령인 (1) 헌법, (2) 여성발전기본법, (3) 국가인권위원회법, (4) 남녀고용평등과 일 · 가정 양립 지원에 관한 법, (5) 남녀고용평등과 일 · 가정 양립 지원에 관한 법 시행령, (6) 남녀고용평등과 일 · 가정 양립 지원에 관한 법 시행규칙, (7) 국가공무원법, (8) 교육공무원징계령, (9) 교육공무원 징계양정 등에 관한 규칙 등에 관하여 약술한다. <표 4-1>은 우리나라 법률에서 성희롱과 관련된 법 조항을 포함하고 있는 법률의 명칭, 조항, 주요 내용 등에 관한 요약이다.

〈표 4-1〉 **성희롱 관련 법률과 주요내용**

법 령	조 항	주 요 내 용	비고
헌법	제10조	행복추구권	
	제11조	평등권	
	제32조	근로권	
여성발전기본법	제3조 제4호,5호	정의	
	제17조의2	성희롱 방지 등	
국가인권위원회법	제2조 제4호	평등권 침해의 차별행위금지	
	제2조 제5호	성희롱 정의	
	제30조	위원회의 조사대상	
	제32조	진정의 각하	
	제44조	구제조치 등의 권고	
	제45조	고발 및 징계권고	
남녀고용평등과 일 · 가정 양립 지원에 관한 법	제2조 2항	직장내 성희롱 정의	
	제12조	직장내 성희롱 조치	
	제13조	직장내 성희롱 예방교육	
	제14조	직장내 성희롱 발생시조치	
남녀고용평등법시행령	제4조 1항, 2항	직장내 성희롱 예방교육	
남녀고용평등법시행규칙	제10조	직장내 성희롱을 한 자에 대한 징계	

〈표 4-1〉 성희롱 관련 법률과 주요내용 (계속)

법령	조항	주요내용	비고
국가공무원법	제63조	품위유지의 의무	
	제78조	징계사유	
교육공무원징계령	제1조	적용범위	
	제1조2	정의	
교육공무원 징계양정 등에 관한 규칙	별표1의 제7호	성폭력, 성희롱 징계규정	

1. '헌법'의 행복추구권, 평등권, 근로권

우리나라 헌법에서는 '행복추구권', '평등권', '근로권'의 조항에서 성희롱과 관련된 내용을 포함하고 있다.

제10조 : 모든 국민은 인간으로서의 존엄과 가치를 가지며, 행복을 추구할 권리를 가진다. 국가는 개인이 가지는 불가침의 기본적 인권을 확인하고 이를 보장할 의무를 진다

제11조 : ① 모든 국민은 법 앞에 평등하다. 누구든지 성별 · 종교 또는 사회적 신분에 의하여 정치적 · 경제적 · 사회적 · 문화적 생활의 모든 영역에 있어서 차별을 받지 아니한다. ② 사회적 특수계급의 제도는 인정되지 아니하며, 어떠한 형태로도 이를 창설할 수 없다. ③ 훈장 등의 영전은 이를 받은 자에게만 효력이 있고, 어떠한 특권도 이에 따르지 아니한다.

제32조 : ① 모든 국민은 근로의 권리를 가진다. 국가는 사회적 · 경제적 방법으로 근로자의 고용의 증진과 적정임금의 보장에 노력하여야 하며, 법률이 정하는 바에 의하여 최저임금제를 시행하여야 한다. ② 모든 국민은 근로의 의무를 진다. 국가는 근로의 의무의 내용과 조건을 민주주의 원칙에 따라 법률로 정한다. ③ 근로조건의 기준은 인간의 존엄성을 보장하도록 법률로 정한다. ④ 여자의 근로는 특별한 보호를 받으며, 고용 · 임금 및 근로조건에 있어서 부당한 차별을 받지 아니한다.

2. '여성발전기본법'의 성희롱 정의와 방지

우리나라 여성발전기본법에서는 성희롱의 정의와 방지와 관련된 내용을 포함하고 있다.

제3조 (정의) : … 4. "성희롱"이라 함은 업무, 고용 그 밖의 관계에서 국가기관·지방자치단체 또는 대통령령이 정하는 공공단체(이하 "국가기관 등"이라 한다)의 종사자, 사용자 또는 근로자가 그 지위를 이용하거나 업무 등과 관련하여 성적 언동 등으로 상대방에게 성적 굴욕감 또는 혐오감을 느끼게 하거나 성적 언동 그 밖의 요구 등에 대한 불응을 이유로 고용상의 불이익을 주는 것을 말한다. 5. "사용자"라 함은 사업주 또는 사업경영담당자 그 밖에 근로자에 관한 사항에 대하여 사업주를 위하여 행위하는 자를 말한다.

제17조의2 (성희롱의 방지 등) : ① 국가기관 등의 장 및 사업주는 대통령령이 정하는 바에 따라 성희롱의 방지를 위하여 교육을 실시하는 등 필요한 조치를 하여야 하고, 국가기관 등의 장은 그 조치 결과를 여성가족부장관에게 제출하여야 한다. ② 여성가족부장관은 제1항의 규정에 따른 국가기관 등의 성희롱 방지조치 결과를 언론 등에 공표할 수 있다. 다만, 다른 법률에 의하여 공표가 제한되어 있는 경우에는 그러하지 아니하다. ③ 제1항의 규정에 의한 성희롱예방교육의 내용·방법 등 성희롱 방지조치에 관하여 필요한 사항은 대통령령으로 정한다.

3. '국가인권위원회법'의 성희롱 정의와 방지

우리나라 국가인권위원회법에서는 성희롱의 정의, 위원회의 조사대상, 진정의 각하 등, 구제조치 등의 권고, 고발 및 징계권고와 관련된 내용을 포함하고 있다.

제2조 (정의) : … 4. "평등권침해의 차별행위"라 함은 합리적인 이유 없이 성별, 종교, 장애, 나이, 사회적 신분, 출신지역(출생지, 원적지, 본적지, 성년이 되기 전의 주된 거주지역 등을 말한다), 출신국가, 출신민족, 용모 등 신체조건, 기혼 · 미혼 · 별거 · 이혼 · 사별 · 재혼 · 사실혼 등 혼인여부, 임신 또는 출산, 가족형태 또는 가족상황, 인종, 피부색, 사상 또는 정치적 의견, 형의 효력이 실효된 전과, 성적(性的) 지향, 학력, 병력(病歷) 등을 이유로 한 다음 각 호의 어느 하나에 해당하는 행위를 말한다. 다만, 현존하는 차별을 해소하기 위하여 특정한 사람(특정한 사람들의 집단을 포함한다. 이하 같다)을 잠정적으로 우대하는 행위와 이를 내용으로 하는 법령의 제 · 개정 및 정책의 수립 · 집행은 평등권침해의 차별행위(이하 "차별행위"라 한다)로 보지 아니한다. <신설 2005. 7. 29.> 가. 고용(모집, 채용, 교육, 배치, 승진, 임금 및 임금외의 금품 지급, 자금의 융자, 정년, 퇴직, 해고 등을 포함한다)과 관련하여 특정한 사람을 우대 · 배제 · 구별하거나 불리하게 대우하는 행위. 나. 재화 · 용역 · 교통수단 · 상업시설 · 토지 · 주거시설의 공급이나 이용과 관련하여 특정한 사람을 우대 · 배제 · 구별하거나 불리하게 대우하는 행위. 다. 교육시설이나 직업훈련기관에서의 교육 · 훈련이나 그 이용과 관련하여 특정한 사람을 우대 · 배제 · 구별하거나 불리하게 대우하는 행위. 라. 성희롱 행위. 5. "성희롱"이라 함은 업무, 고용 그 밖의 관계에서 공공기관의 종사자, 사용자 또는 근로자가 그 직위를 이용하거나 업무 등과 관련하여 성적 언동 등으로 성적 굴욕감 또는 혐오감을 느끼게 하거나 성적 언동 그 밖의 요구 등에 대한 불응을 이유로 고용상의 불이익을 주는 것을 말한다. <신설 2005. 7. 29.>

제30조 (위원회의 조사대상) : ① 다음 각 호의 어느 하나에 해당하는 경우에 인권침해나 차별행위를 당한 사람(이하 "피해자"라 한다), 또는 그 사실을 알고 있는 사람이나 단체는 위원회에 그 내용을 진정할 수 있다.<개정 2005. 7. 29.> 1. 국가기관, 지방자치단체 또는 구금 · 보호시설의 업무수행(국회의 입법 및 법원 · 헌법재판소의 재판을 제외한다)과 관련하여 「헌법」제10조 내지 제22조에 보장된 인권을 침해당하거나 차별행위를 당한 경우<개정 2005. 7. 29.> 2. 법인, 단체 또는 사인(私人)에 의하여 차별행위를 당한 경우 <개정 2005. 7. 29.> ③ 위원회는 제1항의 진정이 없는 경우에도 인권침해나 차별행위가 있다고 믿을 만한 상당한 근거가 있고 그 내용이 중대하다고 인정할 때에는 이를 직권으로 조사할 수 있다. <개정 2005. 7. 29.>

제32조 (진정의 각하 등) : ① 위원회는 접수한 진정이 다음 각 호의 1에 해

당하는 경우에는 그 진정을 각하한다. 1. 진정의 내용이 위원회의 조사대상에 해당하지 아니하는 경우. 2. 진정의 내용이 명백히 거짓이거나 이유 없다고 인정되는 경우. 3. 피해자가 아닌 자가 한 진정에 있어서 피해자가 조사를 원하지 않는 것이 명백한 경우. 4. 진정원인이 된 사실이 발생한 날부터 1년 이상 경과하여 진정한 경우. 다만, 진정원인이 된 사실에 관하여 공소시효 또는 민사상 시효가 완성되지 아니한 사건으로서 위원회가 조사하기로 결정한 경우에는 그러하지 아니하다. 5. 진정이 제기될 당시 진정의 원인이 된 사실에 관하여 법원 또는 헌법재판소의 재판, 수사기관의 수사, 또는 그 밖의 법률에 따른 권리구제절차가 진행 중이거나 종결된 경우. 다만, 수사기관이 인지하여 수사 중인 「형법」 제123조 내지 제125조의 죄에 해당하는 사건과 동일한 사안에 대하여 위원회에 진정이 접수된 경우에는 그러하지 아니하다. <개정 2005. 7. 29.> 6. 진정이 익명 또는 가명으로 제출된 경우. 7. 진정이 위원회가 조사하는 것이 적절하지 아니하다고 인정되는 경우. 8. 진정인이 진정을 취하한 경우. 9. 위원회가 기각한 진정과 동일한 사실에 관하여 다시 진정한 경우. 10. 진정의 취지가 당해 진정의 원인이 된 사실에 관한 법원의 확정판결이나 헌법재판소의 결정에 반하는 경우. ② 위원회는 제1항의 규정에 의하여 진정을 각하하는 경우 필요하다고 인정할 때에는 그 진정을 관계기관에 이송할 수 있다. 이 경우 진정을 이송 받은 기관은 위원회의 요청이 있는 때에는 지체 없이 그 처리결과를 위원회에 통보하여야 한다. ③ 위원회가 진정에 대한 조사를 시작한 후에도 그 진정이 제1항 각호의 1에 해당하게 된 경우에는 그 진정을 각하할 수 있다. ④ 위원회는 진정을 각하 또는 이송한 경우 지체 없이 그 사유를 명시하여 진정인에게 통보하여야 한다. 이때 위원회는 필요하다고 인정하는 경우 피해자 또는 진정인에게 권리를 구제받는 데 필요한 절차와 조치에 관하여 조언할 수 있다.

제44조 (구제조치 등의 권고) : ① 위원회가 진정을 조사한 결과 인권침해나 차별행위가 일어났다고 판단하는 때에는 피진정인, 그 소속기관 · 단체 또는 감독기관(이하 "소속기관 등"이라 한다)의 장에게 다음 각호의 사항을 권고할 수 있다.<개정 2005. 7. 29.> 1. 제42조 제4항 각호에 정한 구제조치의 이행. 2. 법령 · 제도 · 정책 · 관행의 시정 또는 개선. ② 제1항의 규정에 의하여 권고를 받은 소속기관 등의 장에 관하여는 제25조 제2항 내지 제4항의 규정을 준용한다.

제45조 (고발 및 징계권고) : ① 위원회는 진정을 조사한 결과 진정의 내용이 범죄행위에 해당하고, 이에 대하여 형사 처벌이 필요하다고 인정할 때에

는 검찰총장에게 그 내용을 고발할 수 있다. 다만, 피고발인이 군인 또는 군무원인 경우에는 소속 군 참모총장 또는 국방부장관에게 고발할 수 있다. ② 위원회가 진정을 조사한 결과 인권침해가 있다고 인정할 때에는 피진정인, 또는 인권침해에 책임이 있는 자에 대한 징계를 소속기관 등의 장에게 권고할 수 있다. ③ 제1항의 규정에 의하여 고발을 받은 검찰총장, 군 참모총장 또는 국방부장관은 고발을 받은 날부터 3월 이내에 수사를 종료하고 그 결과를 위원회에 통보하여야 한다. 다만, 3월 이내에 수사를 종료하지 못할 때에는 그 사유를 소명하여야 한다. ④ 제2항의 규정에 의하여 위원회로부터 권고를 받은 소속기관 등의 장은 이를 존중하여야 하며 그 결과를 위원회에 통보하여야 한다.

4. '남녀고용평등과 일·가정 양립지원에 관한 법'의 성희롱 정의, 예방교육 및 발생에 대한 조치

우리나라 남녀고용평등과 일 · 가정 양립지원에 관한 법에서는 성희롱의 정의, 예방교육 및 발생에 대한 조치와 관련된 내용을 포함하고 있다.

제2조 (정의) : ② 이 법에서 "직장 내 성희롱"이라 함은 사업주, 상급자 또는 근로자에게 성적인 언어나 행동 등으로 또는 이를 조건으로 고용상의 불이익을 주거나 또는 성적 굴욕감을 유발하게 하여 고용환경을 악화시키는 것을 말한다. <신설 99. 2. 8.>

제12조 (직장내 성희롱 금지) : 사업주, 상급자 또는 근로자는 직장 내 성희롱을 하여서는 아니 된다.

제13조 (직장내 성희롱의 예방교육) : ① 사업주는 직장 내 성희롱을 예방하고 근로자가 안전한 근로환경에서 일할 수 있는 여건 조성을 위하여 직장 내 성희롱의 예방을 위한 교육을 실시하여야 한다. 교육의 방법 · 내용 및 횟수 등에 관하여 필요한 사항은 대통령령으로 정한다. ② 사업주는 제1항의 규정에 의한 직장 내 성희롱 예방교육을 노동부장관이 지정하는 기관에 위탁하여 실시할 수 있으며 교육을 위탁할 수 있는 기관의 지정요건 및 절차 등

에 관하여 필요한 사항은 노동부령으로 정한다.

제14조 (직장내 성희롱 발생시 조치) : ① 사업주는 직장 내 성희롱 발생이 확인된 경우 지체 없이 행위자에 대하여 징계, 그 밖에 이에 준하는 조치를 취하여야 한다. ② 사업주는 직장 내 성희롱과 관련하여 피해 주장이 제기되었을 때에는 그 주장을 제기한 근로자가 근무여건상 불이익을 받지 않도록 노력하여야 한다. ③ 사업주는 직장 내 성희롱과 관련하여 그 피해근로자에게 그 밖의 불이익한 조치를 취하여서는 아니 된다.

5. '남녀고용평등과 일·가정 양립지원에 관한 법 시행령'의 직장 내 성희롱 예방교육

우리나라 남녀고용평등법 시행령에서는 성희롱 예방교육과 관련된 내용을 포함하고 있다.

제4조 (직장 내 성희롱 예방교육) : ① 사업주는 법 제13조 제1항의 규정에 의하여 직장 내 성희롱 예방을 위한 교육을 연 1회 이상 실시하여야 한다. ② 제1항의 규정에 의한 예방교육에는 다음 각 호의 내용이 포함되어야 한다. 1. 직장 내 성희롱에 관한 법령. 2. 당해 사업장의 직장 내 성희롱 발생 시의 처리절차 및 조치기준

6. '남녀고용평등과 일·가정 양립지원에 관한 법 시행규칙'의 직장 내 성희롱 가해자에 대한 징계

우리나라 남녀고용평등법 시행규칙에서는 직장 내에서 성희롱 가해자에 대한 징계 등과 관련된 내용을 포함하고 있다.

제10조 (직장내 성희롱을 한 자에 대한 징계 등) : 사업주는 법 제14조 제1항의 규정에 의하여 직장 내 성희롱을 한 자에 대한 징계 그 밖에 이에 준하는 조치를 취하는 경우에는 성희롱의 정도 및 지속성 등을 고려하여야 한다.

7. '국가공무원법'의 직장 내 성희롱 예방교육

우리나라 국가공무원법에서는 품위유지의 의무와 관련된 내용을 포함하고 있다.

제63조 (품위유지의 의무) : 공무원은 직무의 내외를 불문하고 그 품위를 손상하는 행위를 하여서는 아니 된다.

제78조 (징계사유) : 직무의 내외를 불문하고 그 체면 또는 위신을 손상하는 행위를 한 때.

8. '교육공무원 징계령'의 성희롱 등과 관련된 징계의 적용범위 및 정의

우리나라 교육공무원 징계령에서는 성희롱 등과 관련된 징계의 적용범위 및 정의와 관련된 내용을 포함하고 있다.

제1조 (적용범위) : 교육공무원에 대한 징계는 다른 법령에 특별한 규정이 있는 경우를 제외하고는 이 영이 정하는 바에 의한다.

제1조의2 (정의) : 이 영에서 사용하는 용어의 정의는 다음과 같다. 1. "중징계"라 함은 파면 · 해임 또는 정직을 말한다. 2. "경징계"라 함은 감봉 또는 견책을 말한다. 3. "대학"이라 함은 고등교육법 제2조의 규정에 의한 대학 · 산업대학 · 교육대학 · 방송대학 · 통신대학 · 방송통신대학 및 각종학교(대학에 준하는 각종학교에 한한다)를 말한다.

9. '교육공무원법 징계양정 등에 관한 규칙'의 직장 내 성희롱 예방교육

우리나라 교육공무원 징계양정 등에 관한 규칙에서는 성희롱 가해자의 징계양정에 관한 내용을 포함하고 있다.

제2조 (징계양정의 기준) : 교육공무원징계령 제2조 제1항의 규정에 의한 교육공무원징계위원회(이하 "징계위원회"라 한다)는 징계혐의자의 비위의 유형, 비위의 정도 및 과실의 경중과 평소의 소행, 근무성적, 공적, 개전의 정, 기타 정상 등을 참작하여 징계를 의결하여야 한다. 이 경우 징계양정의 기준에 관하여는 공무원징계양정등에관한규칙 별표 1의 규정을 준용한다.

■ [별표1] 개정 2005. 10.6 교육인적자원부령 제870호

비위의 정도 및 과실 비위의 유형	• 비위의 도가 무겁고 고의가 있는 경우	• 비위의 도가 무겁고 중과실이거나 비위의 도가 가볍고 고의가 있는 경우	• 비위의 도가 무겁고 경과실이거나 비위의 도가 가볍고 중과실인 경우	• 비위의 도가 가볍고 경과실인 경우
품위유지의무 위반 가. 성폭력 나. 성희롱	• 파면-해임 • 파면	• 해임-정직 • 해임	• 정직-감봉 • 해임-정직	• 견책 • 감봉-견책

제2절 공공기관 성희롱 예방지침

1. 교육과학기술부

다음은 교육과학기술부의 성희롱 예방지침이다.

제1조 (목적) : 이 지침은 남녀차별금지및구제에관한법률 제7조 제2항, 동법 시행령 제4조 제1항, 제2항 및 공공기관의성희롱예방지침의 규정에 따라 교육인적자원부내의 성희롱 예방을 위하여 필요한 사항을 정함을 목적으로 한다.

제2조 (적용범위) : 이 지침의 적용범위는 교육인적자원부 소속공무원과 그 외 교육인적자원부장관(이하 "장관"이라 한다)에 의하여 고용된 자 및 장관의 복무감독을 받는 다른 기관 소속의 파견공무원 등을 대상으로 한다.

제3조 (성희롱의 정의) : 이 지침에서 사용하는 "성희롱"이란 남녀차별금지및구제에관한법률 제2조 제2호의 규정에 의한 성희롱을 말한다.

제4조 (장관의 책무) : 장관은 성희롱 예방교육의 실시, 성희롱 고충전담창구의 설치 · 운영, 성희롱 고충처리절차의 마련 등 성희롱 방지를 위한 제반 조치를 강구하고 시행할 책무가 있으며, 성희롱사안이 발생한 경우에 필요한 조치를 적절하고 신속하게 강구하여야 한다.

제5조 (성희롱 예방교육) : ① 여성교육정책담당관은 매년 12월말까지 당해 연도 성희롱 예방교육의 실시 시기 · 내용 · 방법 등에 관한 세부 실시계획을 수립하여 장관에게 보고하여야 한다. ② 성희롱 예방교육은 전문가 강의, 시청각 교육 등의 방법으로 1시간 이상의 시간을 편성하여 실시하여야 하며, 다음 각 호의 내용이 포함되어야 한다. 1. 성희롱 관련 법령 및 남녀차별금지기준. 2. 성희롱 발생 시의 처리절차 및 조치기준. 3. 성희롱 피해자에 대한 고충상담 및 구제절차. 4. 성희롱을 한 자에 대한 징계 등 제재조치. 5. 그 밖의 성희롱 예방에 관한 사항 등. ③ 성희롱 예방교육을 실시한 경우에 여성교육정책담당관은 교육일시 · 방법, 교육내용, 교육참석자 명단 등에 관한 실시결과를 장관에게 보고하여야 한다.

제6조(고충전담창구) : ① 성희롱 예방을 위한 업무의 처리와 소속 직원의 성희롱관련 고충에 대한 상담 · 처리를 위하여 여성교육정책담당관실에 성희롱 고충전담창구(이하 "고충전담창구"라 한다)를 둔다. ② 고충전담창구의 업무를 처리하기 위하여 총무과장이 지정하는 인사 · 복무 담당직원 1인 및 여성교육정책담당관실 직원 중 1인 이상을 성희롱 고충상담원(이하 "고충상담원"이라 한다)으로 지정하되, 남성 및 여성 공무원이 각각 1인 이상 포함하도록 한다. ③ 고충전담창구의 업무는 다음 각 호와 같다. 1. 성희롱 피해자의 고충에 대한 상담 · 조언 및 고충의 접수. 2. 성희롱 사건에 대한 조사 및 처리. 3. 성희롱 사건 처리 관련 부서 간 협조 · 조정. 4. 성희롱 재발 방지 대책의 수립과 이행. 5. 성희롱 예방을 위한 교육 · 홍보 등. ④고충전담창구

에는 고충접수 및 처리대장(별지 제1호 서식)을 비치하여야 한다.

제7조(성희롱 고충의 신청) : ① 성희롱과 관련하여 상담을 원하거나 성희롱 고충의 처리를 원하는 피해자 또는 그 대리인은 서면 · 전화 · 통신 · 방문 등의 방법으로 고충전담창구에 고충을 신청할 수 있다. ② 제1항의 규정에 의한 고충의 신청은 별지 제2호 서식에 의한다.

제8조(상담 및 조사) : ① 고충상담원은 성희롱과 관련하여 상담 · 고충의 신청을 받은 경우에 지체 없이 상담에 응하여야 하며, 피해자가 원하는 경우에 필요한 조사를 하여야 한다. ② 제1항의 규정에 의한 조사는 신청을 접수한 날로부터 20일 이내에 완료하여야 한다. 다만 특별한 사정이 있는 경우에는 10일의 범위 안에서 조사기간을 연장할 수 있다. ③ 제1항의 규정에 의하여 조사가 진행 중인 사안이 법령에 의하여 다른 기관에서 조사 또는 처리중이거나, 피해자가 조사에 협조하지 않는 때에는 조사를 중지할 수 있다. ④ 여성교육정책담당관은 조사과정에서 당해 사안과 관계된 부서에 협조를 요청할 수 있으며 해당 부서는 이에 적극 협조하여야 한다.

제9조(피해자 보호 및 비밀유지) : ① 장관은 성희롱 피해를 주장하는 자 및 조사 등에 협력하는 자에 대하여 고충의 상담 및 협력 등을 이유로 불이익한 조치를 하여서는 아니 된다. ② 고충상담원 등 성희롱 고충과 관계된 사안을 직무상 알게 된 자는 당해 사안의 조사 및 처리를 위하여 필요한 경우를 제외하고는 당해 사안에 관계되는 자의 신원 및 그 내용 등에 대하여 이를 누설하여서는 아니 된다.

제10조(조사결과의 보고 등) : ① 고충상담원은 성희롱 사안에 대한 조사의 완료 즉시 그 결과를 장관에게 보고하여야 한다. ② 장관은 성희롱 사안의 공정한 처리를 위하여 필요한 경우에는 제11조의 규정에 의한 성희롱심의위원회에 심의를 요청 할 수 있다.

제11조(성희롱심의위원회의 설치 및 구성) : ① 성희롱 사안의 처리와 관련하여 장관이 부의하는 사항을 심의하기 위하여 성희롱심의위원회(이하 "위원회"라 한다)를 둔다. ② 위원회는 위원장을 포함한 5인의 위원으로 구성한다. ③ 위원장은 기획관리실장이 되고, 위원장을 제외한 위원은 교육인적자원부 소속공무원 중 위원장이 지명하는 자 2인과 교육인적자원부직장협의회 회장이 지명하는 자 2인으로 구성하되, 남성 또는 여성의 비율이 전체 위원의 10분의 7을 초과하여서는 아니 된다. ④ 위원의 임기는 당연직의 경우 그 직에 재임하는 기간이 되고, 그 밖의 위원은 1년으로 하되 연임할 수 있다. ⑤ 위원이 인사이동 등으로 결원되어 새로 지명되는 자의 임기는 전임자

의 잔여기간으로 한다.

제12조(위원회의 회의) : 위원회의 회의는 필요에 따라 위원장이 소집하며, 재적위원 4분의 3이상의 찬성으로 의결한다.

제13조(조사의 종결) : 조사결과 성희롱에 해당되지 않는다고 인정될 경우에는 당사자에게 통보한 후 조사를 종결한다.

제14조(재발방지조치 및 징계 등) : ① 장관은 성희롱의 재발 방지를 위하여 필요한 경우에는 성희롱 사안의 가해자 및 피해자의 전보, 가해자에 대한 재발방지 교육 등 필요한 조치를 할 수 있다. 다만, 이 경우에 당해 조치가 피해자에게 불이익하게 하여서는 아니 된다. ② 장관은 법령에서 정한 징계사유에 해당된다고 인정되는 성희롱에 대해서는 특별한 사유가 없는 한 당해 행위자에 대하여 징계 등 적절한 제재를 하여야 한다. ③ 장관은 제1항 및 제2항의 규정에 의한 성희롱 사안을 처리한 후에 그 결과를 당사자에게 서면으로 통지하여야 한다.

부 칙

① (시행일) 이 지침은 2004년 3월 11일부터 시행한다.

② (성희롱예방교육 등 세부실시 계획 수립에 관한 경과조치) 제5조 제1항의 규정에 의한 성희롱예방교육에 관한 세부실시 계획은 2004년도의 경우에는 3월말까지 수립 한다

2. 여성부

다음은 여성부의 공공기관 성희롱 예방지침이다.

제1조 (목적) : 이 지침은 남녀차별금지및구제에관한법률 부칙 단서 1항 및 남녀차별금지및구제에관한법률시행령 폐지령 부칙의 규정에 따라 공공기관의 성희롱 예방교육의 내용・방법 기타 필요한 사항을 정함을 목적으로 한다.<개정 2005. 9. 14.>

제2조 (적용범위) : 이 지침은 법 제2조 제3호(남녀차별금지및구제에관한법

률 부칙 단서 1항) 및 영 제2조(남녀차별금지및구제에관한법률시행령 폐지령 부칙)의 규정에 의한 공공기관에 대하여 적용한다.<개정 2005. 9. 14.>

제3조 (교육계획의 수립) : 공공기관의 장은 영 제4조 제2항의 규정(남녀차별금지및구제에관한법률시행령 폐지령 부칙)에 의한 공공기관의 성희롱 예방교육의 실시 시기 · 내용 · 방법 등에 관한 세부 실시계획을 매년 수립하고 이를 이행하여야 한다.<개정 2005. 9. 14.>

제4조 (교육 내용) : 영 제4조 제2항의 규정(남녀차별금지및구제에관한법률시행령 폐지령 부칙)에 의한 공공기관의 성희롱 예방교육은 다음 각 호의 내용이 포함되어야 한다.<개정 2005. 9. 14.>

1. 성희롱 관련 법령 및 남녀차별금지기준
2. 당해 기관의 성희롱 발생시 처리절차 및 조치기준
3. 당해 기관의 성희롱 피해자에 대한 고충상담 및 구제절차.
4. 성희롱을 한 자에 대한 징계 등 제재조치
5. 기타 성희롱 예방에 관한 사항

제5조 (교육 방법 등) : ① 영 제4조 제2항의 규정(남녀차별금지및구제에관한법률시행령 폐지령 부칙)에 의한 공공기관의 성희롱 예방교육은 전문가 강의, 시청각 교육, 사이버 교육 등 다양한 교육방법을 활용하되, 별도의 시간을 편성하여 실시하여야 하며, 단순히 교육자료 등을 배포 · 게시하는 것은 성희롱 예방교육으로 보지 아니한다.<개정 2005. 9. 14.> ② 공공기관의 장은 성희롱 예방교육을 실시한 경우에 교육일시 및 방법, 교육참석자 명단, 교육내용 등이 명시된 교육 실시 관련 자료를 작성 · 관리하여야 한다.

제6조(성희롱 예방조치) : ① 각 공공기관의 장은 성희롱 예방을 위하여 다음 각 호의 조치를 취하여야 한다.<개정 2005. 9. 14.> 1. 성희롱 관련 상담 · 고충의 처리를 위한 전담창구 마련. 2. 성희롱 고충 담당자 지정 및 교육훈련 지원. 3. 성희롱 고충전담창구 운영에 대한 정기점검. 4. 성희롱 예방 교육 · 홍보용 자료 게시 또는 비치. 5. 자체 성희롱 예방지침 마련. ② 제1항 제5호의 규정에 의한 자체 성희롱 예방지침에는 다음 각호의 내용이 포함되어야 한다. 1. 법 제2조 제2호(남녀차별금지및구제에관한법률 폐지법률 부칙 단서1항)에 근거한 성희롱의 정의. 2. 공공기관장의 성희롱 방지를 위한 조치의무에 관한 사항. 3. 고충전담창구의 설치 및 운영에 관한 사항. 4. 성희롱 고충의 처리절차에 관한 사항. 5. 성희롱 행위자에 대한 징계 등 제재조치에 관한 사항. 6. 성희롱과 관련된 피해자에 대한 불이익 조치 금지에 관한 사항. 7. 성희롱 고충내용 및 상담 · 신청자와 관련된 비밀보장에 관한 사항. 8.

기타 성희롱 예방을 위하여 필요한 사항. ③ 제2조 제4호의 규정에 의한 성희롱 고충처리절차에는 성희롱 고충의 신고방법 · 처리기한 · 처리체계 · 처리방법 · 처리결과의 통보 등에 관한 사항이 포함되어야 하며, 공공기관의 장은 고충접수 및 처리대장을 작성 · 비치하여야 한다.

부 칙

이 고시는 고시한 날부터 시행한다.

부 칙 〈2002.10. 28.〉

이 고시는 고시한 날부터 시행한다.

부 칙 〈2005. 9. 14.〉

이 고시는 고시한 날부터 시행한다.

3. 문화재청

다음은 문화재청 성희롱 예방지침이다.

제1조(목적) 이 지침은 남녀차별금지및구제에관한법률 제7조 제2항, 동법시행령 제4조 제2항 및 공공기관의 성희롱예방지침의 규정에 따라 문화재청(소속기관을 포함한다. 이하 같다)의 성희롱 예방을 위하여 필요한 사항을 정함을 목적으로 한다.

제2조(적용범위) 이 지침의 적용범위는 문화재청의 소속 직원(문화재청장 및 소속기관의 장과 고용관계에 있는 자를 포함한다)으로 한다.

제3조(성희롱의 정의) 이 지침에서 사용하는 "성희롱"이란 남녀차별금지및구제에관한법률 제2조 제2호 규정에 의한 성희롱을 말한다.

제4조(기관장의 책무) 문화재청장 및 소속기관의 장은 성희롱 예방교육의 실시, 성희롱 고충전담창구의 설치 · 운영, 성희롱 고충처리절차의 마련 등 성희롱 방지를 위한 제반 조치를 강구하고 시행할 책무가 있으며, 성희롱 발생시 필요한 조치를 적절하고 신속하게 강구하여야 한다.

제5조(고충전담창구) ① 성희롱 예방을 위한 업무의 처리와 소속 직원의 성희롱 관련 고충에 대한 상담 · 처리를 위하여 본청과 소속기관에 성희롱 고충전담창구(이하 "고충전담창구"라 한다)를 둔다. 다만, 고충전담창구의 구성 · 운영이 곤란하다고 판단되는 지구관리소에는 고충전담창구를 두지 않을 수 있으며, 이 때에는 본청의 고충전담창구를 이용한다.

② 고충전담창구의 업무를 처리하기 위하여 성희롱 고충상담원(이하 "고충상담원"이라 한다)을 지정하되, 인사 또는 복무 담당 공무원을 포함하여 2인 이상으로 하고, 남성 및 여성 공무원이 반드시 각 1인 이상 포함되어야 한다.

③ 고충전담창구의 업무는 다음 각 호와 같다.

1. 성희롱 피해자의 고충에 대한 상담 · 조언 및 고충의 접수
2. 성희롱 사건에 대한 조사 및 처리
3. 성희롱 사건 처리 관련 부서 간 협조 · 조정에 관한 사항
4. 성희롱 재발 방지 대책의 수립과 이행에 관한 사항
5. 성희롱 예방을 위한 교육 · 홍보 등 기타 성희롱 예방 업무

④ 고충전담창구에는 별지 제1호 서식의 고충접수 및 처리대장을 작성 · 비치하여야 한다.

제6조(성희롱 예방교육) ① 본청 혁신인사담당관 및 소속기관의 장은 매년 12월 말까지 익년도 성희롱 예방교육의 실시 시기 · 내용 · 방법 등에 관한 세부 실시계획을 수립하여 문화재청장에게 보고하여야 한다.

② 성희롱 예방교육은 전문가 강의, 시청각 교육 등의 방법으로 1시간 이상 실시하여야 하며, 다음 각 호의 내용이 포함되어야 한다.

1. 성희롱 관련 법령 및 남녀차별금지기준
2. 성희롱 발생시의 처리절차 및 조치기준
3. 성희롱 피해자에 대한 고충상담 및 구제절차
4. 성희롱을 한 자에 대한 징계 등 제재조치
5. 기타 성희롱 예방에 관한 사항 등

③ 성희롱 예방교육을 실시한 경우에 본청 혁신인사담당관 및 소속기관의 장은 교육일시 및 방법, 교육참석자 명단, 교육내용 등에 관한 실시 결과를 문화재청장에게 보고하여야 한다.

제7조(성희롱 고충의 신청) ① 성희롱과 관련하여 상담을 원하거나 성희롱 고충의 처리를 원하는 피해자 또는 그 대리인은 서면, 전화, 통신 및 방문 등의 방법으로 고충전담창구에 고충을 신청할 수 있다.

② 제1항 규정에 의한 고충의 신청은 별지 제2호 서식에 의한다.

제8조(상담 및 조사) ①고충상담원은 성희롱과 관련하여 상담·고충의 신청을 받은 경우에 지체 없이 상담에 응하여야 하며, 피해자가 원하는 경우 필요한 조사를 하여야 한다.

② 조사는 신청을 접수한 날로부터 20일 이내에 완료하여야 한다. 다만 특별한 사정이 있는 경우 10일의 범위 안에서 조사 기간을 연장할 수 있다.

③ 제1항의 규정에 의해 조사가 진행 중인 사안이 법령에 의해 다른 기관에서 조사 또는 처리중이거나, 피해자가 조사에 협조하지 않는 때에는 조사를 중지할 수 있다.

④ 조사 과정에서 본청 총무과장은 사안과 관계된 부서와 소속기관에 협조를 요청할 수 있으며 해당부서와 소속기관은 이에 적극 응하여야 한다.

제9조(피해자 보호 및 비밀유지) ① 문화재청장(인사·복무 등에 관한 권한을 문화재청장으로부터 위임받은 자를 포함한다)은 성희롱 피해를 주장하는 자 및 조사 등에 협력하는 자에 대하여 고충의 상담 및 협력 등을 이유로 불이익한 조치를 하여서는 아니 된다.

② 고충상담원 등 성희롱 고충과 관계된 사안을 직무상 알게 된 자는 사안의 조사 및 처리를 위해 필요한 경우를 제외하고는 동 사안 관계자의 신원은 물론 그 내용 등에 대하여 이를 누설하여서는 아니 된다.

제10조(조사결과의 보고 등) ① 고충상담원은 성희롱 사안에 대한 조사의 완료 즉시 그 결과를 문화재청장에게 보고하여야 한다.

② 문화재청장은 성희롱 사안의 공정한 처리를 위하여 필요한 경우 제11조의 규정에 의한 성희롱 심의위원회의 토의에 부쳐 처리하게 할 수 있다.

제11조(위원회의 설치 및 구성) ① 성희롱 사안의 처리와 관련하여 문화재청장이 부치는 사항을 심의하기 위하여 성희롱 심의위원회(이하 "위원회"라 한다)를 둔다.

② 위원회는 위원장을 포함한 6인의 위원으로 구성한다.

③ 위원장은 기획관리관이 되고, 위원장을 제외한 위원은 문화재청 소속 직원 중 문화재청장이 지명하는 자 2인과 문화재청 직장협의회 회장이 지명하는 자 3인으로 구성하되, 남성 또는 여성의 비율이 전체 위원의 10분의 7을 초과하여서는 아니 된다.

④ 위원의 임기는 당연직의 경우 그 직에 재임하는 기간이 되고, 기타 위원은 1년으로 하되 연임할 수 있다.

제12조(위원회의 회의) 위원회의 회의는 문화재청장의 요구에 따라 위원장이 소집한다.

제13조(조사의 종결) 조사결과 성희롱에 해당되지 않는다고 인정될 경우에는 당사자에게 통보 후 조사를 종결한다.

제14조(재발방지조치 및 징계 등) ① 문화재청장은 성희롱의 재발 방지를 위하여 필요한 경우 부서전환, 행위자에 대한 재발방지 교육 등 필요한 조치를 취할 수 있으며, 이 경우 당해 조치를 피해자에게 불이익하게 할 수 없다.

② 문화재청장은 법령에서 정한 징계사유에 해당된다고 인정되는 성희롱에 대해서는 특별한 사유가 없는 한 행위자에 대한 징계 등 제재절차가 이루어지도록 하여야 한다.

③ 문화재청장은 제1항 및 제2항 규정에 의한 성희롱 사안의 처리 후 그 결과를 당사자에게 서면으로 통지하여야 한다.

부 칙

이 지침은 발령한 날(문화재청 행정지침 제20호, 2004. 9. 24.)로부터 시행한다.

[별지 제1호 서식]

고충 접수 및 처리 대장								
접수번호	접수일자	신청인		고충내용	처리결과	회신일자	확인	
		성명	소속부서				과장	○○장

[별지 제2호 서식]

<table>
<tr><th colspan="6">성희롱 고충 신청서</th></tr>
<tr><td>접수일</td><td colspan="2">20 . . .</td><td>담당자</td><td colspan="2">(서명)</td></tr>
<tr><td rowspan="6">당사자</td><td rowspan="2">신청인</td><td>성명</td><td></td><td>소속</td><td></td></tr>
<tr><td>직급</td><td></td><td>성별</td><td></td></tr>
<tr><td rowspan="2">대리인
※ 대리인이 신청하는 경우</td><td>성명</td><td></td><td>소속</td><td></td></tr>
<tr><td>직급</td><td></td><td>성별</td><td></td></tr>
<tr><td rowspan="2">행위자</td><td>성명</td><td></td><td>소속</td><td></td></tr>
<tr><td>직급</td><td></td><td>성별</td><td></td></tr>
<tr><td>상담(신청) 내용</td><td colspan="5">육하원칙에 의해 문제가 되는 행위, 지속성의 여부, 목격자 혹은 증인의 유무 등을 기록합니다.</td></tr>
<tr><td>요구사항
※ 조사를 원하는 경우</td><td colspan="5">1. 성희롱의 중지 ( ) 2. 공개사과( )
3. 징계 등 인사조치( ) 4. 기타( )</td></tr>
<tr><td>처리결과</td><td colspan="5"></td></tr>
<tr><td colspan="6">※ 관련 자료를 첨부한다.</td></tr>
</table>

제3절 외국의 성희롱 법제

성희롱에 대한 법적 규제방식은 국가에 따라서 다르게 나타나고 있다. 남녀(고용)평등법 등과 같은 노동 관련법, 또는 인권법으로 규제하는 국가들도 있으며 성희롱을 규제하는 특별법을 제정한 국가들도 있다. 그 밖에 법해석과 지침에 의하여 성희롱을 규제하는 경우도 있다.

아래 <표 4-2>는 각국의 성희롱에 대한 법적 규제방식에 대한 요약이다(윤상민, 2006).

〈표 4-2〉 **각국의 성희롱 관련법령**

국 가	관계법령	
미국	• 고용기회평등법 : 시민권법 제7조, California주의 공정고용과 주택에 관한 법 • 대부분 주의 형법	
캐나다	• 인권법	• 노동법전
독일	• 직장 내 성희롱에 대한 근로자보호법 • Berlin주의 평등법, Hessen주의 평등법	
프랑스	• 노동법전	• 형법
스웨덴	• 남녀고용평등법	• 형법
벨기에	• 직장 내 성희롱에 대한 근로자보호법령	
스페인	• 근로자헌장	• 공무원규칙
호주	• 성차별금지법	• 각 주의 차별금지법
뉴질랜드	• 인권법	• 고용계약법
일본	• 남녀고용기회균등법	

다음에서 미국, 유럽, 동양에서 이와 관련된 법제에 대하여 간략하게 고찰한다.

1. 미국의 성희롱 법제 개관

성희롱은 1970년대 중반 이후 미국에서 성차별의 한 유형으로서 판례상 전개된 개념이다(김영환, 2000). 미국연방법원은 1976년 Williams vs. Saxbe 사건에서 여성근로자가 성적 접근(sexual advances)을 거부했다는 이유로 남성 감독자가 그 여성 근로자에게 보복성 고용행위를 한 것을 성희롱으로, 민권법 제7장(Title Ⅶ of the Civil Rights Act of 1964)에 위반되는 위법한 성차별 행위에 해당한다고 판시한 것이 성희롱 관련 판시의 출발점이다. 그 이후 많은 성희롱 소송이 전개되어 성희롱에 관한 이론과 판례가 형성되었으며, 고용기회평등위원회(The Equal Employment Opportunity Commission : EEOC)는 민권법 제7장에 따른 성차별에 관한 지침을 개정하여 성희롱에 관한 내용을 삽입하였다. 특히 미국의 교육법 제9장(Title Ⅸ of the Education Amendments of 1972)을 개정하여 학교에서의 성희롱을 금지하고 있다.

미국 민권법 제7장은 직장 내 성차별을 금지하고 있다. 그리고 EEOC는 성차별에 관한 지침을 개정하여, 성희롱에 관한 조항을 신설하고 성희롱의 개념을 공식적으로 인정하였다. 이 지침에 따르면, 성희롱이란 원하지 않는 성적 접근, 성적 호의(sexual favors)의 요구 및 성적 성격을 지닌 기타 언어적, 신체적 행위로서 (1) 그 행위에 대한 복종이 명시적, 또는 묵시적으로 개인의 고용기간이나 고용조건을 결정하는 조건이 되거나, 또는 (2) 그 행위가 개인의 작업 수행을 방해하거나 위협적, 적대적, 공격적인 작업환경을 조성하는 목적이나 결과를 가질 때, 그 행위는 성희롱에 해당된다고 하였다. 현재 성희롱(sexual harassment)을 '성적으로 괴롭히기', '성적으로 귀찮게 굴기' 등으로 해석하면서, 그 내용에 관해서는 타인을 괴롭히거나 귀찮게 하여 방해하는 모든 형태의 행위로서, 그것 자체로서는 심각하고 계속적인 신체 상해나 협박에는 이르지 않는 수단으로 이루어지는 것을 모두 포함하는 것으로 정의하고 있다(강동욱, 2008).

미국에서는 1970년대 이후 직장 내에서 성희롱에 대하여 성차별로 소송이 제기되었으나 가해자의 성벽에 의한 개인적 문제로 취급하던 것이 Williams vs. Saxbe 사건과 Barnes vs. Costle 사건을 계기로 성차별의 문제로 되면서, 1981년 EEOC는 성희롱지침서를 마련하였다. 즉, Williams vs. Saxbe 사건에서 법원은 비록 성희롱이 남녀 쌍방에 대하여 행해질 수 있다고 하여도 사실상 그것이 일방의 성(여성)에게만 행하여짐으로 실질적으로는 성에 근거한 차별이라고 하여야 할 것이라고 하면서, 이 사건에서 원고는 여성이라는 이유로 고용의 계속을 대가로 상사의 성적 요구를 받아들일 것을 강요받았으므로 이것은 민권법 제7조에 위반되는 고용상의 성차별이며, 나아가 이를 방지하지 못한 사용자도 법적 책임을 져야 한다고 판결하였다. 이 사건 이후 연방대법원은 Meritor Savings Bank vs. Vinson, 106 S. Ct. 2399, 40 EFD 36, 159 (1986)에서 처음으로 EEOC나 이들 판례의 입장을 긍정적으로 인용하는 것에 의하여 성차별로서의 성희롱의 법리를 실질적으로 승인하였다 (강동욱, 2008).

교육기관에서 성희롱 문제를 규정하고 있는 법은 교육법 제9장 (Title Ⅸ of the Education Amendments of 1972)이다. 이 법의 제1691(a)조는 "미국 내에서 누구든지 성을 이유로 연방재정지원을 받고 있는 교육프로그램이나 활동에서 참가가 배제되거나 이익이 거부되거나 차별을 받지 않는다"라고 규정하고 있다. 이에 근거하여 교육부 민권국(The Office of Civil Rights of the Department of Education : OCR)은 성희롱 지침을 제정하였다. 교육법 제9장과 그 시행지침에 따르면, 학생에 대한 성희롱은 일종의 성차별이며, 어떠한 사람도 연방재정지원을 받고 있는 교육프로그램과 활동에서 남녀의 성을 이유로 차별 받지 아니한다. 1979년 연방대법원은 제9장을 효과적으로 시행하기 위하여 묵시적인 사적 소권(訴權)(implied private right of action)을 인정하였다. 즉 1979년 Cannon 사건에서 미국 연방대법원이 이 소권을 인정한 이래, 1992년 Flanklin 판결에서 교사에 의한 적대환경형 성희롱을 당한 학생에게 손해배상책임을 인정하였다. 그리고 1998년 Geber판결에서는 교사와 학생 사이의 성희롱에 대한 책임기준을 보다 명확히 하였다.

2. 유럽의 성희롱 법제 개관

유럽에서 성희롱이 사회적 주요 쟁점(issue)으로 등장한 것은 1980

년대이다(김민정, 2009). 언론이 먼저 성희롱 개념에 주목하였고, 이러한 언론의 관심은 이 문제에 대한 대중의 관심을 이끌어내게 되었다. 1981년 네덜란드 여성주의자들이 미국의 성희롱 관련 설문조사를 기초로 성희롱 관련 설문조사를 실시하고 결과를 언론에 발표하였다. 1982년 독일에서는 여성주의 언론가들에 의하여 성희롱 문제가 사회적 주요 쟁점이 되었고, 이들의 노력으로 독일 노동조합연맹이 여성의 성희롱 경험에 대한 설문조사를 실시하였고 이와 더불어 국가기관과 노동조합의 태도를 보고서로 작성하였다. 영국, 네덜란드, 독일 등에서 노동운동을 하는 여성들이 성희롱 문제를 노동조합의 주요 의제(agenda)로 부각시켰다. 그러나 영국, 아일랜드 등 일부 국가만이 성희롱을 법정으로 가져가서 성차별금지법을 적용시킬 수 있었다. 대부분 회원국들에서는 개인들이 성희롱을 법적으로 고소할 수 있는 적절한 법적 조치를 가지지 못하였고 보다 중요한 것은 대부분의 회원국들에서는 성희롱 개념 자체에 대해서도 관심이 없었다. 이들 국가에서는 노동조합, 노동위원회, 법정에서 이 문제에 관한 개인들의 호소를 전혀 심각하게 받아들이지 않고 성희롱을 개인 간의 사적인 문제로 취급하였다. 이와 같이 1980년대에는 성희롱 문제가 국가차원, 또는 유럽연합(European Union : EU) 차원에서 그 중요성이 전혀 인정을 받지 못한 시기였다.

성희롱 개념이 처음으로 EU 문서에 등장한 것은 1984년 유럽 각료이사회의 권고안이다(김민정, 2009). 이 권고안에서 유럽각료이사회는 EU회원국들이 직장에서 여성의 존엄이 존중되도록 노력할 것을 권고하였다. 1980년대 중반 EU는 여성에 대한 폭력에 관한 결의안을 통과시켰고, 이 결의안을 통하여 집행위원회가 이 문제에 관하여 적절한 조치를 제안하였고 성희롱으로부터 여성을 보호하고 성희롱 희생자들을 도와줄 것을 요청하였다. 이와 함께 결의안에서는 정부 및 성평등위원회, 노동조합에 성희롱 의식 캠페인을 벌일 것을 요구하면서, 유럽의회는 이사회에 이 문제에 관하여 회원국들의 입법을 조화롭게 정리해 줄 것을 요구하였다. 그러나 회원국들 간의 성희롱에 관한 인식 및 관심에 있어서 커다란 편차가 있었기 때문에 강제적인 수준이 높은 입법보다는 낮은 수준의 조치로부터 출발하여야 하였다. 1990년대 초반부터 이러한 조치들이 EU의 각 기구들로부터 나오기 시작하였다.

1990년대 초에는 낮은 수준의 정책을 통하여 EU회원국들에게 성희롱 정책을 입법화하도록 압력을 행사하였던 EU는 2002년 보다 강화된 강제력을 가진 성희롱 정책을 통과시켰다. 그것은 1976년 동등대우 지침을 개정한 지침으로 성희롱금지를 최초로 입법화한 것이다. 이 개정지침은 회원국들에게 성평등 입법을 위한 최소한의 기준을 마련하였고, 이 기준은 2005년까지 반드시 회원국이 입법화하도록 규정하였다. 이 개정지침은 유럽사법재판소의 직 · 간접적 차별에 관한 판결과 임신여성에 대한 차별금지 등을 모두 반영하였다. 그리고 이 지침은 회원국들이 성평등 기구를 제도화할 것을 요구하고 있다. 이 지침은 성희롱에 대한 EU의 광범위한 정의를 받아들였는데 그 정의는 성희롱을 성차별과 연결하였다. 강제력을 가진 법으로써 이 지침은 모든 차별관련 법들의 시행을 위한 새로운 법체제를 제공하고 있다.

이와 같이 EU의 성희롱 정책의 발전은 1980년대 동등대우 지침(1976년), 여성에 대한 적극적 우대조치에 관한 각료이사회 권고(1984년), 여성에 대한 폭력에 관한 유럽회의 결의(1986년) 등과 같은 EU의 권고 및 결의에 의한 낮은 수준의 정책에서 출발하여, 1990년대 각료이사회의 결의, 집행위원회의 권고, 집행위원회의 행동방침 등의 회원국 정부의 성희롱 정책, 2000년대 1976년 동등대우지침의 수정지침과 같은 EU의 지침에 따라서 강제적인 입법 등으로 이어지면서 오늘에 이르고 있다(김민정, 2009). EU의 15개 회원국이 2002년 4월 18일 성희롱 관련 개념 정의 및 직장 내 성희롱 방지 강화책을 골자로 새롭게 합의한 규정에 따르면, '성희롱은 직장 내에서 개인의 존엄성을 침해하거나 침해할 목적으로 상대방이 원하지 않는 성적 특징을 지닌 육체적 · 언어적 · 비언어적인 모든 행동으로, 특히 위협적이거나 적대적 · 모욕적 · 공격적 환경을 조성하는 것'이라고 정의하였다.

성희롱을 형사 처벌하는 대표적인 국가로는 프랑스와 스웨덴이 있다(윤상민, 2006). 프랑스의 신형법(1992년 7월 개정, 1994년 3월 시행)은 노동법과 같이 직권남용금지의 원칙에 기초하여 직장 내 성희롱을 규제하는 조문을 신설하였다. 즉 신형법 제222-33조는 성적 희롱행위라는 조문의 제목에 "성적 호감을 가지게 할 목적으로 직권을 남용하여 명령, 협박하거나 강제적 수단을 활용함으로써 자기의 감독을 받는 사람에 대하여 성적 희롱행위를 한 자는 1년간의 구금형 및 10만 프랑의 벌금형에 처한다"라고 규정하고 있다. 이와 같이 고용과 관련해서는 근로자의 근로에 대하여 감독권을 가지는 자가 자기의 감독을 받는 근로자에게 행한 성희롱만이 형사처벌의 대상이 된다. 스웨덴의 개정형법(1962년 12월 제정, 1992년 11월 개정)은 제4장 제7조 및 제6장 제7조의 2에 "육체적으로 짓궂게 괴롭히거나 경솔한 행동으로 희롱하는 것, 적대적인 성향의 방법으로 자신의 몸을 다른 사람에게 보이거나 추하게 행동하는 것, 또는 외설적인 행위로 존엄성을 침해하는 것을 'sexual molestation(성적 괴롭힘)'이라고 규정하고 있으며, 직장 내 · 외를 막론하고 다른 사람에 대해 성적으로 괴롭히는 행위는 벌금, 또는 1년 이하의 징역에 처한다"라고 규정하고 있다.

독일 형법은 직장 내 성희롱에 대하여 구체적인 처벌규정을 두고 있지 않으나, 제174조에 '피보호자 성적 악용(Sexual Mißbrauch von Schutzbefohlenen)죄'를 규정하고 있다(윤상민, 2006). 제1항에는 (1) 교육 · 직업교육 · 생활보호를 위하여 위탁받은 16세 미만자, (2) 교육 · 직업교육 · 생활보호를 위하여 위탁받거나 업무 또는 고용관계에 속하는 18세 미만자, (3) 교육 · 직업교육 · 생활보호, 업무 또는 고용관계로 인하여 종속된 지위를 이용하여 피보호자에 대하여 성행위를 하거나 피보호자로 하여금 자기에 대하여 성행위를 하게 한 자는 5년 이하의 자유형, 또는 벌금에 처한다고 규정하고 있다. 제2항에서는 이와 같은 피보호자의 성적 흥분을 야기하기 위하여 피보호자의 면전에서 성행위를 하는 행위, 피보호자로 하여금 자신의 면전에서 성행위를 하게 하는 행위는 3년 이하의 자유형이나 벌금형에 처한다고 규정하고 있다. 또한 음부노출로 타인에게 혐오감을 주는 성인 남자의 경우 1년 이하의 자유형, 또는 벌금형에 처한다고 규정하고 있다(제183조 제1항).

3. 동양의 성희롱 법제 개관

일본에서는 이미 1970년대에 직장에서의 성희롱 방지에 대한 고용관리상의 배려를 사용자의 책무로 한다는 조항이 포함된 '고용 분야에서 남녀의 균등한 기회 및 대우 확보 등에 관한 법률' 제11조(직장에 있어서 성적 언동에 기인하는 문제에 관한 고용관리상의 조치)에서 성희롱을 '사업주는 직장에 있어서 행하여지는 성적 언동에 대하여 그 고용하는 노동자의 대응에 의해 당해 노동자가 그 노동조건에 대해 불이익을 받거나, 또는 당해 성적 언동에 의해 당해 노동자의 취업환경이 해하여지지 않도록 당해 노동자의 상담에 응하고, 적절히 대응하기 위하여 필요한 체제의 정비, 그 밖의 고용관리상의 필요한 조치를 강구하여야만 한다'라고 규정하고 있다(강동욱, 2008; 황현락, 2007).

일본의 대학에서 성희롱 문제는 사각지대로 남아 있었다. 그러나 1993년 자신의 비서에게 혐의를 받던 교토(京都)대학의 교수가 스스로 사임하고 피해자가 교토변호사회에 인권구제 신청을 한 것이 언론에 보도되자 이 문제가 사회문제로 다루어지기 시작했다. 각 대학에서 일어난 성폭력 · 성희롱 사건들이 공개되고 가해자 측이 피해자를 지지하는 같은 대학의 교수를 명예훼손으로 역고소하는 소송까지 벌어지면서 대학 내 성희롱 문제가 뜨거운 논쟁거리가 되었다(김계현 외, 2005). 교토대학 사건의 여파 속에서 1994년 6월 일본 여성학회는 문부대신에게 대책을 요구하는 의견서를 보냈고, 1996년에는 나고야(名古屋)대학과 후쿠오카(福島)대학에서 대학원생과 교수들이 지역 네트워크를 결성하여 대학 내 성희롱에 반대하는 운동을 펼치기 시작하였다. 이러한 산발적인 노력으로 넓혀진 공감대 위에서 1997년 9월에 결성한 단체가 바로 '캠퍼스 성희롱 전국 네트워크'이다. 교수, 여성학자, 변호사, 대학 상담원, 학생 등 개인과 기관이 참여하여 현재 약 400명에 이르는 전국 네트워크는 창립 초기부터 지금까지 성희롱 문제에 대한 예방대책을 마련하기 위하여 매우 구체적이고 조직적인 실천활동을 펼치고 있다. 이들은 대학 내 성희롱 가이드라인에 관한 안내서를 발간하여 규정에 대한 평가기준 등을 제시하였으며, 전국, 또는 지부별 대회나 연수회를 통하여 정보를 교류하고, 지역 단위 연락망을 구축하여 피해 상담창구를 열어 놓고 있다. 문부과학성의 조사내용을 보면, 일본 국립대학의 성희롱 규정 제정 비율은 2001년 98%이고, 관련 위원회가 설치된 곳이 91%에 달하여 정책의 틀이 조속히 형성되었음을 알 수 있다(김계현 외, 2005).

중국에서 성희롱 관련 법제는 1992년 4월 3일 제7기 전국인민대표대회(全國人民大表大會) 제5차 회의에서 통과되었고, 2005년 8월 28일 제10기 전국인민대표대회 제17차 상무위원회에서 성희롱 방지 규정이 삽입된 '부녀권익보장법' 수정법안을 통과시켰다. 이 수정법은 남녀평등을 국가 기본정책의 하나로 규정했다. 부녀권익보장법은 부녀에 대한 성희롱을 금지하고, 피해자가 관계기관에 진정할 권리를 가지고 있음을 규정하고 있다. 이것은 중국 법률이 최초로 성희롱에 대한 반대를 분명히 한 입법이다. 부녀권익보장법은 '남녀평등 실행은 국가의 기본 정책이다. 국가는 필요한 조치를 취하여 부녀권익의 각종 제도를 점차적으로 완전하게 보장할 것이며, 부녀에 대한 어떠한 형식의 차별도 제거해야 한다'라고 규정하고 있다. 또한 이 법률은 어떠한 직장도 결혼, 임신, 출산휴가, 수유 등의 이유로 여직원의 월급을 감소시키거나 여직원을 퇴직시킬 수 없으며, 일방적으로 노동계약, 혹은 복무협의를 해제할 수 없도록 규정하고 있다. 또한 부녀권익보장법은 부녀를 조직, 강박, 유인하여 음란표현 활동을 하는 것을 금지하고 있고, 부녀에 대한 가정폭력 행사를 금지했으며, 공안, 민정, 사법 등의 부문이 직책의 범위 내에서 가정폭력을 예방하고 제지해야 하며, 피해부녀에 구조를 제공해야 한다고 규정하고 있다.

다음은 중화인민공화국 부녀권익보장법의 총칙 제1조, 제2조 제40조, 제41조에 명시된 남녀평등과 성희롱 관련 법규의 내용이다.

제1조 : 부녀의 합법적 권익을 보장하고, 남녀평등을 촉진하며, 사회주의현대화 건설에서 부녀의 역할을 충분히 발휘할 수 있도록 헌법과 우리나라의 현실정에 근거하여 이 법을 제정한다.

제2조 : ① 부녀는 정치, 경제, 문화, 사회 그리고 가정생활 등 각 방면에 있어서 남성과 똑같은 평등한 권리를 갖는다. ② 남녀평등의 실행은 우리나라의 기본정책이다. ③ 국가는 필요한 조치를 취하여 부녀의 권익을 보장할 수 있는 각종 제도를 점진적으로 개선하고, 부녀에 관한 어떠한 형태의 차별도 제거한다. ④ 국가는 부녀가 법에 의하여 향유할 수 있는 특수한 권익을 보호한다. ⑤ 부녀에 대한 차별, 학대, 유기, 상해를 금지한다.

제40조 : 부녀에 대한 성희롱을 금한다. 성희롱을 당한 부녀는 그 직장 단위와 관련기관에 고소할 권리를 갖는다.

제41조 : ① 매음과 표창(嫖娼 : 창기와 노는 것)을 금지한다. ② 부녀매음 혹은 부녀에 대한 외설적 행동을 조직, 강박, 유인, 수용, 소개하는 것을 금지한다. ③ 부녀에게 외설적 연기를 하도록 조장하거나, 강요하거나, 유인하는 것을 금지한다.

제5장

성희롱 발생원인, 설명이론 및 발생현황

제1절 성희롱 발생원인과 유지구조

성희롱을 포함한 우리 사회에서 발생되는 사회문제에 대한 효과적인 예방과 근본적인 해결방안을 마련하기 위해서는 문제의 발생 원인에 대한 진단이 반드시 선행되어야 한다. 성희롱은 어떠한 사회구조에서 발생되고 유지되는가? 성희롱에 대한 발생 원인과 유지구조를 설명하는 이론은 접근방법에 따라서 다양하다. 조직에서 성희롱의 문제는 권력관계를 핵심으로 하여 발생한다. 조직(직장) 내의 권력관계의 위계에서 오는 불평등과 성별을 통하여 문화적으로 부과되는 남성과 여성 간의 불평등이 주요 원인이다. 전자는 조직 내의 성차별 구조를 통한 성희롱의 주요 원인이 되며, 후자는 우리 사회의 전반적인 성문화를 통하여 설명할 수 있다. 다음에서 우리 사회에서 성희롱 발생에 영향을 미치는 요인을 심리적 요인과 사회 · 문화적 요인으로 구분하여 살펴본다.

1. 심리적 요인

1) 조직에서 성역할 고정관념

고정관념(stereotype)은 개인이 특정 집단의 구성원이기 때문에 어떤 속성을 지니는 것으로 생각될 때, 사용되는 개념이다. 일반적으로 특정 집단에 대한 고정관념과 그 집단구성원의 실제적 특성 간에는 공통점이나 일치점이 없는 경우가 많아 고정관념화(stereotyping). 또는 정형화는 실체의 왜곡과정으로 인식된다(임정섭, 2005). 이와 같은 이유 때문에 성역할 고정관념은 인지적 편견의 한 가지 형태이다. 전형적인 남성 특성의 도구적 차원은 능동적, 객관적, 독립적, 공격적, 직접적, 지배적, 비정상적, 유능한 등과 같은 세상을 효과적으로 조작할 수 있는 개인 특성을 포함한다. 전형적인 여성 특성의 정서적 차원은 따뜻한, 민감한, 표현적 등과 같이 타인에게 관심을 가지고 양육적이며 타인을 돌보는데 적합한 개인적 특성으로 구성된다. 전형적 여성 특성 보다는 전형적 남성 특성이 사회적으로 보다 바람직한 특성들로 구성되어 있다는 것을 알 수 있다. 남성적 특성은 곧 바람직한 성인의 특성과 일치하는 반면에 여성적 특성은 어린아이 같은 속성을 지니고 있어서 여성성은 미성숙과 일치한다. 같은 시대를 살아가는 여성과 남성들은 거의 무의식적으로 성역할 고정관념을 수용할 수밖에 없다. 이와 같은 성역할 고정관념은 같은 사회적 범주에 바탕을 둔 편향된 개인들에게 전달되어 개인의 수행 행동의 원인을 추론하는 과정 등 그들의 행동에 영향을 준다(임정섭, 2005).

조직에서 불평등한 지위와 성역할의 기대가 조직에서 성차별 구조와 연결되어 직·간접적으로 성희롱으로 연결된다. 우리사회의 조직 내에서의 지위나 임금, 승진 등에서의 성불평등 구조는 사회과학의 여러 분야에서 연구되어 발표되고 있다. 임금, 지위 등에서 불평등한 구조는 모집, 채용에서의 성차별과 고용 후의 교육이나, 훈련, 승진 상의 여성 배제와 성차별 관행을 통하여 구조화되고 유지되며 강화된다. 이와 같은 조직(직장) 내에서 불평등한 지위와 권력관계를 기초로 대부분 여성을 감독하고 통제하는 지위에 있는 남성은 여자직원이나 부하에게 성희롱을 하거나 성적 요구를 할 수 있게 된다. 이와 반면에 여성의 취약한 직장 내에서의 위치는 성희롱의 피해자가 되거나, 피해를 경험하고도 드러내지 못하게 만든다. 성역할 고정관념에 의하여 남성과 여성은 동일한 행동을 수행할 때조차도 그 행동은 다르게 인식된다. 하나의 예를 들면, 대학생들에게 남녀의 이름이 기재되어 있거나, 성별의 구분이 모호한 이름, 또는 이름이 전혀 기재되어 있지 않은 논문을 평가하도록 하였을 때, 대학생들은 평가편견(evaluation bias)을 나타내고 있었다.

대학생들은 남성이 집필자라고 생각되는 논문을 여성이 집필했다고 생각되는 논문보다 우수하다고 평가하였다(임정섭, 2005).

조직(직장) 내 성차별과 관련되는 성희롱의 발생원인은 '여성의 일'에 기대되는 성적인 역할이다. 남성중심의 사회에서 여성이 노동시장에 취업한다는 것은 곧 여성의 성(sexuality)이 업무의 한 부분을 구성하게 되는 것을 의미한다(Stnako, 1979, 장필화 외, 1995에서 재인용). 여성노동자에게 업무상의 능력 발휘보다 보조업무나 '직장의 꽃'으로서의 정서적 역할을 기대하는 한, 여성은 성적 대상으로 존재하게 되고 이와 같은 인식은 여직원에 대한 일상의 성희롱으로 나타나게 된다. 이와 관련된 직장 내 성차별이 성희롱과 상당히 밀접한 관계를 가진다는 것은 여러 연구결과에서도 나타나고 있다(장필화 외, 1995). 신체적 매력은 성역할 고정관념과 밀접한 관련을 가지는 요인들 가운데 하나이며 성희롱과 직·간접으로 연결된다. 신체적 매력은 남녀 모두에게 중요한 자산이기는 하지만, 그것은 남성보다는 여성의 판단에서 더욱 중요하게 된다. 비록 여성들의 경우보다 그 강도가 약하긴 하지만, 남성들에게도 얼굴모습이 중요시되기 때문에 매력표준에서 많이 이탈한 얼굴을 가지는 남성들은 취업이나 대인관계 상황에서 불이익을 당한다. 여성들의 경우에는 얼굴모습도 중요하지만, 몸매에 더욱 큰 중요성을 부여하기 때문에 가늘고 날씬해지려는 여성들의 소망을 부추긴다.

2) 성역할 사회화

남성과 여성의 차별적 성역할 이념은 사회화(socialization)라는 과정을 통하여 끊임없이 반복되고 재생산된다. 성역할 사회화(sexrole socialization)는 남자와 여자는 성별에 따라서 각각 적절하다고 규정된 그 사회의 문화적 기대치를 그 사회 구성원에게 전달, 수용하도록 하는 과정으로서 가정과 학교, 종교, 다양한 매체, 지역사회와 같은 제도라는 맥락 속에서 발생하며, 이에 해당하는 각 제도가 그 역할을 담당한다. 이와 같은 사회화 과정을 통하여 성차별적인 성역할 고정관념은 개개인에게 전달되고 스며들어 광범위하게 우리 사회의 남성과 여성의 삶의 방식을 지배하며, 성차별을 유지·존속시키고 있다. 우리 사회는 남성중심의 가부장적 이념과 구조로 구성되어 각종 제도, 문화 등을 통하여 구성원들의 삶의 내용과 방식을 지배하고 있다. 결국, 우리 사회의 개개인이 살아가는 삶의 조건과 환경 자체가 바로 사회화의 과정이 되는 것이다.

그리고 이와 같은 성역할 사회화의 영향은 매우 광범위하면서도 개개인의 내면 속에 자연스럽게 스며드는 효과를 가지게 되기 때문에 막강한 위력을 지닌 사회통제의 수단이 되기도 한다. 우리는 사회에서 성역할 고정관념을 공유하고 있으므로 우리가 타인을 평가할 때, 성역할 고정관념이 영향을 준다는 것도 인식하지 못하는 경우가 많고, 그에 따라서 성역할 고정관념의 부당성을 입증할 기회조차 가지지 못한다. 이와 같은 사회화 과정을 통하여 전통적이고 가부장제적인 성역할 사회화 과정은 남성에게는 정치, 사회, 경제 등의 여러 분야에 접근하고 권력을 차지할 수 있는 기회와 조건이 주어지는 반면에 여성은 집 바깥 세계에서 자신의 능력을 발휘하고 성취한다든지 주체적인 존재로서 독립심이나 창의성을 발휘할 기회나 환경에서 불리하게 된다(임정섭, 2005). 이와 같은 성역할 고정관념과 성별분업 체계는 공적이든 사적이든 남녀가 함께 하는 자리에서 남성들로 하여금 여성을 종속적이고 비주체적인 존재로 대하면서 여성을 비하하고 차별하는 언동이나 태도를 가지게 하는 원인이 되며 이것은 성희롱으로 연결되는 하나의 요인이다.

성의 사회화와 의사소통의 왜곡에서 발생되는 성차별 문화는 성희롱의 또 다른 직·간접적인 원인이다. 일반적인 의미에서 성희롱은 우리나라의 성차별 문화를 배경으로 발생되고 유지된다. 그 가운데서도 가장 두드러지는 문화는 성의 사회화와 관련된 문제이다. 성역할 사회화를 기초로 하는 성의 사회화를 통하여 남성은 성적으로 적극적으로 행동하며, 여성은 소극적으로 행동하게 된다. 이러한 문화 속에서 남성의 성희롱은 오히려 '남성다움' 행위인 양 받아들여지고, 여성은 성희롱을 당해도 자신의 불쾌감을 명확히 표현하지 못하게 된다. 많은 여성들이 성희롱을 당해도 '혼자서 삭이거나, 화장실에 가서 울거나, 불쾌해도 반드시 미소를 띠고 이야기하거나 오히려 상대방에게 더 잘 해주는' 반응을 보이는 이유도 여성다움에 대한 고정관념의 기대를 반영한다. 이와 같은 여성들의 태도는 남성들로 하여금 여성도 남성의 농담이나 신체접촉(성희롱)을 즐긴다고 오해하게 할 수도 있다. 결국 성희롱이 일어나는 상황에서 남녀 간의 의사소통 왜곡은 성희롱으로 인식하지 못하게 만들며, 나아가 또 다른 성희롱이나 더욱 심각한 상황을 초래하게 된다. 이와 같이 성희롱은 우리사회 전반의 성차별 문화와 직장 내 구조화되어 있는 성차별을 기반으로 발생되고 유지된다. 따라서 성희롱 예방 및 대처방안은 장기적으로 남녀 간의 불평등과 성차별 구조의 변화를 중심으로 마련되어야 한다(장필화 외, 1995).

2. 사회·문화적 요인

1) 전통적 가부장적 유교문화

우리나라의 전통적인 가부장적 유교문화는 아직도 과거 봉건사회에서와 같이 '남자는 하늘, 여자는 땅'이라며 남녀를 구분하고 여자를 비하하는 인식의 규범적 이념이 우리 사회 전반에 남아 있다(임정섭, 2005). 조선시대를 지배한 유교문화에서 성은 자연과 인간의 세계 일체를 음(陰)과 양(陽)으로 구분하여 여자는 음, 남자는 양으로 대칭시켜 음양(陰陽) 조화의 미를 강조하면서 가문의 대를 잇고 혈통의 순수성을 유지하는 생식을 위한 성에 그 근본 의미와 가치를 두었다. 음양의 원리는 남자는 우주 창조의 근원으로서 하늘에 비유되어 활동성과 고귀함을 나타내는데 비하여 여자는 땅, 낮음, 비천함, 소극성, 순종성의 상징으로 간주함에 따라서, 양이 음을 다스리는 원칙의 남존여비 관념을 내포한다. 유교적인 성관습의 중요한 전통은 조선시대에 깊이 뿌리내린 여성의 정절문화에 있다. 조선사회의 지배체제를 강화하는 유교사상은 군주에 대한 충성, 부모에 대한 효순(孝順), 남편에 대한 수절(守節) 등을 강조하였다. 이 수절은 나라의 기강을 바로 잡는데 매우 중요한 덕이 되었고, 부부윤리의 기본이 되는 것으로 간주되었다. 유교적 부부윤리는 여성을 애정의 상대가 아닌 여색으로 간주하여 경계할 것을 강조하였다.

이와 같은 가부장적인 유교문화는 여성과 어린이를 남성이나 어른에 비하여 낮은 존재, 아무렇게나 대해도 되는 존재로 여기며, 남성과 어른에 의한 여성과 어린이에 대한 지배를 당연한 것으로 받아들이게 하고 있다. 유교문화에 바탕을 둔 우리 사회는 어려서부터 남자 어린이에게는 공격성을 진정한 남성다움으로 가르치고 여자아이에게는 순종적이고 자기주장을 펴지 못하는 착한 여자로 기르는 것에서부터 문제가 시작되고 결국 여성은 순종적이고 온화하며 수동적이어야 하며, 바깥일보다는 집안 살림을 하며, 자녀를 양육하는 일이 가장 적합하며 자연스러운 속성이라고 받아들이게 되었다. 결국 남성은 힘과 용기를 덕목으로 하여 출세를 최고의 목표로 삼아 사회적인 일을 함으로써 생계부양자가 되거나 그러한 가능성을 가지고 있는 존재로 자리매김하게 된다. 이와 반면에 여성은 사회적 능력보다는 아름다운 외모와 순종을 최고의 덕목으로 삼아 결혼이 인생의 최고 목표이며 가정 일에 우선순위를 둠으로써 생계 의존적인 존재로 만들어 버린다. 이렇게 교육받은 남성과 여성은 지배와 복종의 관계를 가지게 되며, 이것은 성관계에서도 그대로 연결된다. 가부장적 유교문화는 가정뿐만 아니라 직장과 사회에서도 상하관계, 또는 지배와 복종의 관계를 가지게 됨으로써 여성은 남성들의 성적 폭력에 쉽게 노출된다. 특히 여성을 성적대상물로 취급하면서 남성이 성폭력을 했을 경우에도 용기 있고, 남성다운 행동을 한 것으로 여기거나 사소한 실수 정도로 넘어가게 된다. 따라서 성차별적인 사회분위기가 성폭력을 부추길 뿐만 아니라 남성에게 성폭력과 성희롱을 허용하게 만들고 이와 같은 행위에 대한 면죄부를 주는 문화가 반복적으로 재생산되고 있다.

2) 대중매체의 영향

21세기 정보사회는 매체(media)가 지배하는 사회라고 하여도 과언이 아니다. 다양한 매체와 다양한 채널이 폭발하고 있으며, 그 영향력도 막대하여 하나의 거대한 권력이 되고 있다. 이와 같은 대중매체의 속성은 가장 기본적으로 현실을 반영하는 동시에 가끔 왜곡된 정보로 현실을 무비판적으로 구성하면서 현대사회에서 가장 강력하게 사회적인 영향력을 발휘한다. 무엇보다 중요한 것은 자본주의 대중매체는 자본의 이윤추구와 증식에 충실하게 복무하는 상업적 속성을 가지고 있기 때문에 우리 사회에서 가장 적극적으로 가장 많이 성을 이용하여 다양한 상품을 만들어내는 한편, 매체의 주된 무기인 선정성을 이용하여 이러한 상품의 유통과 소비를 촉진시키고 있다. 이와 같은 성문화에 대한 대중매체가 가지는 중요한 영향력은 성을 상품화, 오락화 하는 기능에 크게 기여한다는 것이다. 텔레비전, 신문, 잡지 등의 광고 속에서 성을 상품으로 만드는가 하면, 인터넷과 비디오 영상물, 게임 등은 성을 남성들의 스트레스를 풀어주고 재미를 제공하는 오락으로 만들고 있다.

그리고 대중매체는 우리 사회의 남성과 여성의 비대칭적이고 불평등한 현실을 반영하는 동시에 이와 같은 성문화를 재생산하는 역할을 담당한다. 대부분 성표현물들은 성관계에서 주체적인 남성과 성적 대상으로서의 여성을 극대화시켜 재현하면서, 남성의 성적 욕구와 여성의 성적 대상화를 정당화시킨다. 대중매체에서 취급되는 영상물들이 여성의 성적 욕망이 적나라하게 묘사되는 매체들도 있다. 그러나 주의하여 자세히 보면, 카메라의 각도는 여성의 몸을 계속 따라가면서 바라보는 남성의 시선에 맞추어서 만들어졌으며, 이것은 관음증적 남성의 욕구를 그대로 반영하면서 여성의 몸을 성적인 눈요기 거리로 만드는 것이다. 이와 같은 대중매체가 남성중심적인 성의 상품들을 만들어 내는 이유는 대중매체를 생산하고, 유포하며, 소비하는 대부분의 주체가 남성들이기 때문이다. 상업적인 속성을 가진 대중매체들, 그 중에서도 특히 인터넷상의 음란물이나 포르노그라피 영상물, 사진 등은 남성의 손에 의하여 남성들의 성적 욕망과 환상, 그리고 소비를 계속 창출하는 기제로 작동한다. 이와 같이 대중매체의 막대한 영향력은 우리사회의 이중적인 성체계와 성윤리의 형성에 기여함과 동시에 왜곡된 남성상과 여성상을 만들어 내는 데도 큰 몫을 하고 있다(임정섭, 2005). 이러한 영향은 일상생활 속의 직장(조직) 내에서 남성들이 여성의 몸을 성적인 대상으로 바라보는 것에 익숙하게 하고, 남성의 성적인 접근을 여성이 수용하거나 은근히 바란다고 착각하게 하는 역할을 한다고 추정함으로써 성희롱과 직 · 간접으로 연결된다.

제2절 성희롱 설명모형

성희롱의 발생 원인을 설명하는 이론은 고정관념론, 오통신론(誤通信論, miscommunication), 성적용어론, 귀속론, 조직맥락론, 사람×상황론(P×S모형) 등으로 나눌 수 있다(천대윤, 1999). 또한 성희롱 발생원인은 생물학적 관점, 조직론적 관점, 사회 · 문화적 관점, 개인적 관점 등으로 나누어 설명하기도 한다(김정인, 2000). 이와 같이 성희롱 발생에 대한 설명이 다양한 것은 성희롱이 복합적인 현상이라는 뜻이며, 이것을 방지하고 예방하기 위한 해결방안도 이들 다양한 측면을 통합적으로 고려하여야 하는 것을 뜻한다. 일반적으로 성희롱이 발생하는 원인은 자연적 · 생물학적 모형, 조직적 모형, 사회 · 문화적 모형, 성역할 이월모형 등으로 나누어진다. 이들 모형은 성희롱의 가해자와 피해자, 기대되는 행동의 종류, 피해자의 느낌과 반응, 성희롱의 결과, 직업상황의 특성 등을 설명하는 다양한 기초를 제공하고 있다(Gutek & Morasch, 1982; Shelley & Tindale, 1992; Tangri, Burt, & Johnson, 1982).

1. 자연·생물학적 모형

자연 · 생물학적 모형(natural/biological model)은 성희롱을 인간의 본능적인 욕구로부터 남녀 간에 발생하는 자연스러운 성적 매력의 표현으로 간주하는 이론이다. 따라서 직장, 학교 등에서 발생하는 성희롱은 법적으로 제재할 수 없는 행위로서 다음과 같은 가정에서 출발한다. 첫째, 남성의 성욕구가 여성보다 강하여 남성에게는 여성에 비하여 성적으로 공격적이 되도록 하는 생물학적인 속성이 있다고 보는 견해이다. 특히 성충동이 강한 시기에 성희롱도 가장 빈번하게 발생하기 때문에 연령에 영향을 받지 않는다. 둘째, 성희롱을 남성과 여성이 서로의 낭만적인 매력에 끌려서 일어나는 정상적인 행위로 보는 입장이다. 이와 같은 이유 때문에 성희롱은 서로 비슷한 연령과 사회적 배경, 태도, 의식구조 등을 가지고 있는 사람들 사이에서 일어나는 경향이 있다고 보는 견해이다. 셋째, 성희롱을 특이한 사람의 비정상적인 행위로 보는 견해이다. 강간에 대한 왜곡된 사회통념과 마찬가지로 성희롱도 대부분의 정상인과 다르게 소수의 문제 있는 사람들에 의하여 드물게 발생한다는 입장이다.

성희롱의 원인을 설명하는 자연 · 생물학적 모형은 성희롱의 피해자와 가해자는 여성과 남성 모두가 될 수 있고, 서로를 성적 매력의 대상으로 생각한다. 대부분 그들은 미혼자, 독신자이고 신분상 법적으로 문제가 적은 사람들이며 주로 한사람의 가해자에 의해서 지속적으로 성희롱이 일어날 가능성이 많다. 그러므로 성희롱과 관련된 작업환경의 특성은 나타나지 않는다. 이 모형은 성희롱이 인간사회에서 어쩔 수 없이 일어나는 행위로 보기 때문에 성희롱에 대한 해결책을 분명하게 제시하지 못하고 있다. 성희롱을 개인적이고 무해하며 상대방에게 그다지 부정적인 영향을 주지 않는 것으로 간주함으로서 성희롱의 본질을 왜곡하고 있다. 그리고 사회문제를 개인문제로 축소시키는 남성중심적인 사고의 한계를 벗어나지 못하고 있다. 만약 성희롱이 인간의 본성이라면, 이것을 변화시키려는 노력과 성희롱을 방지하기 위한 어떠한 예방행위 및 교정을 위한 교육프로그램도 가치 없는 일이 될 것이다.

2. 조직적 모형

조직적 모형(organizational model)은 사회적 제도나 조직의 위계구조가 성희롱을 가능하게 만드는 기회를 제공할 수 있다고 보고 있다. 작업조직은 수직적 성층, 즉 권력이나 권한을 가진 사람과 그렇지 못한 사람이 존재하는 상하구조로 이루어져 있기 때문에 조직 위계상 상급자는 부하직원들에게서 성적인 만족감을 강제로 얻어내기 위하여 자신의 권력과 지위를 이용할 수 있다는 것이다. 이 모형은 성희롱이 직장의 수직적 구조에 의하여 일어나는 것으로서 지배층 사람이 자신의 지위와 권력을 이용하여 피지배층에게 성적인 관계나 봉사를 강요하기 때문이라고 해석한다. 여기서 성희롱은 성적인 이해관계가 아니라 하나의 권력 형태이다. 차별화된 권력은 성희롱이 발생되는 조직적 특성 가운데 하나이다.

직장에서 여성은 대개 남성보다 조직적인 권력이 약하므로 성희롱에 저항할 경제적인 독립성이나 보장에 약한 존재이다. 따라서 성희롱의 가해자는 경제적 자원이 월등한 남성일 가능성이 많으나, 드물게는 조직적인 지위나 권력을 가지고 있는 여성이 가해자가 될 수도 있다. 권력이 많고 지위가 높을수록 성희롱의 정도나 빈도수가 높으며 여기에 대항할 지위나 힘이 낮은 피해자일수록(예를 들면, 연수생, 시간제 고용자, 저임금 근로자, 신입사원 등) 무기력한 반응을 보인다. 따라서 조직에서 성희롱은 피지배층을 통제하는 수단이 된다. 성희롱에 저항하는 피해자는 승진 탈락, 고용탈락, 부서 이동, 업무 방해등과 같이 경제적 · 심리적으로 부정적인 제재를 경험하게 된다. 이 모형은 성희롱의 가능성이 많은 직장인일수록 매우 수직적인 권력구조를 가지고 있으며, 시간외의 근무를 요구하고 성비율이 한쪽으로 치우친 성비를 가지고 있다고 지적한다. 또한 직장 내 작업공간이 비공식적이고 사적일 때 성희롱이 더 많이 일어난다고 본다.

3. 사회문화적 모형

사회문화적 모형(sociocultural model)에 따르면, 성희롱은 남성들 위주의 규범과 규칙을 정하고, 사회적 신념이 남자들의 규칙을 합법화하는 보다 커다란 가부장체제의 표현으로 간주하면서 전반적인 사회에서 여성과 남성의 차등화 된 힘의 분배에서 비롯된다고 주장한다. 성희롱은 경제구조 내에서 남성이 여성을 지배하는 수단이 된다. 사회는 남성의 공격적인 성행위와 여성의 수동적인 성행위를 장려한다. 공격적인 성행위에 의한 남성지배는 정치, 경제, 사회 구조뿐만 아니라 남녀간 상호작용에서 성역할 규범으로 유지되고 있다. 자신의 능력에 의하여 평가 받고 있는 남성에 비하여 여성은 남성에 의하여 성적으로 평가받으면서 사회화된다. 따라서 남성의 성적인 관심은 가부장적 사회에서 불쾌감을 주는 행위가 아니라 여성의 매력을 칭찬하는 행위로 종종 해석되기도 한다. 결국 성희롱은 경제구조 내에서 여성의 참여를 저지시키고 남성의 지배를 강화하는 기능을 하고 있다.

일반적인 사회구조 속에서 여성은 종속적인 위치를 점유하고 있으므로 주로 여성이 성희롱의 피해자가 되고, 남성이 가해자가 된다. 여성은 성역할 사회화 과정에서 수동성을 내면화하기 때문에 성희롱에 대하여 적극적인 대항을 할 수 없게 된다. 또한 직장 내에서 상대적인 무력감 때문에 문제를 해결하려는 의지도 희석되고, 자신을 도와줄 수 있는 단체나 조직에 대한 기대감도 반감될 것이다. 이 모형은 성희롱은 성비율이 한 쪽으로 치우칠 때, 자주 일어난다고 지적한다. 전통적으로 남성의 영역에 여성이 들어오면, 그들은 서로를 충분히 도와줄 수 있는 지원체계를 확립하지 못하고, 쉽게 피해자가 된다. 또한 전통적으로 여성의 영역에서 일하는 여성은 낮은 임금과 지위를 지닌 일을 하기 때문에 남성의 감독 하에 있게 된다. 여성은 작업상의 보장이나 경제적 평등을 가지지 못하게 되어 피해자가 될 가능성이 높다(Tangri, Burt, & Johnson, 1982). 이 모형은 가부장적 이념체계에서 야기되는 성희롱의 본질과 주체를 명확하게 그리고 있지만, 성희롱이 발생하는 직접적인 상황이나 성희롱에 대한 여성들의 다양한 인식도와 반응에 관하여 설득력 있는 근거를 제시하지 못하고 있다.

사회문화적 관점에 의하면, 성희롱은 남성들이 남자들 위주의 규칙과 규범문화를 정하고 이것을 정당화시키는 사회적 인식이 형성되면서 남성지배 문화의 한 형태로서 설명된다(Farley, 1978; Mckinnon, 1979). 이 관점에 의하면, 남성지배의 사회문화가 오랫동안 유지되면, 남자들에게 지배성, 성적 주도성, 리더십 등을 발휘하는 것이 남자다운 것으로 인식되는 방향으로 사회화가 이루어지며 성역할이 규정된다. 따라서 성희롱은 사회문화적 맥락에서 남성 지배문화가 재생산되는 과정에서 유발되는 현상이라고 할 수 있다(공미혜, 1995; 김양희, 1995a, b; 김정인, 2000; 신성자, 1993; 문희경, 2008). 이 견해는 사회에 뿌리 깊게 형성된 성역할이 직장에서 요구되어야 할 일 역할과 혼동되어 성희롱이 발생한다고 보는 Gutek 등(1982)의 성역할이월모형(sex-role spillover model)과 비슷하다. 조직에서 성역할 이월현상이 발생하면, 직장이나 대학과 같이 남성과 여성이 함께 공동체 속에서 여성을 동료나 전문가로 여기지 않고, 성적 대상으로 보게 되어 결과적으로 성희롱이 발생할 가능이 증가한다. 이와 같이 조직의 고정관념에서 출발하여 사회문화적 맥락에서 고착된 남성 지배문화가 지배하는 우리사회에서 인간의 존엄과 남녀평등의식 고양을 위한 해결방안 마련이 요구된다.

4. 성역할 이월모형

성역할 이월모형(sex-role spillover model)은 역할이론을 토대로 한 것으로 '상황요인이 어떻게 성희롱의 발생에 영향을 주는가'를 설명한다. Gutek과 Morasch(1982)에 의하면, 직장 내에서 여성은 성역할과 작업역할이라는 두 가지 역할기대에 직면한다. 이들 역할은 서로 다른 특성을 가지고 있음에도 불구하고 성역할의 여러 측면은 작업장에 영향을 미치고 있다. Gutek과 Morasch(1982)는 성역할이 작업장으로 이월되어 작업역할을 대체할 때, 성역할 이월현상[1])이 일어난다고 주장한다. 예를 들면, 사회에서 여성에게 기대하고 있는 순종적이고 남을 돌보아 주는 성역할 특성이 작업장에서 요구되고 있다. 남성이 직장에서 여성을 보호하고 경제적으로 책임을 지는 행위(예를 들면, 점심을 사는 행위)도 성역할이 작업장에서 반영되고 있다는 것을 나타낸다. 또한 여성은 성적 대상으로 취급되고 있으며, 성적으로 매력 있는 행동이나 옷차

1) 성역할 이월은 성(gender)에 근거한 행동상의 기대가 작업장 내로 흘러들어 오는 것이라고 할 수 있다. 즉, 조직구성원들은 직장 내에서 여성들에게 직무와 관련된 일의 역할을 기대해야 하는데 성역할과 관련된 기대를 우선적으로 고려하는 것을 의미한다. 따라서 성희롱은 이와 같은 구성원들이 직장에서 여성의 일역할과 성역할을 혼돈할 때, 발생한다고 보는 견해이다(김정인, 2000 : 59-60).

림을 하도록 강요받는다. 따라서 일을 수행하는 작업장 내에서 여성은 노동자 이전에 성적인 대상이 되며, 남성에게 성적 즐거움을 주어야 한다. 이러한 현상도 성역할이 이월된 형태이다.

이와 같은 성역할 이월현상은 다음의 세 가지 이유에서 일어난다(Gutek & Morasch, 1982). 첫째, 성역할 정체감이 작업역할 정체감보다 더 보편적이고 기본적이다. 둘째, 여성은 전형적으로 여성의 일을 수행하는 것이 편안하다고 느낀다. 셋째, 여성의 경제활동 참여가 최근에 이루어졌기 때문에 남성은 여성을 노동자로서가 아니라 여성으로서(배우자, 연인, 어머니, 딸 등) 상호작용할 기회가 많아졌다. 그러나 Gutek과 Morasch(1982)는 여성의 경제활동 참가율이 높아지면서 남성도 점차 여성을 여성으로서보다는 직장동료로 생각하게 되어 성역할 이월현상은 약화될 것이라고 지적한다.

그리고 그들은 직장 내의 성비율에 따라서 성역할 이월현상의 효과도 다를 것이라고 주장하며, 다음과 같은 사항을 제시한다. 우선 여성이 하는 일은 크게 전통적인 여성의 일(비서, 간호사, 보모 등), 비전통적인 일(기계설비, 경찰 등), 통합된 일(은행원, 보험원 등)로 나누어진다. 특히 성역할 이월은 전통적인 직업군에서 보다 비전통적인 직업군에서 일어날 가능성이 높다. 우선 전통적인 여성직업군에 종사하는 여성은 성희롱에 대한 인식도가 낮고 상대적으로 남성보다 낮은 위치에 있기 때문에 성희롱의 가능성도 증가한다. 한편 비전통적인 직업군의 여성은 현재 하고 있는 일이 성역할과 일치하지 않기 때문에 남성에 의하여 비정상적인 여성으로 취급받거나 아니면 동료로서 보다는 여성으로 취급받는다. 이와 같은 경우, 여성은 전통적인 직업군에 종사하는 여성보다 성희롱에 대한 인식이 높게 나타난다. 통합된 직업군은 성희롱의 발생가능성이 가장 적은 곳이다. 이 영역에 종사하는 여성은 성역할 이월현상을 가장 적게 경험하고 있으나, 성희롱에 대한 인식도는 가장 높다. 왜냐하면, 이 직종에서 작업역할과 성역할은 분리되어 성역할 이월 가능성이 감소되기 때문이다(Sheffey & Tindale, 1992).

성역할 이월모형은 거시적 이념(ideology)에 중점을 두었던 사회문화적 모형이나 직장 내 미시적 권력관계를 규명하였던 조직적 모형에서 간과한 직장과 작업장의 구조적 상황에 따른 성희롱 발생의 원인을 직업별, 작업장별, 작업역할별 성비율로 분석하고 있다(공미혜, 1995). 이러한 장점에도 불구하고 이 모형이 서구 사회에 비하여 아직 여성들의 경제참가율이 월등하게 저조한데다가 취업여성 대부분이 단순, 미숙련직에 종사하는 우리 사회의 실정에 과연 알맞은 것인가? 라는 의문이다. 그러나 표준화된 기준에 의하여 전통적, 비전통적, 통합된 직업군으로 분류할 수 있다면, 직업별, 작업장별, 작업역할별 성비율의 유기적인 관계를 파악할 수 있을 것이다. 이 이론에서 비롯된 몇 가지 예측은 이미 검증되었고, 지지를 받고 있다. 남성지배적인 작업 상황에서 비전통적인 영역에 취업한 여성들은 자신들이 남성 동료들과는 다르게 대접을 받고 있다고 지각하며, 이러한 차별대우는 여성인 자신들에게 향해진 것으로 보고 있었다. 더욱이 이들 여성들은 이러한 대우는 일반적으로 차별에 의한 것으로 간주하였으며, 맥락상 성적인 속성이 내포된 경우, 그 행위를 성희롱으로 간주하였다.

제3절 성희롱의 발생현황

1. 직장(공기업 및 회사)에서 성희롱 발생 현황

1) 공기업 및 직장 성희롱 현황

공기업 및 직장 성희롱 현황의 일면을 가장 잘 보여주는 것이 살아 있는 교과서인 신문이다. 신문은 지금의 현실상황을 가장 적나라하게 보여주며, 시대정신을 반영하고 있는 매체이다. 이 장에서는 통계조사를 기반으로 한 직장 내 성희롱 현황에 대한 신문기사를 참고하였다. 그 내용을 보면 다음 <기사 5-1>과 같다.

〈기사 5-1〉

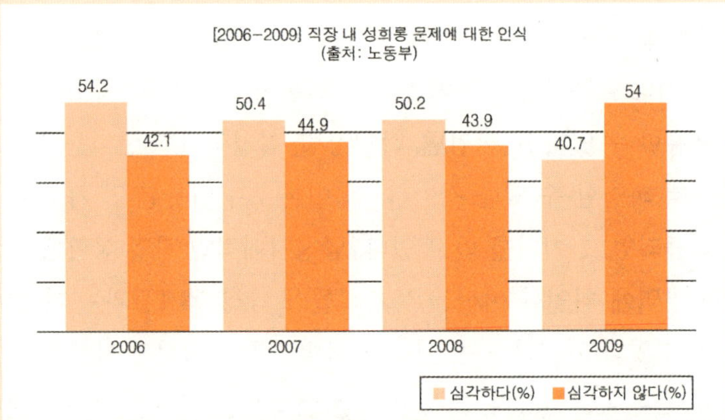

노동부는 최근 만 20세 이상 남녀 1,000명을 대상으로 실시한 <남녀고용평등 국민의식조사>결과를 25일 발표했다. 그 결과 '직장 내 성희롱이 심각하다'는 응답이 40.7%로 지난해(50.2%)보다 10% 가량 감소했다. '직장 내 성희롱이 심각하다'는 응답이 절반 아래로 떨어진 것은 2006년 이후 3년 만이다.

조사결과 응답자의 66.7%는 '과거에 비해 직장 내 성희롱이 줄었다'고 밝혔다. 하지만 고용경험 유무에 따라 '직장 내 성희롱'에 대한 인식은 차이를 보였다. '직장 내 성희롱이 심각하다'는 응답은 고용경험자의 경우 36.8%였지만, 고용무경험자는 52.9%에 달했다.

한편 '직장 내 성희롱 예방교육 경험 여부'를 조사한 결과 75.8%가 교육을 받은 적이 없다고 답했다. '성희롱 예방교육'을 받은 사람은 24.2%에 불과했다. '예방교육'을 받은 응답자 중 72.2%는 '교육이 직장 내 성희롱 예방에 도움이 된다'고 평가했다. 이번 조사는 지난 4일~5일 만 20세 이상 남녀 1,000명을 대상으로 전화설문을 실시했다.

출처 : 2009-03-26, 데이터뉴스

<기사 5-1>의 내용은 직장 내 성희롱 심각성의 감소와 예방교육의 경험 여부에 대한 기사이다. 직장 내 성희롱이 심각하다'는 응답이 지난해 보다 10% 가량 감소했지만, '직장 내 성희롱 예방교육 경험 여부'를 조사한 결과 75.8%가 교육을 받은 적이 없다고 답했다. 또한 예방교육을 받은 응답자 중 상당수는 교육이 직장 내 성희롱 예방에 도움이 된다고 평가 하였다는 내용이다. 성희롱은 지위나 학력의 높고 낮음과는 관계없이 우리 사회의 저변 곳곳에서 넓게 퍼져있는 것이 현실이다. 성희롱이 발생하여 누군가 피해를 입기 보다는 그러한 일을 사전에 예방하는 것이 급선무이지만, 우리 주변에서 어렵지 않게 일어나고 있는 성희롱에 대해 너무도 등한시 하고 있으며 예방에 대한 중요성을 깨닫지 못하고 있는 실정이다.

〈기사 5-2〉

■ 이정선 의원 "실질적인 구제방안 및 바람직한 회식문화 정립돼야"

공공기관 종사자 10명 중 한 명이상이 성희롱을 경험한 적이 있는 것으로 나타나 피해에 무방비한 상태에 노출돼 있다는 지적이 제기됐다.

28일 국회 여성위원회 소속 이정선 의원(한나라당)은 "여성부가 지난해 11월20일부터 12월3일까지 한국사회과학데이터센터에 의뢰한 공공기관 종사자들의 성희롱 실태조사 결과 직장에서 최근 1년간 성희롱을 경험한 적이 있느냐"는 질문에는 11.6%가 '그렇다'고 응답해 공공기관 종사자 10명 중 1명 이상이 해당하는 것으로 드러났다.

특히 성희롱을 당한 경험이 있는 사람의 61.2%가 "불쾌감이 있었지만 그냥 참았다"라고 응답했는데 이들이 그냥 참았던 이유는 가해 대상의 특성에 있었는데 83.9%가 상급자였기 때문인 것으로 나타났다.

또한 주로 성희롱이 발생하는 장소로는 '회식자리'가 57.3%를 차지했고 피해자의 46.6%가 "문제 삼으면 피해자만 손해"라고 응답했다. 현재 이에 대한 '예방교육 실시여부'에 대한 응답은 90.9%로 높았고 '예방인식 변화'에 영향을 미쳤냐는 물음에 88.8%가 그렇다고 응답했다.

이와 관련해 이정선 의원은 "실질적인 구제방안 및 바람직한 회식문화에 대한 정립이 필요하다"고 말했다.

출처 : 2009-10-28 , 메디컬투데이

<기사 5-2>는 성희롱에 따른 실질적인 구제방안 및 바람직한 회식문화 정립의 필요성에 대한 기사이다. 기사에 따르면 공공기관 종사자 10명 중 1명이 성희롱을 경험한 적이 있다고 답하였다. 여기에서 공공기간 종사자도 성희롱 문제에 무방비한 상태로 노출돼 있다는 것을 알 수 있다. 성희롱을 당한 경험이 있는 사람의 상당수는 그냥 참았다고 응답했다. 그 이유는 가해 대상이 대부분 피해자보다 상급자였기 때문이다. 또한 발생 장소가 회식자리인 경우가 많았기에 바람직한 회식문화의 정립이 시급하다고 할 수 있다. 회식자리에서 발생하는 성희롱의 경우, 여성 직원을 직장 동료로 생각하기 보다는 성적 대상으로 보는 시각이 존재하기에 발생하는 일이라고 볼 수 있다. 따라서 인식의 변화를 가져오기 위해 지속적인 예방교육이 필요하다고 할 수 있다.

2) 공기업 및 직장에서 성희롱 발생원인

직장에서 성희롱이 발생하는 원인은 다음과 같다.

- **남성과 여성 간의 성의식 및 태도의 차이** : 같은 사회에서도 남성과 여성이 가지는 문화에는 차이가 존재한다. 그 이유는 남녀를 불문하고 다르게 사회화시키는 과정을 경험하기 때문이다. 이러한 과정에서 서로 다른 문화를 습득하게 되는 여성과 남성은 동일한 상황도 다르게 해석할 수 있으며, 이로 인하여 상호의사소통이 원활하지 못하게 되는 결과를 초래하게 된다. 직장 내 성희롱이 발생하는 요인으로 여성의 경우는 위계적이고 권위적인 직장문화(40.7%), 여성을 성적인 존재로만 인식하기 때문(33.4%)이라고 생각하지만, 남성의 경우는 남성들의 성적인 충동, 욕망(42.9%), 여성의 과다 신체노출(40.3%) 때문이라고 생각한다.
- **전통적, 고정적인 남녀 역할 분업 의식** : 우리사회에는 '남자는 일, 여자는 가정', '남자가 주인, 여자는 종' 이라는 고정적인 성별역할 분업 의식과 여성은 능력이 떨어진다는 고정적인 사고방식이 뿌리 깊게 남아 있다. 출산이나 육아문제를 여성이 대체로 책임져야 한다는 사회적 구조로 인하여 여

성들은 직장생활에서 어려움이 대두된다. 이러한 의식이 직장의 업무분장에까지 영향을 미침으로써 여성을 한 사람의 직업인으로서 인정하지 못하는 전통적, 고정적인 남녀 역할 분업의식이 성차별과 성희롱의 단초가 된다.

- **성차별적이고 권위적인 직장문화** : 여성의 경제활동 참여가 증가하였다고 하여도 직장에서의 남성과 여성의 관계는 아직도 불균형적이며, 직장문화는 아직도 남성 중심적이다. 여직원은 '직장의 꽃'이라는 말이 상징하듯이, 아직도 여성에 대해서는 일자체로 대하는 것이 아니라 성적인 존재로 규정하고 여자다움을 강요하는 경향이 강하다. 따라서 힘을 가진 남성이 피고용인인 여성에게 승진, 임금인상, 고용안정 등을 약속하면서 원치 않는 데이트나 성관계를 요구할 경우, 여성은 불리한 입장에 처하게 된다. 아직도 우리 사회의 저변에는 성차별적이고 위계적인 직장문화가 뿌리 깊게 자리 잡고 있고, 이로 인하여 성희롱이 발생한다.
- **성희롱은 사소하고 개인적인 문제라는 잘못된 인식** : 일반적으로 성희롱은 사소하고 개인적인 문제라는 인식이 있다. 그러나 성희롱은 사회참여 및 업무 생산성을 떨어뜨리는 요인이 될 뿐만 아니라 해당 기관이나 사업장 전체의 업무효율성 및 기업 이미지를 떨어뜨리고 문제를 해결하기 위한 사회적 비용을 가져옴으로써 국가적 손실을 야기하기도 한다. 그렇기 때문에 성희롱에 대한 문제를 개인의 일로 방치하는 잘못된 인식으로 인하여 또 다른 성희롱이 발생한다.
- **성희롱 기준에 대한 남성과 여성 간의 생각 차이** : 여성공무원 5,838명을 대상으로 연구한 여성부의 연구결과에서 '성적인 농담이나 가벼운 신체 접촉은 직장생활의 활력소가 된다?' 라는 물음에 성적인 농담이 직장생활의 활력소가 될 수 없다고 인식하고 있는 응답자가 95.7%를 차지하였다. 피해자의 입장에서 본다면 성희롱은 결코 직장생활의 활력소가 되는 것이 아니라 오히려 불쾌감, 수치심, 모욕감, 분노 등의 정신적인 피해를 가져온다. 결국 성희롱은 직장생활의 활력소가 아니라, 노동할 권리를 빼앗고 건강한 직장문화 조성에 악영향을 끼칠 뿐만 아니라 경제적인 불이익을 가져오는 행위인 것이다. 또한 성희롱 기준에 대해서도 인식의 차이가 발생한다. 주로 가해자의 경우, 성희롱 의도는 없으며 단지 친밀감의 표현일 뿐이고 말하지만, 성희롱을 당한 피해자는 성적수치심 및 굴욕감을 느끼는 경우가 많다. 성희롱을 규제하는 두 법인 '남녀차별금지 및 구제에 관한 법률'과 '남녀고용평등과 일 · 가정 양립지원에 관한 법'에서 성희롱을 할 의도가 있었는지, 없었는지는 판단기준이 되지 않는다. 가해자의 의도와 상관없이 피해자의

느낌과 영향이 판단기준이 된다. 성희롱을 친밀감의 표현으로 보는 것은 인간관계를 무시한 자의적이고 일방적인 판단일 뿐이다. 남녀 모두가 평등하고 건강한 직장문화를 만들기 위해서는 상대방의 느낌과 감정이 우선적으로 배려되어야 한다.

■ 성희롱 신고의 어려움 : 한국형사정책연구원의 연구에 의하면 우리 사회 성폭력 사건의 신고율은 6.1%에 불과하다. 이렇게 낮은 신고율은 가해자에게 면죄부를 주게 되어 성폭력 사건의 재범률을 높이는 결과를 초래한다. 결국, 피해를 입고도 아무 일 없었던 것처럼 태연하게 행동한다면 가해자는 피해 당사자뿐만 아니라 다른 사람들에게도 성희롱을 다시 할 수 있는 여지를 주게 되는 것이다. 그러므로 '성희롱은 무시해 버리면 상책'이라는 통념은 오히려 성희롱 가해자를 양산하는 역할을 하게 된다.

2. 학교현장과 성희롱 발생현황

1) 교육기관 성희롱 현황

대표적인 공공기관 중 하나인 교육기관도 성희롱의 안전지대일 수 없다. 교육기관 중에서 특히 중등교육기관과 고등교육기관을 중심으로 성희롱과 관련된 기사를 분석해 보았다. 교육기관에서 발생하는 성희롱의 유형을 분류하면, 교생 성희롱, 학생 성희롱, 회식 자리에서 여교사 성희롱 등이 있다. 이와 관련된 신문기사는 다음 <기사 5-3>과 같다.

〈기사 5-3〉

■ "실습 나온 교생을 성희롱……."

안양의 한 고등학교 남자 교사들이 실습 나온 교육실습생(여대생 4학년 3명)들에게 술자리를 거부할 경우 'F학점을 주겠다며 술자리와 노래방에 동석시켜 강제로 술을 먹게 하고, 거부의사를 밝혔는데도 볼에 뽀뽀를 하거나 엉덩이에 손을 대고 안아 올리는 등 집단 성추행을 한 사실이 알려져 충격을 주고 있다.

30일 경기도교육청 등에 따르면 안양 A고 B교사 등 4명의 교사들은 지난달 6일 오후 이 학교에서 실습을 받기 위해 3월30일부터 근무 중인 여성 교육실습생 3명을 불러내 회식자리를 가졌다. 이들은 지도교사의 요구로 1차 회식 장소인 화로구이 집에 가 교육실습과 특별한 연관이 없는 교사 3명과 자리를 했으며 처음부터 교사들 옆자리에 앉게 한 뒤 러브 샷은 물론 억지로 술을 마시게 하거나 일부교사는 연예인을 빗댄 농담을 일삼는 등 부적절한 발언을 서슴지 않았다.

또 담임지도교사는 2차 장소로 잡은 노래방에 가기 싫다는 교생들에게 "여기서 가버리면 실습 학점을 엉망(F학점)으로 주겠다고 반 협박을 해 집에 못 가도록 막기도 했다. 특히 노래방에 들어선 이들 교사들은 교생들에게 러브 샷과 블루스를 추도록 하거나 볼과 손에 뽀뽀를 하고, 몸을 들어 안는가하면 엉덩이에 손을 받쳐 들어 올리는 등 사실상 성추행을 저질렀다.

이 과정에서 교생들이 "우리가 지금 접대하는 것이냐"고 강하게 항의했으며 지도교사는 "이 자리는 선생님(교생)들을 위한 자리"라고 변명하며 못마땅해 했다. 이 같은 사실은 피해 교생들이 다음날 자신들이 다니는 대학 교수들과 상담하는 과정에서 드러났으며 대학 측이 고교에 강력 항의한 것으로 알려졌다.

취재진과의 직접적인 인터뷰를 거부한 해당교사 B씨 등은 이 학교 교감을 통해 "학교의 처벌을 수용하겠다. 자숙하고 반성하고 있다"면서도 "잘못은 인정하지만 전해진 사실과 일부 다른 부분도 있다"는 입장을 전했다.

이 학교 교장은 "사건이 빚어진 뒤 곧바로 진상조사에 나서 B교사 등이 교생들에게 한 부적절한 사실들을 확인했으며 조만간 징계위원회를 열어 조치할 예정"이라고 말했다. 피해 교생이 재학 중인 C대학의 한 교수는 "지도하는 학생이 이런 불미스러운 일을 겪게 돼 유감스럽다"며 "학교 측에 요구한 대책 중 징계결과에 따라 다른 대학과 공조해 대응할 예정"이라고 말했다.

출처 : 2009/05/02, 경기일보

위의 기사는 교생실습을 나온 대학생들을 학점을 미끼로 협박하여 강제적으로 성추행을 일삼은 지도교사에 관한 사건내용이다. 아이들을 직접 가르치는 교사의 경우 더 높은 윤리수준을 요구하는데 이러한 사람들이 실습 나온 학생들을 학생이 아닌 성적인 대상으로 보았다는 것에 대해 깊은 우려가 앞선다. 이러한 교사들이 학생들에게 또 다른 상처를 줄 수 있는 행동을 저지르지 않는다는 보장이 없으며, 가벼운 솜방망이 처벌이 아닌 무거운 벌을 내려야 할 것이다. 우리 사회의 교육자에 대한 불신을 없애기 위해 성범죄에 있어 어느 누구도 안전지대는 없다는 것을 명심하고 교육자에게는 어느 위치이거나 가해자에 대한 제재가 강화되어야 한다.

〈기사 5-4〉

■ 고법(高法) "회식자리 "술따르라" 성희롱 아니다"

회식자리에서 남자 교사가 여교사에게 술을 따르라고 강요한 행위에 대해 여성부는 성희롱에 해당한다고 본 반면, 법원은 1심과 항소심에서 모두 "성희롱으로 볼 수 없다"는 판단을 내렸다.

김모씨(54)는 경북의 한 초등학교에 지난 2002년 9월 교감으로 부임하고 며칠 뒤 이 학교의 교장, 남녀 교사들과 회식을 가졌다. 이 자리에서 김씨는 2차례에 걸쳐 여교사들을 대상으로 교장에게 술을 따를 것을 권했고, 여교사 가운데 최 모 씨(31)를 제외한 두 명의 여교사들은 권유를 받아들였다.

그러나 최씨는 "술을 따르라"는 강요에 성적 굴욕감을 느꼈다며 여성부에 시정신청을 냈다. 김씨는 이 일로 2003년5월 성희롱결정과 함께 시정권고 처분을 받았다. 이에 김씨는 이 같은 처분을 취소하라며 재판을 청구해 1심에서 승소했다. 여성부는 이 같은 판결이 잘못됐다며 항소했지만 항소심 재판부인 서울고법 특별11부(재판장 김 이수 부장판사)도 26일 원심대로 "여성부는 김씨에 대해 내린 성희롱 결정 처분을 취소하라"고 판결했다. 1심 재판부는 "김 씨는 회식장소에서 부하직원이 상사로부터 술을 받았으면 답례로 상사에게 술을 권해야 한다는 차원에서 그렇게 한 것으로 보인다."며 "다른 여교사들이 술을 따르라는 취지의 말에 대해 성적인 굴욕감 또는 혐오감을 느끼지 않았다고 진술하고 있는 점을 고려할 때 김 씨의 언행이 풍속 또는 사회질서에 반한다고 보기 어렵다"고 설명했다.

항소심 재판부도 기본적으로 이 같은 1심 판결이 옳다고 판단했으며, "남여차별 결정 및 시정 권고는 행정소송의 대상이 되지 않는다."라는 여성부의 주장에 대해서는 "성희롱 결정은 김 씨의 인격권에 대한 직접적인 침해를 초래할 가능성이 있어 행정처분에 해당되며, 시정 권고 또한 이와 불가분의 관계에 있기 때문에 행정소송 대상으로 봐야한다"고 밝혔다.

출처 : 2005.05.26, 머니투데이 경제신문

위의 <기사 5-4>를 요약해 보면 학교 회식자리에서 높은 지위에 있는 교장이 여교사들에게 술을 따를 것을 권하였고, 이에 대해 몇몇 여교사들은 '성적 굴욕감을 느꼈다'며 여성부에 시정신청을 하였다. 그러나 항소심에서 서울고법은 술을 따르라는 권유에 성적인 의도가 없다면 이것은 술을 주고받는 과정상의 일부이지 성희롱으로 보기 어렵다는 내용이다. 이 기사가 보여주는 것은 성희롱의 법적 처벌의 기준이 불명확하다는 것이다.

이 판례에 따르면 술따르기를 권한 사람과 그 말을 들은 사람이 모두 성희롱적인 의도와 그에 대한 성적 굴욕감이나 혐오감을 느껴야 성희롱으로 인정된다는 말이다. 그러나 사람의 의도라는 것이 다분히 주관적임에 비추어볼 때, 성희롱 문제에 있어서 성적 수치심이나 모욕감을 느낀 피해자만 있을 뿐, 가해자는 존재하지 않는다. 이것은 성희롱의 기준이 무엇인지에 관한 구체적이고 체계적인 논의가 마련되어 있지 않아서 발생하는 문제이다.

2) 교육기관에서 성희롱 발생원인

교육기관에서 발생하는 성희롱의 원인을 여성부가 주관한 실태조사를 중심으로 분석해 보았다. 여성부에서는 2004년 11월 17일부터 12월 11일까지 전국 중 · 고등학생 및 초 · 중 · 고 교사 2000여 명을 대상으로 '초 · 중 · 고등학교 남녀차별 및 성희롱 실태조사'를 실시하였다. 그 결과에 따른 원인 분석은 다음과 같다.

- **인식의 문제** : "성희롱을 문제 삼으면 결국 당한 사람만 손해 볼 뿐이다"라는 답변에 무려 41.8%의 학생들이 피해자가 성희롱에 대처하는 것이 '손해'라고 답했다. 학생들은 성희롱의 발생이 피해여성의 책임보다는 사회의 의식과 제도에 큰 원인이 있다고 인식했다. 여성이 성희롱의 피해를 입는 이유에 대해서는 '남자들이 여자를 무시하는 풍조 때문(35.0%)'이라고 말했다. 이에 대해서는 남학생과 여학생 모두 같은 반응을 보였다. 다만 세 번째 이유로 남학생이 '성희롱을 당하는 여자의 복장이나 행동에 문제가 있어서(18.7%)'라고 답한 반면, 여학생들은 '남자들이 성희롱 행위를 잘 구별하지 못해서(11.5%)'라고 답해 차이를 보였다.
- **가해자 처벌 미약** : '성희롱이 발생하는 이유는 무엇이라고 생각하는가'에 대한 질문에 대하여 학생들은 '성희롱은 가해자에 대한 처벌이 미약하기 때문이다(70.3%)' 라고 답했다. 성희롱의 법적인 처벌 기준이 불명확하고, 만약 성희롱을 입증하여 가해자를 처벌한다고 하여도 그 처벌 수준이 미약한 수준이다.
- **성희롱 대처방안에 대한 교육과 실제적인 도움을 줄 수 있는 제도 미흡** : 성희롱이 발생한 이후의 대처방법에 대해서는 '그냥 참았다'가 43.4%로 가장 높게 나타나 학생들의 성희롱 피해 이후 대처방안에 대한 교육과 실제적인 도움을 줄 수 있는 제도 마련이 시급한 것으로 나타났다. 또한 사정이 이와 같음에도 불구하고 전문성을 갖춘 성교육이 이루어지지 않고 있다. 177명의 성교육 담당교사 중 성교육 직무연수를 받지 않은 교사가 79명이나 되었고, 외부전문강사를 초빙해 성교육을 실시한 학교도 3년간 8개교에 불과하다.
- **학교 및 교육 당국의 피해 발생 방치** : 초등학교 인근에서 성추행 사건이 잇따라 발생하고 있음에도 불구하고 교육당국이 사건을 은폐하거나 '쉬쉬'하면서 또 다른 피해 발생을 방치하고 있는데 원인이 있다. 또한 학교 내에서 일어나는 성희롱에 대해서도 학교 및 교육 당국의 안일한 대처와 무관심한 처사가 성희롱의 발생을 높이고 있다.
- **사회적 환경** : 교사들은 '음담패설(15.8%)' '회식자리에서의 술따르기 강요(13.7%)' '외모에 대한 성적인 비유나 평가(12.7%)' 등의 성희롱을 겪었다고 응답했다. 성희롱의 원인에 대해서는 '남성들의 성희롱에 대한 무지(56.4%)'와 '남성이 여성을 무시하는 풍조(19.6%)' 등 사회적 환경을 우선으로 꼽았다.

제6장

성희롱 피해의 영향과 피해자 대처행동

제1절 성희롱 피해와 영향

성희롱이 발생하면 피해당사자의 피해는 물론 학교를 포함한 조직 전체에도 부정적인 영향을 미친다. 이에 추가하여 성희롱은 사회와 국가적인 측면에서도 바람직하지 않는 문화적, 경제적 손실 등을 초래할 수 있다. 다음에서 성희롱 피해의 영향을 개인적 측면, 조직적 측면, 사회 · 국가적 측면으로 나누어 약술한다(장필화 · 김정희 · 안연선 · 이영선 · 이미경, 1995).

1. 개인적 측면에서의 피해와 영향

성희롱 피해로 인하여 개인이 받는 피해와 영향은 정신적 · 육체적 후유증, 자존감의 상실과 자기비하, 학업(업무)능력의 저하, 자진하여 학교(조직)를 그만두는 행위, 학업(업무)상 불이익과 부당대우, 해고 등과 같은 피해를 가져올 수 있다.

1) 정신적 · 육체적 후유증

성희롱에 대한 국내 · 외 선행연구들은 성희롱 피해자들이 개인적 차이는 있지만, 특정한 종류의 정신적, 육체적 후유증을 겪을 수 있음을 보고하고 있다. 정신적 후유증은 분노, 공포, 우울증, 걱정, 불안, 자존심의 손상, 모욕감, 당혹감, 수치심 및 소외감, 무력감, 불안정감 등을 포함한다. 그리고 육체적으로 두통이나 식욕 상실, 위장관계의 병변, 불면증, 체중감소, 울기 등을 경험한다(Commission of the European Communities, 1990 : 17; Russell, 1984, Stanko, 1985, 장필화 외, 1995에서 재인용). 실제로 심층면접 과정에서 여성들은 성희롱의 경험을 '불쾌하다', '슬

꼈다', '비참하다', '놀랐다', '기가 막혔다', '울었다', 등과 같은 부정적인 경험으로 표현하였다. 뿐만 아니라 이와 같은 심리적, 육체적 스트레스의 누적은 '울화병'이나 '위장병' 등 보다 심각한 육체적 후유증으로 나타나기도 한다.

2) 자존심의 상실과 자기비하

성희롱으로 인한 정신적, 육체적 스트레스는 여성의 자존심을 상실시키고 자기비하를 내면화 시킨다. 특히 여성다움을 깊이 내면화한 여성일수록 성희롱의 경험으로 인한 분노나 불쾌감을 상대방에게 표현하기 보다는 그 자체를 자신의 탓으로 자책하거나 안으로 삭이려고 노력하게 된다.

3) 학업(업무)능력의 저하, 자진 휴직(학)이나 사퇴 행위

성희롱으로 인하여 정신적, 육체적 스트레스와 그것으로 인한 자존심의 상실이나 자기비하 등과 같은 노동자(학생)로서 여성의 업무(학업)수행의 의욕 저하나 능력의 저하를 가져온다. 이와 같은 피해의 영향은 성희롱으로 인한 심리적 영향이 무관심하게 일을 처리하게 하고 업무(학업)에서 빠져나가려고 눈치만 보게 되는 업무의욕 저하를 가져올 수 있다. 성희롱으로 인하여 발생되는 업무의욕의 상실과 능력의 저하는 직장(학업) 자체에 의미를 잃게 하여 직장을 그만두게 하는 극단적 결과까지 초래한다.

4) 업무(학업)상 불이익과 부당대우, 해고 등의 피해

정신적, 육체적 피해나 자존심의 손상, 업무수행 능력의 저하나 자진사퇴 등이 소위 환경형 성희롱의 피해라면, 특정 개인을 대상으로 성희롱과 관련하여 발생하는 업무상의 불이익이나 부당대우, 해고 등은 고용 조건형 성희롱의 유형이다. 이와 같은 유형은 일반적으로 피해 여성이 성희롱에 대하여 거부의사를 표시하거나 항의를 하는 경우에 표면화된다. 경우에 따라서는 성희롱에 대한 항의나 거부로 인하여 부서 이동, 전직, 해고 등의 조처를 당할 수도 있다. 특히 개인기업, 또는 소규모의 사업장에서 근무하는 여성의 경우에는 성희롱으로 인한 직접적인 불이익을 받을 가능성이 더욱 높을 것으로 추정된다.

2. 조직이 받는 피해와 영향

성희롱은 건전한 대학(직장)문화의 형성을 저해하는 중요한 요소 가운데 하나이다. 보통 남성들은 성희롱을 '분위기를 좋게 하는 농담이나 장난', 또는 '유머나 친밀감의 표현', 심지어는 '직장생활의 활력소'라고 생각하기도 한다(장필화 외, 1995). 그러나 학교생활, 또는 직장생활에서 서로를 동등한 인격체로 존중하고 따뜻하게 배려하며 친절하게 대우하는 행위와 상대방을 비하하고 농담의 대상으로 격하시키고 불쾌하게 하는 행위는 분명히 구별된다. 전자는 바람직한 학교(직장)문화를 형성하는 필수요소이다. 그러나 후자는 명백히 성희롱으로 오히려 바람직한 학교문화를 저해한다. 그리고 경제적인 측면에서도 성희롱은 상당한 손실을 초래하는 것으로 보고되고 있다. 외국의 많은 연구결과는 직장 내 성희롱이 생산성 및 효율성의 저하, 높은 이직율 등으로 인한 다양한 형태의 비용을 초래하는 것으로 밝혀지고 있다.

3. 사회국가적 측면에서의 손실

성희롱으로 인한 사회・국가적 손실을 양적으로, 또는 객관적으로 측정하고 평가하기는 쉽지 않다. 그러나 성희롱이 여성 개인이나 직장(학교)에 미치는 부정적인 영향을 고려하면, 사회 · 국가적 손실도 피할 수 없는 결과일 것이다. 성희롱은 인간의 가장 기본적인 인권과 평등을 침해하는 문제이며, 여성인력의 활용을 심각하게 저해한다는 점에서 실질적으로 사회 · 국가적으로 막대한 손실을 초래할 수 있다.

제2절 성희롱 피해자의 대처행동과 요인

성희롱에 대하여 피해자가 어떻게 대응하는가는 중요하다. 그 이유는 이러한 반응은 피해자, 또는 피해자가 소속되는 조직에 의하여 야기될 수 있는 피해의 정도에 영향을 미치기 때문이다. 또한 성희롱에 대한 피해자 반응은 성희롱을 조직의 관련부서나 관련당사자에게 보고할 경우 조직이 보일 반응에 대한 믿음에 좌우되기 때문에 피해자와 그 조직의 반응은 독립적으로 고려될 수밖에 없는 관계의 것이다. 성희롱은 성에 기초한 학대(gender-based abuse)의 연속선상에서 개념화가 진행되었으며 신체적, 또는 성적인 추행 및 폭력과 관련이 있다(Hamilton, Alagna, King, & Lloyd, 1987, 김정인, 2000에서 재인용). 성적 학대는 굴욕적인 문제이기 때문에 대부분의 피해자는 이 문제의 공개를 꺼린다. 때때로 이러한 상황은 장기간 지속되며 이것은 권력의 남용과 신뢰에 대한 배신감으로 연결된다. 만일 책임 있는 관계 당국이나 해당기관에 손해배상을 청구할 경우에는 마지막으로 법적 체계에 의하여 다시 상처를 받게 된다.

성희롱은 경제적 상태, 직업적 안녕, 개인건강, 대인관계 등에 직 · 간접적으로 영향을 미친다. 이러한 점에서 다른 성적 피해와는 다르다. 여러 가지 요인들이 학교를 포함한 조직에서 성희롱을 당한 피해자들의 반응에 영향을 미친다. 이들 다양한 요인을 구체적으로 살펴보면 다음과 같다(김정인, 2000).

첫째, 성희롱에 대한 반응은 성희롱의 심각성 정도에 따라서 다르다. 모든 성희롱이 하나 같이 심각한 것은 아니다. 성희롱에 대한 반응은 가끔 발생하면서 강도가 심한 것과 약한 것, 단지 우연히 일어난 것과 장기간 지속된 행동양식 등과 같이 모든 유형을 포괄하고 있다.

둘째, 성희롱에 대한 반응은 피해자를 지지하는 환경에 따라서 다르게 나타난다. 우호적인 조직 환경에서 피해자들은 자신들의 문제를 다른 사람들과 상의 · 상담할 가능성이 많지만, 부정적인 환경에서는 직접적인 반응을 망설인다.

셋째, 성희롱은 대부분 많은 사람들의 재정적 근원인 직장에서 발생하기 때문에 피해자들은 자신들을 희롱하고 성적으로 괴롭히는 사람들이 보복할 지도 모른다는 두려움 때문에 피해사실을 밝히기를 꺼린다. 성희롱을 관련부서나 담당자에게 보고했을 경우, 피해자는 피해와 관련된 보상을 받지 못하는 부조리한 상황이 발생할 수도 있다는 사실을 당연하게 받아들이고 있는 현실은 불행한 일이다.

넷째, 성희롱은 피해자들에게 자기-존중감 상실, 자기비하, 우울증 등과 같은 다양한 심리적 상처를 줄 수 있기 때문에 피해자는 자신들의 대처기제(coping mechanism)를 가장 필요한 시기에 적절하게 활용할 수 없다는 것이다.

다섯째, 대부분의 성희롱은 계속하여 전개되는 일련의 연속적인 사건으로 구성되어 있고 피해자가 성희롱에 어떻게 대처하는가는 성희롱이 얼마나 오랫동안 일어났는가, 얼마나 자주 발생했는가, 그리고 성희롱을 중지시키기 위하여 어떤 시도를 했었는가에 따라서 달라질 가능성이 많다. 성희롱에 대한 피해자의 대처 반응에 대한 대부분의 연구가 성희롱의 역동적인 속성에 대하여 주의를 기울이지 않고 있다. 이와 관련된 종합적인 연구가 필요하다.

제3절 피해자 대처행동의 유형

성희롱 대처행동에 대한 결정은 개인의 주장성(assertiveness)과 많은 관련이 있으며, 인식된 절차적 정의와도 많은 상관이 있다(Adams-Roy & Barling, 1998). 조직에서 근무하는 사람을 대상으로 조사한 연구에 의하면, 대부분의 성희롱을 당한 피해자는 '가해자에게 그만 두라고 말한다'라고 대답했다(Dunwoody-Miller & Gutek, 1985, 김정인, 2000에서 재인용). 또 다른 연구결과는 53%에 이르는 사람들이 가해자와 '대화'를 통한 해결책을 모색할 것이며, 피해자 스스로 성희롱 문제에 슬기롭게 대처할 수 있을 것이라고 믿었다. 이와 같이 대부분 사람들은 성희롱은 개별적으로, 즉 성희롱을 당하는 사람에 의해서 처리될 수 있거나 처리되어져야 하는 문제라고 믿고 있다. 그러나 성희롱을 하는 사람에게 달갑지 않은 행동을 그만두라고 말하는 것만이 피해자가 취할 수 있는 유일한 대처반응은 아니다. 어떤 경우에는 조직에서 성희롱을 가하는 가해자가 한 명이 아니라 여러 명이 한꺼번에 성희롱을 하기도 하거나 위협적인 환경을 조성하기도 하고, 벽에 외설적인 사진들을 걸어두고 나쁜 소문을 퍼뜨리기도 한다. 이러한 상황에서는 주위사람들에게 기분 나쁜 행동을 그만 하라고 말할 수 있는 사람은 거의 없다.

일반적으로 성희롱에 대한 연구를 종합하면, 성희롱에 대한 피해자의 대처반응은 [그림 6-1]과 같이 간접대응-직접대응, 개인적 시도-제3자 개입 등 두 개의 축으로 하는 이원 도식으로 제시될 수 있다(김계현 외, 2005; 김정인, 2000; 이혜은, 1998; Gutek & Koss, 1993). 성희롱 대처반응에 관한 도식에서 하나의 축은 성희롱 관련 문제를 경험할 경우, 혼자서 대처하려는 '개인적 시도'와 상담자, 감독자, 의사, 배우자, 동료, 또는 외부 중재인이나 인권위원회, 법률기구와 같은 관련 단체 등의 외부인을 포함시키려는 시도로서 '제3자 개입'으로 나눌 수 있다. 다른 한

축은 무시하기, 피하기, 달래기 등과 같은 '간접대응'과 가해자에게 직접적으로 맞서는 '직접대응'으로 구분할 수 있다.

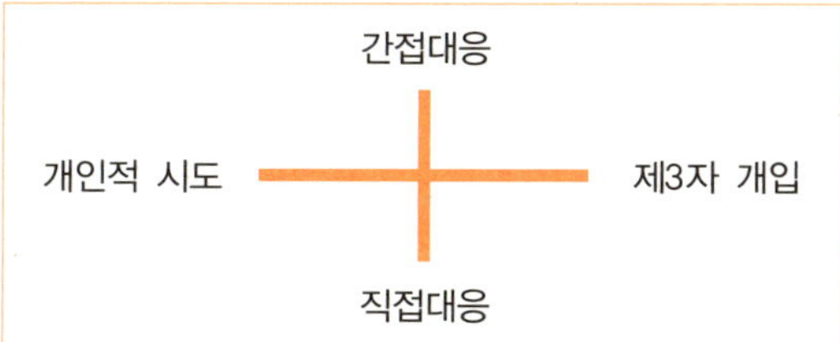

[그림 6-1] 성희롱 대처반응의 이원 도식

개인적 차원에서의 대응은 주로 피해자가 가해자에게 성희롱을 중지하라고 이야기하는 것이며, 간접적인 형태는 가해자에게 성희롱에 관하여 (비)언어적으로 모호한 표현을 함으로써 성희롱 행동에 대하여 불쾌감을 표시하는 것이다. 그리고 제3자 개입의 조직적 차원에서의 대처행동은 성희롱에 대한 전문적인 지식이 있거나 사회적으로 승인을 받은 사람의 중개 역할을 통하여 보다 강한 제재를 취할 수 있는 비공식적 차원의 대처방식과 성희롱의 심각성이 크다고 판단되고 강력한 제재를 가하지 않으면 그로 인한 피해가 크다고 판단되는 경우에 사용하는 공식적 차원의 대처방식이다. 이러한 공식적 차원의 대처방식은 가해자 및 피해자의 신분이 노출될 수 있으며, 경제적 비용도 상당히 들어가는 형태의 대응방식이다. 따라서 일반적으로 이러한 공식적인 절차를 활용하지 않으려 하게 된다.

성희롱에 대한 피해자의 대처반응을 개인적 차원-직접반응과 간접반응-과 제3자의 지원을 받는 조직적 차원-비공식적 반응과 공식적 반응-으로 나누어 종합하면 다음과 같다

1. 개인적 차원의 대처반응

1) 직접반응

- 공식적인 고소를 하거나, 혹은 성희롱 관련 부서나 단체에 보고하는 경우로서 매우 드물게 나타난다.
- 일반 사람들은 성희롱에 대한 직접적인 반응이 간접적인 반응보다 더 효과적일 것이라고 생각하고 있지만, 실증적인 연구에서는 이와 같은 기대를 반박하고 있다.
- 많은 피해자는 가해자에게 성희롱을 중지할 것을 요청한 결과로 지속적인 성희롱 경험과 아울러 실제로 있었건, 혹은 지각된 것이건 앙갚음을 경험하였다고 보고하였다.
- 성희롱을 보고한 많은 피해자는 조직(직장, 학교)에서 자신들의 상황이 더 악화되었음을 경험할 뿐만 아니라, 이들은 정신적 및 신체적인 건강 관련 결과에 대하여 더 위험한 상황에 빠지는 것으로 밝혀졌다.
- 많은 연구는 전통적인 성역할 태도의 정도, 희롱의 심각성, 혹은 피해자가 자신을 책망하는 정도 등이 피해자가 확고하게 반응하는 정도에 영향을 미친다는 사실을 보고하고 있다.

2) 간접반응

- 성희롱 초기에 피해자가 보일 수 있는 가장 일반적인 반응은 성희롱을 무시하는 것이다.
- 많은 연구는 피해자가 성희롱을 농담이나 장난 정도로 받아들이거나 가해자가 자신의 사회생활에 대한 관심을 말로 표현한 것이라고 생각함으로서 성희롱 문제를 너무 포괄적으로 개념화하

거나 사소하게 취급하고 있다고 보고하고 있다.

- 피해자는 가해자가 직장에서 쫓겨 날까봐, 혹은 그의 가족들이 고통을 받을까봐 두려워하기도 한다. 보복, 혹은 앙갚음의 두려움은 근로자들과 학생들이 성희롱에 대하여 간접적으로 반응하는 주요 이유가 될 수도 있다.

2. 조직적 차원의 대처반응

1) 비공식적 반응

- 우리나라에서는 성희롱 연구의 역사가 짧기 때문에 신고된 사건의 조사, 처리 건수가 외국에 비하여 많지 않다.
- 실제 공식적인 처리 건수가 많지 않음에도 불구하고, 상담실무자들은 상담 그 자체나 예방교육보다 사건의 조사처리 과정에서 가장 큰 고충을 느끼고 있었다.
- 비공식적인 절차를 통한 문제해결의 가능성은 피해자에게 해결방법의 다양화에는 도움이 되지만, 피해자의 입장과 무관하게 문제해결의 주된 수단으로 사용되는 일이 없도록 경계해야 한다.

2) 공식적 반응

- 공식적 기구를 통한 사건의 해결과정에서 구체적인 조사는 몇몇 전문위원이나 상담실무자에게 위임되는 경우가 많다. 조사소위원회를 구성할 때는 보통 3~5인이 참여하며, 사건의 성격에 따라서 구성원을 정하되 필요한 경우에는 법률가, 의료인이 포함되기도 한다.
- 실제로 조사과정에서 사건 당사자뿐만 아니라 증인 등의 진술을

청취해야 할 경우가 많지만, 피신고인들이 조사를 거부할 경우에는 현실적으로 강제할 권한이 없으며, 특히 외부인의 경우에는 조사 자체가 불가능할 수도 있다.

대학에서 성희롱과 관련하여 외국의 경우에는 (비)공식적 절차가 마련되어 있지만, 그 활용도는 매우 낮은 것으로 보고되고 있다(이혜은, 1998). 이와 같은 이유는 사회 · 문화적 요소가 작용하기 때문에 이러한 통로를 거쳐서 문제를 해결하고자 하는 피해자에게 주어지는 사회적 비난과 비지시적 태도가 만연되어 있기 때문에 그러한 통로가 마련되어 있다고 하더라도 실질적으로 거의 그 활용도가 낮은 상태에 있다. 또한 이들 기구를 형성한 것도 남성위주이기 때문에 남성 위주의 시각에서 성희롱을 해결하려고 하는 것도 대부분의 피해자인 여성이 (비)공식적 대처반응이 비효과적일 것으로 생각한다(Livingston, 1982).

따라서 성희롱의 피해자들은 그들의 성희롱에 관한 사실을 보고하면, 무시되거나 농담으로 여겨지게 된다고 생각한다. 그들은 피해자들의 이야기를 귀담아 들으려고 하지 않으며, 사람들의 이러한 반응에 다시 수치심과 당혹감을 느끼게 된다. 그리고 이와 같은 문제를 일으킨 것은 피해자 스스로의 잘못이라고 스스로를 비난한다. 따라서 일반적으로 이와 같은 피해자가 가장 흔히 사용하는 대처양태의 유형은 개인적 대처방식이다. 개인적 대처방식은 회피(avoidance), 완화(defusion), 조정(negotiation), 직면(confrontation)의 4가지 대응형태로 나눌 수 있으며, 이들은 하나의 연속선상에 놓여 있다(Maypole, 1986).

성희롱 대처행동에서 회피는 가장 자기주장적이지 못한 형태로서 성희롱에 관하여 무시하거나 아무런 행동도 취하지 않는 것으로 수동적인 반응을 보이는 것이다. 완화는 회피보다는 좀 더 자기 주장적이긴 하지만 성희롱에 의한 갈등 요인을 줄이기 위하여 농담으로 받아 준다거나 태연한 척하는 행동을 보이는 것이다. 조정은 완화보다는 자기주장적인 대처형태에 속하는 것으로 성희롱을 발생시킨 사람에게 그러한 행동을 중단해 주기를 '요구(asking)'하는 것이다. 그러나 이러한 요구는 피해자의 관점에서 성희롱이라고 판단하고 가해자에게 부탁하는 어조를 나타내기 때문에 성희롱에 대한 객관적인 인식을 할 수 없을 경우에 쓰이는 대처양식이다. 마지막으로 직면은 문제 상황에 대하여 적극적으로 대처하고자 하는 경우에 사용되는 방식이다. 성희롱의 대처형태는 회피, 완화, 조정, 직면의 순서로 개인이 취할 수 있는 대처형태의 적극성 및 강도가 높아지는 성향이 있다(Gruber, 1989).

다음 <표 6-1>은 성희롱에 대한 개인적 대처행동의 특성에 대한 요약이다.

〈표 6-1〉 **성희롱에 대한 개인적 대처형태의 특성**

대처형태		특성 요약
회피	불식(non-recognition)	• 성희롱을 유발시킨 사람과의 상호작용에서 상대방의 말을 맞대응하지 않고 무시하거나 가치를 두지 않음으로써 자신을 성희롱 상황에 개입시키지 않는 행위이다. • 이와 같은 경우에도 피해자는 가해자에 의하여 심리적으로 불쾌감을 느낄 수 있으며, 가해자의 언행이 다른 사람을 불쾌하게 만들 수 있다는 사실을 알지 못한다.
	차단(obstruction)	• 성희롱을 유발하는 사람이 다시 성희롱을 유발하는 경향이 있다고 인식한 상태에서 취하게 되는 행동으로, 성희롱을 유발시키는 사람이 있는 곳이나 상황에 속하지 않으려고 하는 것이다. • 가해자의 행방에 대하여 지속적인 정보를 가지고 있어야 하는 심리적 부담을 크게 느끼게 되는 대처형태이다.
	퇴각(self-removal)	• 성희롱을 유발하는 사람을 피하기 위하여 가해자의 행동반경이나 생활반경에서 벗어나려고 하는 행위를 말한다. • 이러한 행동은 피해자 중심이 아니라 가해자 중심으로 되는 것이기 때문에 피해자는 전적으로 자신을 포기하는 경우가 된다. • 대학의 경우에는 전학이나 전과 등이 가장 대표적인 예이다.

〈표 6-1〉 성희롱에 대한 개인적 대처형태의 특성 (계속)

대처형태		특성 요약
완화	가장 (pretension)	• 성적 농담을 하는 사람과 함께 같이 농담을 하는 척하는 대처형태이다. • 성희롱에 유연하게 대처하는 방식이기는 하지만 피해자라고 생각되는 사람의 진심은 편안한 것이 아니라 불편한 상황에 놓여 있다. • 이러한 대처방식은 피해자에게 더 심한 고통을 줄 수 있는 위협이 따르는 대처방식이다.
	조언/지지 구하기	• 동료, 가족, 친구 등에게 조언이나 지지를 구함으로써 피해자는 자신이 가졌던 심리적인 부담을 줄이기 위하여 그와 같은 사실에 대하여 이야기하거나 도움을 구하는 방식이다. • 이와 같은 경우 주변 사람들의 역할은 궁극적으로 피해자의 심리적 부담을 덜어 주는 것이지만 그러한 심리적인 부담을 줄이는 것에 대한 결과가 피해자가 다시 가해자의 문제행동에 노출될 수 있는 여지를 줄 수 있으며, 실질적인 도움을 제공할 수도 있다. • 많은 수의 피해자가 공식적인 대응에 대하여 신뢰하지 못하는 현실적 상황에서 이들이 제공하는 도움은 상황에 따른 소극적인 심리적 지지에 불과하다.
조정	직접적 요구	• 성희롱을 유발시키는 당사자에게 그와 같은 문제행동을 중단하라고 요구하거나 따지는 것이다. • 경우에 따라서는 그와 같은 행위를 폭로하겠다고 위협하는 것이 포함된다. • 자신의 의지와 생각을 가해자에게 전달하기보다는 가해자를 자신보다 우위에 놓고 그러한 행동을 중지해 줄 것을 부탁하는 것이다. • 회피나 완화보다는 자신의 감정과 생각을 상대방에게 전달한다는 점에서는 자기주장적이기는 하지만, 가해자에게 문제행동을 중단해 줄 것을 요청하거나 부탁하는 행위이기 때문에 올바른 의사소통 형식을 나타내지는 못한다.

〈표 6-1〉 성희롱에 대한 개인적 대처형태의 특성 (계속)

대처형태		특성 요약
	전문적 중재	• 피해자들은 문제 상황을 해결하기 위하여 전문가의 조언을 구하려 하는 경우에 가해자와 피해자 사이의 중립을 지켜줄 수 있는 제삼자를 찾는 대처형태이다. • 성희롱은 여성에게 불리한 측면으로 작용하는 사회구조가 반영되는 것이기 때문에 그와 같은 사회구조를 잘 알고 있는 사람에게 찾아가 의뢰하고 문제의 성격을 분석하여 보다 객관적이고 적절한 조치를 취할 수 있게 할 수 있는 대처형태이다.
직면	개인적 반응	• 강한 어조로 공식적 대응을 취할 것을 이야기하거나 물리적으로 공격, 또는 저지하는 방식이다. • 실제로 많은 부분에 대해서 공격적인 행동을 나타내거나 조직 내에 있는 성희롱 해결기구를 찾아가 도움을 구하는 행위이다. • 강한 어조의 말로 상대방에게 강하게 자신의 감정과 생각을 전달하여 문제행동을 통제하려고 하는 것인데 그러한 행동 통제의 시도가 경우에 따라서는 오히려 가해자를 화나게 만들어 피해자에게 도리어 역으로 작용하는 경우가 발생할 가능성이 있다. • 강하게 대응하는 경우에 성희롱이 줄어들 가능성도 있지만, 동시에 그로 인하여 부작용도 발생할 수 있으므로 피해자들은 문제의 핵심을 파악하고 적절하게 대처하는 기술이 요구된다.
	조직권력 구조 활용	• 피해자의 조직에 성희롱을 다루는 기구가 있다면, 이 기관에 의뢰하는 것으로 그 조직이 결정한 정책에 의하여 도움을 요청하는 것이다. • 공식적인 상담과 의뢰가 이루어지고 공식적 방식으로 성희롱 문제를 해결하려는 방식이다. • 이와 같은 방식은 개인의 성희롱이 타인에게 드러날 수 있는 단점이 있기는 하지만, 다른 대처형태보다 피해자가 가해자의 행동을 가장 강력하게 통제할 수 있는 방식이 될 수 있다. • 성희롱에 대한 조치가 강력하고 합당하다면, 또 다른 피해 발생을 예방하는 효과가 있다.

제4절 대처반응의 효율성

성희롱의 대처형태에서 자주 사용되는 방안은 성희롱을 무시하고 피하고 재해석하는 개인적 차원의 간접적인 성희롱 대처가 가장 흔히 사용된다(김정인, 2000; 이혜은, 1998). 그러나 성희롱 행동을 멈추게 하는 것에는 별로 효과적이지 못하다. 직장을 그만두거나 학교를 떠나는 것은 현재의 가해자에 대하여 그와 같은 성희롱 행동을 즉각적으로 멈추게 하는데 효과적일 수는 있으나 가해자가 또 다른 피해자를 희생양으로 삼는 행위를 중지시킬 수는 없다. 또한 이와 같은 행동은 직장을 떠난 사람에게 또 다른 결과를 초래하기도 한다. 피해자는 또 다른 직업이나 직무를 찾아야 할 뿐만 아니라 만일 성희롱 때문에 자발적으로 직장을 떠났다면, 현행 법 체제에서는 별다른 구제책이 없다.

이와 같은 간접적인 대처반응이 비효과적임에도 자주 사용되는 이유는 다음과 같다(Gruber & Bjorn, 1982). 첫째, 성희롱 발생 상황에 대한 재해석이나 가해자를 피하는 것과 같은 간접적인 방법은 피해자가 여성인 경우에는 근무환경이나 조직에서 인간관계를 붕괴시키지 않고 상황을 관리할 수 있다는 점이다. 둘째, 피해자가 여성인 경우에 직접적인 방법이 더 위험하며, 그 결과가 불분명하고, 간접적인 방법에 비하여 스스로 주변 상황을 통제할 수 없다고 인식한다. 셋째, 어떤 종류의 성희롱은 무례한 행동과 더불어 성적인 관심이 결합되어 있기 때문에 그 행동이 성희롱인지 아닌지 판단하기가 모호하다. 이러한 모호성은 피해자들이 단호하고 직접적인 방법으로 반응하려는 피해자의 행동의지를 약화시킬 수 있다.

이와 같이 성희롱에 대한 개인적인 간접 반응들이 일반적인 현상이라고 할지라도 어떤 여성이, 또는 어떤 상황이 여성으로 하여금 직접적으로 반응하거나 (비)공식적 조직이 개입하도록 하는가는 확인되어야 한다. 성희롱에 대한 여성 피해자들이 다른 종류의 대처 반응을 이용하는 조건에 대하여 알려진 것은 거의 없으나 자료를 통하여 밝혀진 한 가지 잠정적인 결론이 있다. 보다 심각하게 괴롭힘을 당하는 여성 피해자들은 그렇지 않는 여성들에 비하여 단호하고 직접적인 반응을 보인다는 것이다. 대부분의 피해자들은 성희롱을 무시하는 경향이 있고, 농담으로 받아들이거나 성희롱이 가벼운 경우에는 가해자를 단지 피하려고만 한다.

성희롱에 대한 피해자들의 특성과 대처 반응에 대한 연구는 단지 횡단적 연구자료 분석을 통하여 이루어졌음을 주목하여야 한다. 따라서 자료에서 결정적인 인과관계를 도출하는 것은 거의 불가능하다. 비록 성희롱을 보고하지 못함으로써 낮은 자아존중감이나 행동적인 자기비난이 나타난다는 것이 그럴 듯하게 보이지만, 반대로 낮은 자아 존중감이나 자기비난이 성희롱에 대한 직접적인 대처를 막을 수도 있다는 것을 반박할 수도 없다.

이상에서 살펴본 것과 같이 성희롱 대처행동과 요인은 다양한 이론적 배경에 기초하며, 대부분의 대학생들은 성희롱에 강력하게 대처하여야 한다고 생각하면서도 대처방식은 그렇지 못하다는 것이 성희롱 · 성폭력 관련 상담실무자들의 증언이다. 이들은 하나의 연속선상에 놓여 있다. 이와 같은 성희롱의 대처행동은 회피, 완화, 조정, 직면의 순서로 개인이 취할 수 있는 대처형태의 적극성 및 강도가 높아지는 경향이 있다.

제 III 부

교육현장에서 성희롱의 실제

항아리(2006), 김도명 작

제7장

교육장면에서 성희롱 현황과 영향

제1절 교육현장과 성희롱

1. 학교에서 성희롱

교육장면에서 성희롱은 1990년대 초에 주요 연구주제로 연구되기 시작하였다(Lichty et al., 2008). 학교에서 성희롱은 교수(사)와 학생 간의 성희롱을 생각하지만, 실제로 학교에서 일어나는 성희롱은 교수(사), 행정직원, 조교, 학생 등의 다양한 인간관계에서 발생할 수 있다. 학교에서 성희롱의 피해자가 반드시 학생이거나 여성인 것만은 아니다. 또한 학교 안에서만 발생하는 것도 아니다. 실제로 교수(사)에 의한 여강사, 남학생에 의한 여교(강)사, 남학생을 상대로 한 성희롱 사건들이 다수 접수되고 있으므로 피해자를 학생, 특히 여학생으로 한정하는 것은 적용 범위를 축소하게 하는 잘못을 범하게 한다. 그러므로 성희롱의 당사자 요건을 중성화하고 장소를 포괄적 개념으로 정의하여, 학교 내·외를 불문하고 교수(사)의 지위 이용 내지는 학업과 상당한 인과관계가 있는 상황에서, 피해자가 원하지 않는 성적인 행위-육체적, 언어적, 시각적-를 가해자가 강요하거나 행하였을 때, 또한 이를 조건으로 강제할 때, 그러한 언행이 피해자의 입장에서 불쾌하고, 바람직하지 않으며, 공격적이라 느껴졌을 때는 이를 학교에서 성희롱으로 보고 규제할 수 있어야 한다(문희경, 2009).

학교에서 성희롱이 빈번히 발생하고 이것이 문제가 되는 이유는 학교사회가 기본적인 사회 권력구조의 속성이 그대로 투영되고 나타나는 폐쇄적이고도 봉건적인 집단이라는 점에 기인한다. 특히 교사-학생 사이의 힘의 역학구도는 가해자가 사회적으로 인정받은 공식적 권력을 소유하면서도 우리사회 전반에 모세혈관처럼 퍼져있는 일상적 권력, 즉 가부장적 권력을 동시에 소유하고 있는 반면, 피해자는 공식적이고 일상적 권력에서 배제된 약자인 여성의 모습일 수밖에 없는 일방적 관계라는 점에서 우리사회의 성별 역학구도를 가장 명시적으로 드러내주고 있는 관계라 할 수 있다. 그러나 우리나라 학교의 속성상 자신의 장래를 결정할 수 있는 교수(사)의 성희롱 사실을 섣불리 드러내려고 하는 학생은 드물며, 피해 학생이 자신의 상황을 알린다 하여도 오히려 피해자를 문제시하는 우리사회의 가부장적 시각 때문에 그러한 사실이 공론화되기 어려운 실정이다.

특히, 대학 내에서 발생하는 성희롱 사건은 교수-교수, 교수-학생, 학생-학생, 외부인-학생, 직원-직원 등의 관계로 대별하여 볼 수 있다(이나영, 1999). 혐오감과 굴욕감을 느끼게 하는 성적 발언에서부터 강제추행이나 강간과 같은 범죄에 이르기까지 그 행위의 양상은 다양한 범위에 걸쳐 있다. 대학은 사회 일반의 문제에서 자유로운 공간이 아니며, 대학생활의 조직적 · 정치적 · 사회적 · 성문화적 측면은 대학 내 성희롱의 발생에 일정한 영향을 준다고 볼 수 있다(Fizgerald & Ormerold, 1991). 예를 들면, 우리나라의 대학문화에서 사제관계에 대한 봉건적인 의식이나 단결을 강조하는 공동체문화 등은 성폭력을 조장하거나 은폐하는 하나의 요인이 될 수 있다(김계현 외, 2005).

2. 학교에서의 성희롱 유형과 특성

앞에서 살펴본 것과 같이 성희롱의 유형은 다양한 방법으로 분류할 수 있다. 이러한 성희롱이 직장이 아닌 학교에서도 이루어지고 있는데, 학교에서 발생하는 성희롱은 학습 현장이나 이와 관련된 장소에서 학생의 의사와 관계없이 행해지는 성적 언동으로 (1) 그러한 언동의 수용이 명시적, 혹은 묵시적으로 피해자 학업의 조건이 되는 경우, (2) 그러한 언동의 거부가 피해자 학업상의 결정에 영향을 미치는 경우, (3) 그러한 언동이 피해자의 학업생활에 지장을 초래하거나 사기 저하 및 불쾌한 학업분위기를 발생하는 경우 등 피해자에게 정신적, 사회적 피해를 입히는 경우에 이것을 학교에서 발생하는 성희롱이라 명시할 수 있다. 그리고 학교에서 발생하는 성희롱의 유형은 여러 가지 인간관계에서 발생하고 있지만 그동안 우리 사회에서는 교수(사)-학생, (선배)학생-(후배)학생 사이의 성희롱이 가해자와 피해자 간의 권력 차이의 특성을 반영하여 가장 많은 관심을 받아왔다(이원숙, 2003). 다음에서는 교수(사)-학생, 교수(사)-교수(사), 학생-학생들 간의 성희롱 특성을 약술한다.

1) 교수(사)-학생 간 성희롱

봉건제적 권력관계를 유지하고 있는 학교에서 교수(사)가 학생에 대하여 가지는 권력은 막강하다. 특히 대학에서 교수는 학생의 학점을 관리하고, 학위 수여 여부를 결정하며 학생들의 장래 진로 문제에 결정적인 영향을 미친다. 교수와 학생의 접촉이 잦고 일방적 권력구도하의 폐쇄적인 관계에 놓이게 되는 대학원 과정에서 이런 현상은 더욱 심화된다. 교수와의 관계가 어떠냐에 따라 학생의 인생이 좌우된다. 이러한 권력구조 속에서 성희롱이 발생하게 되면 피해자는 적절한 행동을 취하기 어려워지게 된다. 교수의 영향력이 더욱 더 강력하고 일상적 육체적 접촉이 빈번한 예·체능계 대학에서의 성희롱의 문제는 실질적인 발생 빈도도 높을 뿐만 아니라 그 문제해결은 더욱 더 어려운 실정이다. 성희롱 여부에 대한 판단 자체의 어려움과 더불어 성희롱 발생 폭로는 예술계에서의 영원한 매장이라는 등식이 성립하게 되어 피해자 스스로, 혹은 교수의 위협에 의하여 강제적으로 은폐될 수밖에 없다. 피해자가 이러한 어려움을 감수하면서 문제를 드러낸다고 하여도 학교 측의 무책임하고 소극적인 행동과 성희롱 자체에 대한 인식 부족으로 문제해결은 더욱 어려워지게 된다.

2) 교수(사)-교수(사) 간 성희롱

교수(사)를 대상으로 한 성희롱 실태 조사에 따르면 교수(사)들은 연령과 직책, 그리고 경력이 낮을수록 상대적으로 교직원간의 성희롱이 심각하다고 한다. 교수(사)-교수(사) 사이 성희롱의 유형으로는 음담패설, 회식자리에서의 술따르기 강요, 외모에 대한 성적인 비유나 평가 등의 성희롱이 있다. 이러한 교수(사)들 간의 성희롱은 피해자에게 수치심, 굴욕감, 분노를 주어 일할 의욕을 떨어뜨리는 일이며 피해자의 인격을 무시하는 행위이다. 그러나 가해자에 대한 처벌이 미약하고, 피해자의 지위가 낮기 때문에 사건이 은폐되는 경우가 많다.

일반 초·중고교 교사들 사이에서의 성희롱뿐만 아니라 S대학교 신교수-우조교 사건에서처럼 대학의 교수에 의한 시간강사나 조교에 대한 성희롱도 심각한 수준에 이르렀음을 알 수 있다. 학생이나 대학원생 조교가 학교에 소속된 신분으로 학교가 명시적으로 보호해야 될 대상으로 인정되어 성희롱의 문제가 발생하면 상대적으로 학교당국의 문제해결이 신속히 이루어지는 편이다. 특히, 학생의 경우 다수의 교·강사에 대한 다수의 학생이라는 익명성이 보장되어 피해자 보호가 용이한 반면, 시간강사나 교수 개인조교는 그 신분상의 특수성 때문에 성희롱사건이 발생할 빈도도 높고, 사건이 은폐되기도 쉽다. 어느 한 집단에 정식으로 소속된 관계가 아닌 신분상의 불안정성, 교수에 의하여 전적으로 결정되는 자리와 강의보장이라는 교수-강사, 조교의 일방적 권력관계, 결과적으로 교수가 강사나 개인조교의 진로와 미래의 신분에 결정적인 영향력을 행사한다는 점, 성희롱 사실의 외부 노출 시 익명성이 보장되기 어렵다는 점(가해자는 제보한 피해자를 즉각적으로 인지 가능하며, 사회적으로도 소수인 특수계층에 속하므로 인해 노출되기 쉬움) 등 여러 가지 복합적인 요인이 작용하고 있는 것이다.

3) 학생-학생 간 성희롱

학생들 사이에서 발생하는 성희롱의 문제는 사회의 공식적 권력의 결과이기 보다는 사회저변에 잠재하는 사적 권력체계인 가부장적 권력의 결과물이라 할 수 있다. 성별분리를 그 기반에 두고 있는 가부장적 권력은 공식적 체계와 비공식적 체계에서 성에 대한 이중규범을 적용하고 이것은 여성성과 남성성의 이중구조의 공고화에 기여하게 되어 오늘날과 같은 잘못된 성인식과 성문화를 초래하게 된다. 따라서 학생 간의 성희롱문제는 개개인의 성적 취향이나 성인식, 성도덕의 문제가 아니라 가부장사회의 모순이 그대로 반영된 문제라는 차원에서 사회구조적으로 접근되어져야 한다. 2002년도 여성부의 대학 내 성희롱 실태조사 결과 39.1%의 학부 여학생들이 성희롱 피해 경험을 가진 것으로 나타났다(이원숙, 2003). 성희롱의 가해자는 대부분 선배나 친구였고, 발생장소는 뒤풀이 장소, MT, 과방, 동아리방, 학생회실, 화장실, 도서관 등이 많았다고 한다.

이 밖에도 여성부의 출범 직전에 국가기관 중에서 남녀차별이나 성희롱 사건의 피해 구제를 담당한 여성특별위원회가 신고를 접수하여 처리한 사건들을 예시하면 다음과 같다(여성부, 2000, 2001a, b).

첫째, 직원-직원 간의 성희롱은 모 대학교의 도서관에 새로 부임한 과장이 사서로 근무하는 여성에게 신체 접촉이나 데이트 등 성적인 요구를 계속하고 호의를 베풀다가 상대방이 이를 거절하자 업무상의 과오를 이유로 여러 차례 시말서를 쓰게 하고, 회의에서 인신공격적인 발언을 빈번히 하면서 괴롭힌 사건이 있다. 이에 여성특별위원회는 가해자가 피해자와 함께 근무하지 않도록 조치할 것, 공개사과와 정신적 피해에 대한 적정 배상, 사건을 처리한 결과를 게시하여 신청인의 명예를 회복할 것을 권고한 사례이다.

둘째, 교원-학생 간 성희롱은 모 대학교의 교수가 여학생에게 수업과 MT에서 신체 접촉과 성적 혐오감을 초래하는 행동을 지속적으로 반복하고, '97학번에 비해 98학번은 물이 좋다', '한번 걸레는 영원한 걸레다', '치매 할머니는 가슴을 만져 줘야 금방 친해질 수 있다'와 같은 여성 비하 발언을 거듭한 사건이 있다. 이 사건의 피해 구제 신청에 대하여 여성특별위원회는 해당 교수의 직위해제와 향후 3년 이상 강의 개설 금지를 골자로 하는 인사 조치와 수업결손에 대한 대체 강좌 개설, 공개사과, 성희롱 예방대책의 수립과 실시를 대학 측에 권고하였다.

셋째, 교원-직원 간 성희롱은 모 대학교 학술연구원장 보직을 맡고 있는 교수가 비서실 직원을 추행한 성희롱 사건을 들 수 있다. 가해자는 평소 여직원들의 어깨, 다리, 허리, 목덜미를 손으로 만지는 등 신체접촉을 빈번히 시도하였다. 어느 날 서류를 전달하기 위하여 동창회 사무실로 찾아간 비서실 여직원을 기다리게 하여 단 둘만 남게 되자, '학원을 다니면 돈이 많이 들지 않느냐, 돈이 필요하면 이야기 하라'며 5만원을 가방에 넣어 주고 손금을 보아 준다며 손을 잡고 있다가 억지로 입을 맞추려고 하기에 여직원이 피하려 하자 따라와서 가슴, 음부 등을 만졌다. 이 사건에 대하여 여성특별위원회는 가해 교수의 중징계와 당사자들이 함께 근무하지 않도록 조치할 것을 권고하고, 아울러 공개사과와 정신적 피해에 대한 적절한 배상, 처리결과 게시, 학술원 관리자의 인사조치, 예방대책 수립 등을 권고한 사례이다.

넷째, 교직원-고객 간의 성희롱은 모 대학 부속병원에서 근무하는 의사가 간호사 등 제3자가 입회하지 않은 상황에서 유방암 진료를 받던 환자에게 질 마사지법 등 특이한 치료방법을 알려 주겠다며 성적 수치심과 정신적인 충격을 준 사건이 있다. 이에 대하여 여성특별위원회는 가해자가 공개사과하고 정신적 피해에 대한 배상금을 지급하는 것에 추가하여 학교 측이 재발방지 대책을 수립・시행하도록 조정한 사례이다.

제2절 초 · 중등교육과 성희롱

1. 또래와 또래학생 간의 성희롱

우리나라에서는 아직까지 학생 대 학생, 혹은 또래에 의한 성희롱 문제가 심각하게 제기되지 않고 있는 실정이다. 그러나 성희롱이란 문제가 어렸을 때부터 받아온 교육이나 사회에 널리 퍼져 있는 관습에 의하여 영향을 받는 사실을 고려할 때, 이러한 문제도 간과되어서는 안 될 것이다. 또래와 또래학생 사이에서 발생하는 성희롱의 구체적인 예로는 다음의 <표 7-1>과 같다.

〈표 7-1〉 **중·고등학교의 성희롱 유형 중 또래 대 또래의 예**

유 형	예 시
신체적 행위	• 성적인 방법으로 접촉하거나, 문지르거나, 손가락으로 콕콕 찌르는 것 • 누군가에게 키스를 강요하는 것 • 성적인 제스처 취하기 : 자위행위, 혹은 성행위 흉내 내기 • 남학생이 여학생이 지나갈 때 자신의 사타구니를 문지르는 것
언어적 행위	• 신체발달에 관해서 다른 학생을 놀리는 것 • 여학생을 '암캐', '매춘부', 혹은 '레즈비언'이라고 부르거나 남학생을 '호모', '게이'라고 부르는 것 • 성차별주의자적 언행이나 지저분한 음담패설을 늘어 놓는 것 • 외모 · 신체적 속성에 관해서 다른 학생을 평가하는 것
시각적 행위	• 성적인 공상을 적어 놓는 것 • 학생들이 음란 서적이나 기구를 다른 학생들에게 전시하는 행위 • 음란한 편지나 쪽지를 건네기 • 칠판이나 화장실 벽 등에 성적인 내용을 낙서하는 행위

2. 교직원에 의한 성희롱

교직원에 의한 성희롱은 구체적인 행위에 따라서 신체적 행위, 언어적 행위, 시각적 행위 등으로 나누어 볼 수 있다. 아래의 신문기사를 통하여 중등교육 현장에서의 성희롱이 어떻게 이루어지고 있는가를 구체적으로 살펴볼 수 있다.

중등학교에서 일어나고 있는 또 다른 성희롱 사례는 다음 <기사 7-1>의 신문기사를 통해서도 알아볼 수 있다.

〈기사 7-1〉

■ "교사 성추행사건 진정 결과 공개하라"

고성 모 고교 교사의 여학생 성희롱 문제를 제기한 속초성폭력상담소(본보 9월23일자 5면 보도)가 도교육청에 진정 결과 공개를 촉구했다.

속초성폭력상담소와 도여성권익증진상담소시설협의회 · 강원여성연대 · 참교육학부모회 원주지부 등 도내 여성 · 교육단체는 24일 '고성 모 고교 교사에 의한 학생 성희롱 사건 및 인권침해의 건'에 대한 의견서를 내고 이 같이 요구했다.

이들 단체는 도교육청이 징계 결과 비공개 방침을 통보했다며 이는 당사자에게 서면으로 처리결과를 통지하도록 한 공공기관 성희롱예방조치사업에 반하는 조치라고 강조했다.

도내 여성 · 교육단체는 이에 따라 도교육청이 이번 사건의 진정인인 속초성폭력상담소와 피해 당사자에게 징계결과를 서면 통보할 것과 도내 각 교육기관 성희롱 방지, 향후 성희롱사건 발생 시 피해자의 입장에서 신속히 처리할 것을 촉구했다.

출처 : 한국일보 2009/11/25

제3절 고등교육과 성희롱

1. 학생에 대한 교(강)사의 성희롱

봉건제적 권력관계를 유지하고 있는 대학사회에서 교(강)사가 학생에 대하여 가지는 권력은 막강하다. 특히 교수는 학생의 학점을 관리하고, 학위수여 여부를 결정하며 학생들의 장래 진로 문제에 결정적인 영향을 미친다. 교수와 학생의 접촉이 잦고 일방적 권력구도하의 폐쇄적인 관계에 놓이게 되는 대학원 과정에서 이런 현상은 심화되며, 교수와의 관계가 어떠하냐에 따라 학생의 인생이 좌우된다. 이러한 구조 속에서 성희롱이 발생하게 되면, 피해자는 적절한 행동을 취하기가 어려워지게 된다. 교수의 영향력이 더욱 더 강력하고 일상적 육체적 접촉이 빈번한 예・체능계 대학에서의 성희롱 문제는 실질적인 발생빈도도 높을 뿐만 아니라 그 문제해결의 어려움은 더욱 심한 실정이다. 고등교육기관에서의 성희롱 발생의 예를 보여주는 신문기사는 다음 <기사 7-2>와 같다.

〈기사 7-2〉

■ '여학생에 영화 관람 강요 S대 교수 정직 3개월'

S대 교수가 학생을 성희롱했다는 이유로 정직 3개월의 중징계를 받은 사실이 뒤늦게 알려졌다. S대는 지난 8월 징계위원회를 열어 올해 1학기에 자신의 수업을 듣던 일부 여학생들에게 영화를 보자고 종용한 인문대 A교수에 대해 정직 3개월의 중징계를 내렸다고 24일 밝혔다.

A교수는 수업의 일환으로 주말에 학생들과 자주 영화를 보고 이에 대한 얘기를 나눴다. 이 과정에서 일부 여학생에게 "왜 영화를 보러 나오지 않느냐"며 수차례 전화를 걸었던 것으로 전해졌다.

> A교수는 "성희롱을 하지 않았는데 중징계를 받는 것은 억울하다"며 교원 소청심사를 청구한 것으로 알려졌다. 인문대 관계자는 "교육의 연장이라는 좋은 의도에서 주말에도 학생들을 불러 함께 영화를 보려고 한 것은 좋지만 여학생 입장에서는 부담스럽고 불편한 느낌을 가질 수도 있었을 것"이라고 전했다.
>
> 출처 : 2008/10/25, 한국일보

위의 <기사 7-2>는 고등교육기관인 대학에서, 그것도 우리나라 최고 지성의 전당인 서울 S대학교에서 교수가 학생을 성희롱하여 정직을 당한 사건을 보도하고 있다. A교수는 자신의 수업을 듣던 일부 여학생들에게 수업의 일환으로 영화를 보자고 종용하였다고 한다. 성희롱의 정의에서 보듯이, 성희롱은 상급자 또는 근로자가 직장 내의 지위를 이용하여 다른 근로자에게 성적인 언어나 행동 등으로 고용상의 불이익을 주거나 성적 굴욕감을 유발하게 하는 행위를 말한다. A교수의 처사는 교수라는 높은 지위를 이용하여 학생들에게 언어적인 성희롱을 하였고, 언어적인 성희롱을 행동으로 수행하려는 모습을 보였다. 이 기사를 보면 가장 큰 배움의 터전인 대학에서조차 성희롱은 빈번히 발생하고 있다는 사실을 알 수 있다.

2. 강사, 대학원생 및 조교에 대한 교수의 성희롱

S대 신교수 · 우조교 사건에서처럼 교수에 의한 시간강사나 대학원생, 조교에 대한 성희롱은 최근 언론보도에 나타난 사례를 미루어 볼 때, 그 내용과 발생빈도에서 상당히 심각한 수준에 이르렀음을 알 수 있다. 학생이나 대학원생 조교가 학교에 소속된 신분으로 결과적으로 학교가 명시적으로 보호해야 할 대상으로 인정되어 성희롱의 문제가 발생하면 상대적으로 학교 당국의 문제해결이 신속히 이루어지는 편이며,

특히 학생들을 다수의 교/강사에 대한 다수의 학생이라는 익명성이 보장되어 피해자 보호가 용이하다.

그러나 시간강사나 교수의 개인조교는 그 신분상의 특수성 때문에 성희롱 사건이 발생할 빈도도 높고, 사건이 은폐되기도 쉽다. 그 이유는 어느 한 집단에 정식으로 소속된 관계가 아닌 신분상의 불안정성, 교수에 의해 전적으로 결정되는 자리와 강의보장이라는 교수-강사, 조교의 일방적 권력관계, 교수나 강사가 개인조교의 진로와 미래의 신분에 결정적인 영향력을 행사한다는 점, 성희롱 사실의 외부 노출 시 익명성이 보장되기 어렵다는 점 등의 여러 가지 요인이 복합적으로 작용하고 있기 때문이다.

〈기사 7-3〉

■ '대학 여자축구부 코치 성희롱 사건에 휘말려'

한 대학 여자축구부에서 코치가 선수를 성희롱하는 사건이 발생했다는 주장이 나와 파문이 일고 있다.

KBS는 29일 경기도 소재 모 여자대학의 축구부 코치 A씨가 술에 취한 상태에서 "함께 모텔로 가자"며 소속팀 선수를 성희롱했다고 보도했다. 이에 따르면 A씨는 숙소로 돌아와서까지 재차 성희롱을 시도한 것으로 알려졌다. 피해 선수가 부모에게 사건을 털어놓았고, 파문이 커지자 A씨는 코치직 사퇴 의사를 밝혔다. 이 대학 감독 B씨는 스포츠조선과의 통화에서 "문제의 코치가 사퇴하겠다고 한 것은 맞다. 그러나 학생 쪽 말만 들은 상태이기 때문에 정확한 진상을 조사 중"이라고 말했다.

출처 : 2009/ 10/ 29, 스포츠 조선

3. 학생들끼리의 성희롱

S대 신교수 · 우조교사건 공동대책위원회에서 조사(1994)한 바에 따르면, 여학생의 83%가 성희롱을 경험한 것으로 드러났으며, 성희롱

가해자는 대부분 선배나 친구였고, 발생장소는 주로 뒤풀이 장소, MT, 과방, 동아리방, 학생회실, 화장실, 도서관 등인 것으로 나타났다. 학생들 사이에 일어나는 성희롱을 3가지 범주로 유형화해 보면 다음의 <표 7-2>와 같다.

〈표 7-2〉 대학교의 성희롱 유형 중 학생들끼리의 성희롱 예

유 형	예 시
공공 모임에서 일어나는 성희롱	• 음란가요, 성적농담 등 언어적 성희롱, 술따르기 강요, 춤 파트너 요구 등
공공의 장소에서 모르는 관계에서 발생하는 성희롱	• 화장실, 도서관 등에서 행해지는 성희롱, 사진이나 컴퓨터 등을 통한 음란물 진열 등
개인적 관계에서 발생하는 성희롱	• 선배의 데이트 강요, 성관계 요구, 성적인 사실관계를 묻거나 유포 등

4. 교(강)사에 대한 학생의 성희롱

교(강)사를 상대로 학생에 의해 이루어지는 성희롱은 발생 빈도수에 비해 그 정도의 심각성이 전혀 고려되지 않고 사회 통념상 '일종의 유머 내지는 조크'의 수준으로 수용되고 있다는 점에서 문제가 된다. 실제로 젊은 여강사를 상대로 성적인 농담이나 외모에 대한 성적인 비유나 평가 등은 상대방 여자 교(강)사의 인격권은 전혀 고려되고 있지 않은 채, 일상적인 농담의 차원에서 성희롱이라는 의식조차 없이 행해지고 있으며, 그러한 성희롱이 여자 (교)강사의 의욕적인 강의와 연구 활동을 방해할 수 있다는 사실 또한 간과되고 있다. 교(강)사에 대한 성희롱은 권력을 지니고 있지 않으며 통상 약자로 인식되는 자가 자신에게 영향력을 행사할 수 있는 권한을 가진 사람에게 성희롱 행위를 자행하는 것으로 이것은 소위 "반권력적 성희롱"이라고 언급된다. 학생-교수 성희롱은 보통 성적인 농담이나 낙서, 음란 전화 혹은 편지의 형태로 일어나며 대부분 익명으로 이루어져서 때로는 성폭력이 발생하기도 한다.

제4절 교육현장에서 성희롱이 개인에게 미치는 영향

성희롱을 포함한 성폭력 피해자들의 특징은 (1) 정서적 영역, (2) 사고영역, (3) 대인관계, (4) 신체 및 행동적인 반응, (5) 기타 피해의 후유증 등 다양한 영역에서 어려움을 보인다(채규만, 2009). 다음에서 교육현장에서 성희롱을 경험한 개인에게 영향을 미치는 특징 가운데 불안 강박감, 무력감, 우울증, 수치심과 죄책감, 분노감, 배신감, 적개심, 복수심 등의 정서적 반응과 심리적 증후와 관련되는 영향, 낮은 자아존중감, 왜곡된 사고, 대인관계의 기피와 친밀감 형성의 어려움 등에 관하여 간단하게 살펴본다.

1. 정서적 반응과 심리적 증후군 영향

성희롱 피해자의 정서적 반응과 심리적 증후는 매우 다양하다. 성희롱을 경험한 여성은 얼마 동안 남자를 혐오스러워 하고, 성적인 피해장면을 연상케 하는 사건이나 장면에 대하여 민감한 반응을 보이면서 사소한 일에도 심하게 놀라고 과잉반응을 나타낸다. 그리고 이들은 피해의 기억을 회피하기 위하여 방어기제로 강박적인 관념이나 행동에 빠지기도 한다. 또한 성희롱을 아무 준비 없이 강제로 당했다는 무력감도 심하게 느낀다. 또한 우리나라의 여성들은 성폭력으로 자신의 몸이 더럽혀졌다고 믿기에 이것을 수치로 여기고 성폭력이나 성희롱을 관련기관에 신고를 하지 않는다. 그리고 성희롱을 경험한 피해자가 느끼는 강한 감정 가운데 하나는 가해자에게 대한 이글이글 타오르는 적개심, 분노감, 복수심이다.

2. 낮은 자아존중감

성희롱을 포함한 성적인 피해자들의 치명적인 피해 가운데 하나는 자신에 대한 낮은 자아존중감이다. 이들은 자신은 이미 더렵혀졌고, 아무에게도 떳떳하지 못하다는 생각과 이제는 한 사람의 사랑을 받을 만큼 떳떳하지 못하다는 생각에 자신을 무가치하다고 여겨서 낮은 자존심을 가지게 된다. 인간은 누구나 자기 나름대로의 자존심을 가지고 살아가고 자존심이 상처 입을 때, 불행함을 느낀다. 성희롱을 포함한 성폭력 피해자들은 자신이 무력으로, 또는 강제로 당했다는 데서 오는 굴욕감 때문에 자존심이 땅에 떨어져 있어서 성희롱 피해를 치료하지 않으면, 일생을 불행하게 보낼 수도 있다.

3. 왜곡된 사고

성희롱 피해자들은 성희롱 사건에 관해서 많은 인지적인 왜곡을 하며, 자신의 피해를 더 크게 하는 경우가 많다. 대체로 성희롱 피해자들이 사건 발생과 그 영향에 대하여 가지는 왜곡된 사고 내용들은 다음과 같다(채규만, 2009).

- 성희롱과 같은 성적인 피해를 당한 것은 자신의 책임이었다.
- 가해자가 나를 사랑했기에 성관계를 가졌지, 나를 성폭행한 것이 아니다.
- 모든 남성들은 도둑놈이다.
- 나는 순결을 잃었으니 살 만한 가치가 없다.
- 이 세상에 아무도 나를 도와주는 사람이 없다.

성희롱 피해자는 위에서 요약된 것과 같이 자신과 주위에 대해서 왜곡된 사고를 할 수도 있다. 이들은 심한 경우에는 정신과적으로 발전해서 때로는 실제로는 물체가 없는데도 있는 것처럼 보이는 환각과 아이의 울음소리 등의 환청을 들을 수도 있다. 성희롱을 당한 피해자의 왜곡된 사고를 수정하는 것이 매우 중요하다.

4. 대인관계의 기피와 친밀감 형성의 어려움

성희롱 피해자들은 자신의 수치심과 낮은 자존감 등 자신에 대한 부정적인 태도 때문에 대인관계를 포함한 이성 관계를 기피하고 고립된 상태로 지내는 경우도 많다. 피해 여성의 경우에는 남자가 자신에게 접근해 오면, 성적인 목적으로 접근하지 않나 지나치게 의심하고 기피한다. 같은 사무실이나 교실에서 업무나 공부를 하지만 항상 거리를 두고 있다. 그리고 성희롱 피해자들은 친밀한 관계에서 이용을 당하고 배신을 당했기 때문에 이성과 친밀한 관계를 맺는 데 어려움을 보인다. 친밀한 관계를 맺으려면 자신을 개방할 수 있어야 하는데 자신의 과거를 개방하면, 상대방이 자신을 멀리하고 거절할 것이라는 데서 오는 두려움이 크다. 또한 과거에 친밀한 관계를 가졌을 때, 상대방에게 이용당한 경험 때문에 항상 사람들과 거리를 두고 상대방에게 마음을 주지 않는다.

제8장

학교에서 성희롱 예방을 위한 정책과 규제방안

제1절 성희롱에 대한 대응행동과 피해자 보호

1. 성희롱에 대한 문제인식 능력배양과 사건 처리하기

교육자들은 학생들에게 학교생활에서 발생하는 성희롱에 대응하고 적절한 행동을 취하도록 격려와 지지를 제공함으로써 이들이 성희롱 문제에 대처할 수 있는 능력을 키워 줄 수 있다(김정인, 2000). 학생들에게 이와 같은 능력을 키워줄 수 있는 한 가지 방법은 학생들을 대상으로 가해자에게 성희롱에 대한 문제에 관해서 편지를 쓰도록 도와주는 것이다. 피해자와 가해자들에게 학교에서 성희롱 문제를 심각하게 생각하고 있다는 사실을 주지시켜야 한다. 성희롱 피해자가 작성한 편지는 사건의 반향과 관계없이 접수되어야 한다. 그러나 극단적인 성희롱의 경우에 서신은 최선의 대응책이 아닐 수도 있다. 초등학교 수준에서 교사들은 피해학생이 가해자에게 편지를 쓰고 난 다음, 그 학생과 대화하는 것이 필요하다. 교사는 학생과 함께 갈등해결 전략을 활용하도록 유도할 수 있다. 이와 같은 활동을 통한 성희롱 예방을 위한 학생과 교사의 목표는 구체적으로 다음과 같다(김정인, 2000).

- 학생들에게 불편하고 원치 않는 행동을 확인할 수 있는 능력을 키워준다.
- 학생들에게 불쾌한 사실을 구두로 표현할 수 있도록 훈련시킨다.
- 학생들에게 다른 학생이 말하는 것을 경청하도록 가르친다.
- 학생들에게 피해사실을 교사에게 알리도록 격려한다. 이와 같은 행위가 고자질이 아니라는 것을 분명히 할 필요가 있다.
- 가해자가 자신의 행동을 변화시킬 수 있도록 유도한다.

다음으로 학교에서 성희롱이 발생된 경우의 문제 처리에 대하여 살펴본다. 일반적으로 성희롱 피해당사자인 학생은 매우 괴롭고, 그것으로 인하여 자신의 학업에 상당한 지장을 받고 있으며, 더 이상 학교에 다니기 싫다고 이야기한다. 이와 같은 경우에 교사가 취해야 할 역할은 성희롱이 더 이상 발생하지 않도록 하기 위해서 학생에게 비공식적, 또는 공식적인 문제제기를 하도록 돕는 것이다. 성희롱 발생상황에서 교사는 관련 정책을 검토하고 적절한 대응조치를 마련하여 관련 당사자에게 보고하는 절차를 거친다. 교사는 어떤 형태의 언어적, 혹은 신체적 성희롱이 발생하더라도 모든 학생을 이러한 성희롱으로부터 보호할 의무가 있다. 먼저 학생에게 서면으로 성희롱과 관련된 문제제기를 하도록 지도한다. 이러한 과정에서 그 기본 틀로서 학교의 징계정책을 활용할 필요가 있다.

2. 개인적 차원의 피해자 보호와 지원

성희롱으로부터 보호받기 위하여 피해자는 성적인 수치심을 일으키는 언질이나 행동을 느꼈을 때, 단호하고 정확하게 자신의 불쾌감을 즉시 공식적인 언어로 표현하여야 한다. 직접적인 거부의사가 힘들면 서면으로 자신의 의견을 전달해야 한다. 자신이 보고 느낀 점을 포괄적이고 정확하게 기록해야 하며, 자신에게 가해진 성희롱으로 인하여 손상된 자신의 감정을 솔직하게 기술해야 한다. 또한 자신이 원하는 후속조치를 상세하게 설명하여야 한다. 이러한 요구사항에도 불구하고 성적인 언행을 시정하지 않을 경우에는 학교를 총괄하는 장에게 알릴 것을 경고하여야 한다. 또한 학생회, 여성단체 그리고 전문상담기관 등에 상담을 요청하는 방법도 고려할 수 있다. 또한 피해 당사자의 학부모는 교수(사), 학생처 등을 방문하여 해당 문제에 대하여 즉각적인 해결을 촉구하여야 한다. 또한 문제가 성의 있게 해결되지 않았다고 판단될 때에는 학교장을 만나 불만을 명확하게 표시해야 하며, 부득이한 사정으로 학부모가 참석하지 못할 경우에는 변호사를 대동한다.

그리고 학교에서 발생하는 성희롱을 예방하기 위하여 남자들이 준수하여야 할 일들은 다음과 같다. 성적 행동은 무조건적으로 상대방의 동의하에서만 이루어져야 한다. 동의하지 않은 모든 성적인 언동은 폭력임을 명백히 인식하여야 한다. 불쾌한 성적 언동에 대하여 대응하지 않고 가만히 있는 것을 동의의 의미로 받아들여서는 아니 된다. 또한 상대방의 '아니오(NO)'를 거부의 의미로 받아들여야 한다. 상대방의 동의하에 성관계를 가진 사이라도 상대방의 마음이 언제라도 변할 수 있음을 인식해야 한다. 그러한 관계가 있은 후에라도 상대방에게 성적 수치심을 일으키거나 모욕감을 주는 일방적인 성적 언동은 삼가 하여야 한다. 서로의 성적 욕구에 대하여 명확하게 이야기하고 하나의 동등한 인격체로서 상대방을 존중하는 자세를 갖추어야 한다.

제2절 성희롱 예방을 위한 정책과 규제방안

1. 제도적 차원에서 법적 규제의 명문화

성희롱을 예방하기 위하여 정부, 각급 기관 등이 공익광고와 교육을 통하여 노력을 하고 있지만, 인격적 주체로서 여성에 대한 사회적 인식이 전반적으로 낮고, 사회 곳곳에 내재해 있는 불평등한 위계질서와 권력관계가 끊임없이 성희롱을 발생시키는 원인으로 작용하고 있다(김영환, 2000, 2003; 박선영, 2006). 대학을 포함한 각 학교들의 성희롱 문제와 관련된 정책규정은 앞의 제4장에서 살펴본 '성희롱 관련 법률의 내용'을 중심으로 대체로 정책의 목적, 문제 행위의 정의와 판단 기준,

기구 설치와 운영, 고충 처리 절차의 요건, 사건 당사자들에 대한 조치 등을 포함하고 있다.

학교조직의 다양한 권력관계에서 발생되는 성희롱을 예방하고 피해를 구제하기 위하여 제도적 차원에서 법적 규제 방안이 마련되어야 한다(김계현 외, 2005; 하혜숙, 2007a; Sigal, Braden-Magurie, Patt, Goodrich, & Perrino, 2003). 현재의 '고용평등법'이나 '남녀차별금지법'에서 학교 내 성희롱을 방지할 수 있는 조문이 명시되어야 하며, 형법상 성희롱에 관한 구체적인 조항이 마련되어야 하는 것이 시급한 문제이다. 성희롱의 정도에 따른 유형화와 등급화가 필요하며, 이들 규정에 따라서 성희롱에 대한 차등적 처벌 규정이 명시되어야 한다. 그리고 대학뿐만 아니라 초 · 중 · 고등학교에서 일어나고 있는 성희롱의 문제도 법적규제의 대상에 정확히 명시되어야 한다. 그리고 피해자가 성희롱, 또는 성폭력으로 가해자를 신고하였을 때, 가해자가 피해자에게 보복을 하지 못하도록 하는 사항이 명시되어 있어야 하는 것도 중요하다. 또한 성희롱, 성추행, 강간 등을 별개의 개념으로 다루고, 이에 대한 법 규정도 각각 분리되어져 있는 현실은 많은 성범죄가 법 규정에서 제외되게 함으로써 성폭력 피해여성들이 제대로 보호받지 못하는 결과를 초래하고 있다. 따라서 성폭력의 연속선상의 개념에서 성희롱과 성추행, 강간을 개념화하고 정도와 유형의 차이에 따라서 범주화하여야 한다(문희경, 2009). 이에 추가하여 성희롱 문제를 조사하는 기관과 징계하는 기관의 일원화가 필요하다.

2. 성희롱 관련 학칙 및 규정안

우리나라의 대부분의 대학은 성희롱(성폭력)에 관한 별도의 학칙과 규정안을 마련하고 있다. <표 8-1>은 우리나라 주요 대학교에서 시행하고 있는 성희롱과 관련된 학칙 및 규정안의 예시이다(문희경, 2009).

<표 8-1>에서 공통적으로 발견되는 점은 성희롱 개념을 '성적 자기 결정권을 침해하는 경우'의 넓은 의미로 정의하고 있다. 또한 대부분 대학교에서는 성희롱 관련 업무를 '학생생활상담센터'에서 담당하거나 개별 기관으로 '성희롱 · 성폭력상담소'를 설치 · 운영하고 있다. 그리고 특징적인 것은 국민대학교, 서울대학교, 성균관대학교에서는 권리규제기관 대책위원들의 성비를 남녀 동수로 하고 있다는 점이다.

〈표 8-1〉 우리나라 대학의 성희롱에 관한 학칙 및 규정안 예

대학	'성희롱' 정의	상담기관	권리규제기관	처리 및 규제방안
국민 대학교	• 교육, 업무 기타관계에서 교직원, 또는 학생이 그 지위를 이용하거나 그 업무 등과 관련하여 성적 굴욕감 또는 혐오감을 느끼게 하는 성적 언행, 기타 요구 등에 대한 불응을 이유로 타인에게 교육과정, 학내활동 및 고용관계상 불이익을 주는 일체의 성차별 행위	학생생활 상담센터 성폭력 및 성희롱 상담실	• 성폭력 및 성희롱 대책 위원회 (위원장 부총장, 상담실장, 선임 상담위원, 교원 대표 2인, 직원 대표 2인, 학생 대표 2인) 각 직능별 대표 2인 중 최소한 1명은 여성	• 성폭력 및 성희롱 사건의 조사와 중재, 가해자의 징계요구, 사건 당사자에게 사건 처리 결과 통보, 기타 사건의 해결에 필요한 조치, 성희롱 예방을 위한 제 규정의 제정 및 개정
동아 대학교	• 성범죄행위를 구성하는 여부와 관계없이 상대방의 성적 자기 결정권을 침해 하거나 성적 수치심 또는 혐오감을 일으키는 일체의 행위	학생생활 연구소 성폭력 상담실	• 성윤리 위원회 (위원장 부총장, 총여학생회 추천 학생위원 2인 포함)	• 법적규제 수단에 대한 정보제공, 징계절차에 관한 정보제공, 가해자에 대한 사과 · 교육 · 봉사 · 배상 등의 권고

〈표 8-1〉 우리나라 대학의 성희롱에 관한 학칙 및 규정안 예 (계속)

대학	'성희롱' 정의	상담기관	권리규제기관	처리 및 규제방안
상명 대학교	• 성적 언동 등으로 상대방의 성적 수치심 또는 혐오감을 느끼게 하거나 성적 언동 기타 요구 등에 대한 불응을 이유로 교육상 또는 고용상의 불이익을 주는 일체의 행위	성폭력 상담소	• 성희롱 및 성폭력 운영 위원회(위원장 소장, 대학원장, 학생 복지처장, 교무처장 및 총무처장은 당연직, 그 외 교직원 및 학생 5인)	• 총장에게 징계를 요구하거나 발의. 가해자의 공개사과, 가해자 재교육, 사회봉사프로그램, 금전적 피해보상 등의 권고
서울 대학교	• 일차적인 기준은 피해자의 주관적 판단 • 성을 매개로 상대방이 동의하지 않은 성적 행동과 요구 및 성적인 성격을 띤 언어적, 정신적, 물리적인 행위를 통하여 개인의 성적 자율권이 침해되는 것 • 성차에 기반을 둔 위협적, 적대적, 공격적인 환경을 조성함으로써 상대방의 존경권을 침해하는 환경형 성폭력, 성차에 따른 부당한 차별	성폭력 상담실	• 운영위원회(상담실 운영, 사건처리 심의, 여성위원 과반수) • 조사위원회(사건신고 후 일주일 내 소집, 피해자 측 1인, 피의자 측 1인, 전문가 3인으로 구성)	• 실명공개, 사과, 성교육프로그램 이수, 일정기간 봉사활동, 대자보 언론공문을 통한경고, 징계기관에 소견서 제출, 피해자에게 보복하거나 재범일 경우 가중처벌, 모든 징계 결과는 1주일간 공고
성균관 대학교	• 동의하지 않은 성적 행동 요구 및 기타 성적인 성격을 띤 언어적, 정신적, 물리적인 행위(성적인 농담, 폭언, 음담패설 등 7가지 사항을 제시)	성폭력 상담실	• 징계위원회(위원장 학생처장, 남녀동수 학생 대표 2인)	• 가해자 징계회부 및 재교육, 피해자 보상과 치료, 동소사 누설자에 대한 징계, 징계결과를 대학 내 언론매체에 1주일 이상 공고

〈표 8-1〉 우리나라 대학의 성희롱에 관한 학칙 및 규정안 예 (계속)

대학	'성희롱' 정의	상담기관	권리규제기관	처리 및 규제방안
충북 대학교	• 범죄 행위 구성 여부와 관계없이 상대방의 성적 자기 결정권을 침해하거나 성적 수치심, 또는 혐오감을 일으키는 모든 언행	학생생활 연구소 성폭력 상담실	• 성문제 대책 위원회(위원장 학생처장, 여자 교원 2인, 총 여학생 회 추천 2인 포함)	• 법적 규제 수단에 대한 정보제공, 징계 절차에 관한 정보 제공, 가해자에 대한 사과 교육, 보상 배상 등의 권고

제3절 성희롱 예방을 위한 상담과 교육

1. 상담, 교육, 홍보를 통한 예방활동의 다양화

학교교육에서 남성과 여성이 동등한 인격체라는 관점에서 양성평등 교육을 지향하여야 한다. 이것을 바탕으로 올바른 성에 대한 인식을 학생들에게 전달해야 하는 것이 최우선적인 사항이다. 또한 성희롱의 실태와 심각성에 대한 상담활동과 교육 · 훈련프로그램의 설계, 개발, 실행이 요구된다(김정인 · 도경수 · 이재호, 2003; 박금주 · 김두하 · 김성현, 2005; 송정아, 2006; 하혜숙, 2007a). 구체적으로 학생, 교 · 강사, 교직원 등을 상대로 한 성희롱 예방교육을 주기적으로 실시하여야 한다. 그러나 대부분의 대학은 성희롱 대처에 대한 모호하고 정확하지 않은 정책(policies)과 규정(regulations)을 제정함으로써 성희롱으로부터 학생, 교수, 관련 행정직원을 적절하게 보호하는 데 실패하고 있다(Dye, 1998). 학문의 자유를 침해하지 않는 범위에서 반(反)성희롱정책(anti-sexual harassment policy)을 수립함으로써 대학에서 성희롱을 예방하고 건전한 면학분위기 조성에도 공헌할 수 있다.

성희롱의 개념과 유형, 성희롱 발생 시 피해자가 밟아야 할 절차, 가해자가 받게 될 처벌 규정 등 학교 측의 성희롱에 대한 여러 가지 방안에 대한 지속적인 홍보와 교육을 통하여 성희롱 방지에 대한 학교 측의 강력한 의지를 보여야 하는 것도 중요하다. 그리고 학교 내 성희롱 신고 · 상담기관을 설치하여 문제를 해결하고 빠른 후속 조치를 취할 수 있도록 하여야 한다. 또한 가정에서도 남녀 간의 차이를 강조하는 교육보다는 동등한 인격체로서 인간이라는 측면에서의 교육이 필요하며, 성별에 기준한 양육보다는 개인적인 특성을 키워주는 양육법이 바람직하다. 특히 관계적 성향의 강조보다는 한 개인으로서 합리적인 판단과 행위를 할 수 있는 여성으로 양육해야 할 것이다. 실제로 여성들이 성희롱을 당하고도 쉽사리 말을 못하는 것은 여성 특유의 관계지향적인 성향에 상당부분 기인하는 것이다(문희경, 2009).

2. 성희롱(성폭력) 예방교육

성희롱을 예방하기 위한 정부차원의 노력이 점점 확대되고 있다. 성희롱 업무와 관련되는 여러 정부기관 가운데 교육과학기술부는 대학 내 성희롱 · 성폭력 문제를 해결하기 위하여 법적 규제와 정책(제4장 제2절 참조)을 발전적으로 마련하고 있다. 이와 관련된 그 동안의 노력들은 대학 내 성희롱 · 성폭력 예방에 관한 연구(조주현 · 장승옥 · 정현희, 2003), 대학 성희롱 고충상담원 전문교육(전국 대학성폭력 상담실무자 협의회, 2004), 대학의 성희롱 · 성폭력 사건처리 매뉴얼(교육인적자원부, 2005) 보급, 각종 온라인 교육자료 등 대학 내 성희롱 · 성폭력 문제에 효율적으로 대처하기 위한 다각적인 노력을 기울여 오고 있다. 그리고 학교교단의 성희롱 · 성폭력 행위를 뿌리 뽑기 위하여 교원징계 기준을 강화하고, 고충상담창구의 설치와 운영을 의무화했으며, 성희롱 예방 문제에 대한 교육과학기술부의 지도 · 감독을 강화할 방침을 밝히고 있다(교육인적자원부, 2005).

이에 대학들도 성희롱 · 성폭력을 예방하고 처리할 수 있는 학내 규정과 제도적 장치들을 마련하고 성고충 상담 및 사건처리를 통한 피해자 보호와 사건처리 체계 구축을 위하여 노력하고 있다. 대학의 성희롱 전담부서의 상담실무자를 중심으로 정보교류, 자문활동, 연구활동 등의 자발적인 노력을 기울이고 있다(김영희, 2005). 최근에는 각종 언론매체, 온라인을 활용하여 성희롱 예방교육을 실시하고 있다. 교육과학기술부는 성희롱 예방의 중요성을 인식하고 대학에서 활용할 수 있는 각종 자료들을 제작 · 배포하고 있다. 2005년에는 교수 · 학생용 성희롱 예방교육 기본과정의 CD를 개발 · 보급하였으며, 2007년에는 교수 · 학생용 성희롱 예방교육 심화과정 CD와 대학 직원을 위한 성희롱 예방 CD를 개발 · 보급하였다. 2009년에는 '고정관념 탈출 넘버원'과 '우리평등할까요?'라는 CD를 제작하여 성희롱에 직 · 간접적으로 영향을 미치는 '양성평등의식' 함양을 성희롱예방과 연결하여 교육하고 있다.

이와 같이 학교현장에서 성희롱 예방을 위하여 정부가 법령의 제정 · 정비 및 교원의 징계기준 강화 등을 통한 노력을 하고 있다. 또한 대학도 자체적으로 성희롱 · 성폭력상담소를 설치하고 예방교육을 포함한 다양한 유형의 상담활동을 수행하고 있다. 그러나 대학 내에서의 성희롱 예방교육을 포함한 상담활동의 효과는 실증적인 연구를 통한 기초자료가 부족한 형편이다(김보연, 2004; 진정희, 2003; 하혜숙, 2007b). 대학에서 성희롱 예방교육의 내용과 결과에 대한 과학적 분석 없이 일방적으로 교육을 실시하고 있는 형편이다. 2004년도 전국 대학의 성희롱 예방교육의 현황을 살펴보면, 전체 대학의 94.8%가 성희롱 예방교육을 실시하고 있지만, 참여율은 38.2%로 매우 저조한 것으로 나타나고 있다(하혜숙, 2009). 이에 대한 반성으로 최근에는 성희롱에 대한 이론적 기반에 기초하여 관련 연구기관과 정부기관에서 제작한 프로그램을 종합하여 '대학생을 대상으로 성희롱 예방과 대처를 위한 교육프로그램'의 효과를 경험적으로 검증한 문희경(2009)의 연구결과는 '성희롱 예방교육'의 중요성을 부각하고 있다. 이 연구 결과에 의하면 가상공간에서 이루어지는 '온라인' 교육방법과 전통적인 교육방법인 '강의법'은 모두 교육의 효과가 있는 것으로 나타났다. 계속적인 후속연구가 요망된다.

대학 내의 성희롱 문제를 해결하는 방법은 크게 상담과 교육을 통한 자율적 해결방법과 조사기구를 통한 타율적 해결방법으로 구분할 수 있다(하혜숙, 2009). 그러나 성희롱 해결의 방법으로 처벌을 통한 문제해결의 비중이 증가한다는 것은 상대적으로 교육과 상담 기능이 축소 될 수 있음을 의미한다. 현재 대학에서 성희롱 사건의 상당수가 상담을 통한 자율적 해결방법을 위주로 하기보다는 처벌을 전제로 하는 타율적인 조사 과정에 크게 의존하고 있음에도 불구하고, 성희롱은 감소하거나 구성원들의 인식이 개선되었다는 실증적인 자료는 부족하다(하혜숙, 2009). 이에 대한 이유는 일반적인 범죄나 직장 내 성희롱보다 대학에서의 성희롱 관련 문제해결은 더 복잡하며, 피해 후유증도 장기간 지속될 가능성이 크기 때문이다. 왜냐하면, 대학 내의 성희롱은 생활맥락을 같이 하는 교수와 학생, 친한 선배와 후배, 학과나 동아리의 친구들 사이에서 발생하는 경우가 대부분이기 때문이다. 이러한 관계의 맥락에서 성희롱이 발생하면, 가해자 및 문제 상황이 피해자의 직접적인 생활맥락과 연결되어 있는 점 등의 이유 때문에 적극적으로 문제해결을 시도하기가 어렵고, 따라서 성희롱에 따른 피해를 혼자 고민하면서 대학생활의 장애를 지속적으로 겪게 될 가능성이 많다.

대학에서 발생하는 성희롱 경험과 이에 따른 해결되지 않은 문제가 대학생들의 진로변경의 요인으로까지 작용할 수 있다(Naomi, 2000; Stockdale, 1996, 하혜숙, 2009에서 재인용). 대부분의 피해자들은 자신이 성적인 사건과 연관되었다는 것을 부끄럽게 여기고, 항의를 한다고 하더라도 학업보다는 성적인 측면으로 사람들의 관심을 불러일으키게 되는 것에 대하여 두려워하면서 항의한다고 하더라도 아무런 대책이 마련되지 않을 것이라고 생각하고, 오히려 가해자나 동료들로부터 보복을 당할지도 모른다는 두려움을 가지게 된다(강희순, 2002). 이와 같은 이유 때문에 상담자는 대학 내 성희롱 문제 상황에 개입하여 성희롱 자체가 주는 피해뿐만 아니라 그에 따라 발생하는 대학생활의 장애까지 고려하여 피해를 회복할 수 있도록 도움을 주어야 한다. 상담활동은 개인과 집단의 문제에 대한 기본적인 치료적 기능(remedial function), 앞으로 발생할 가능성이 있는 문제에 대하여 예상하고 미리 피할 수 있도록 하는 예방적 기능(preventive function)을 할 뿐만 아니라, 이와 관련된 문제를 극복하는 데 필요한 능력과 기능을 획득하도록 도와주는 교육적 기능(educative-developmental function)을 담당하기 때문이다(김청자 · 정진선, 2006; 이혜은, 1998; 하혜숙, 2009).

그러나 우리나라 대부분의 대학에서는 성희롱 · 성폭력 상담소가 인력, 시설, 재원 등의 부족으로 어려움을 겪고 있으며, 결과적으로 법률에서 의무규정으로 명시된 예방교육을 실시하는 수준의 소극적인 활동에 그치는 경우가 많다. 뿐만 아니라, 현재 우리나라 대학 내 성희롱 예방교육 관련 실태를 알 수 있는 기본적인 실태자료 및 기초연구도 매우 미흡한 실정이다. 이러한 기초자료 및 연구부재 때문에 대학에선 성희롱 · 성폭력의 심각성에도 불구하고 관련분야의 연구가 활성화되지 못하는 실정이다. 이와 같은 현실적인 문제를 해결하기 위하여 성희롱 · 성폭력 상담소는 그 구성원들에 대하여 정기적으로 성희롱 · 성폭력 예방교육을 실시함으로써 성희롱 · 성폭력 피해 발생 가능성을 억제하고, 평등한 성적 의사소통을 이룰 수 있는 대안적인 성문화를 조성하는 역할을 담당하여야 한다. 그리고 대학 내에서 실시되는 성희롱 예방교육의 실태를 조사하고, 그 특성을 규명하여 이론적으로 체계화하고, 이것을 바탕으로 구체적 정책을 수립함으로써 관련 문제해결을 위하여 노력하여야 한다(하혜숙, 2009).

제4절 성희롱 예방을 위한 정책과 교육프로그램의 연구

이상에서 고찰한 것과 같이 학교에서의 성희롱 예방과 규제방안은 학칙 및 규정안 등을 통한 제도적 차원, 성희롱 피해자 보호와 지원의 개인적 차원, 성희롱 피해자를 위한 상담, 전교생을 위한 성희롱 예방교육과 홍보활동 등의 영역으로 나눌 수 있다. 그러나 성희롱은 개념 규정의 모호성과 가해자와 피해자의 시각차가 존재하기 때문에 성희롱에 대한 종합적인 이해와 이와 관련된 문제를 포괄적인 관점에서 대응하는 성희롱 예방과 규제방안이 도움이 될 것이다. 이와 같은 관점에서 대학을 포함하는 학교당국은 성희롱 예방을 위한 합리적인 규정 마련과 성희롱이 발생하기 전에 적절한 교육프로그램을 설계 · 운영함으로써 성희롱 없는 건전한 학교문화 조성에 힘써야 할 것이다. 다음은 성희롱 예방을 위한 정책, 교육프로그램 등과 관련된 몇몇 연구결과의 종합이다(문희경, 2009).

송정아(2006)는 성희롱 예방을 위한 프로그램 개발에 관한 이론적 기초를 제공하는 연구를 수행하였다. 이 프로그램의 내용은 1) 대학 내 성희롱 · 성폭력이란 무엇인가? 2) 왜곡된 성문화, 3) 건강한 이성교제, 4) 성희롱 · 성폭력 가해자 심리, 5) 성희롱 · 성폭력 피해자 심리, 6) 학내 성희롱 · 성폭력 규정안 및 예방교육, 치유 · 상담 방안, 7) 역할극 등으로 구성 되어 있다. 그러나 실제 프로그램을 수행하여 효과는 검증하지 않았지만, 대학당국에서 대학생들을 위한 예방차원의 성희롱 · 성폭력에 대한 교육이나 집단상담, 또는 강좌개설 등은 성희롱 · 성폭력의 피해자를 줄일 수 있는 효과적인 방법이라고 권장하고 있다.

이경혜와 동료 연구자(2003)는 인간존엄사상 함양, 건전한 성 가치관 확립, 성희롱 · 성폭력 감소를 목적으로 유아용(3-6세) 성희롱 · 성폭력 예방교육 프로그램 및 CD-ROM을 개발하였다. 연구자들은 유아의 성희롱 · 성폭력 예방과 대처를 위한 교육에 효과적으로 활용될 수 있으며, 결과적으로 성폭력 빈도가 감소할 것으로 전망하였다. 그러나 프로그램 효과를 실제 검증한 경험연구는 수행되지 않았지만, 지역사회와 연계하여 반상회, 각 구청을 통하여 홍보와 교육실시를 권장하고 있다.

김지윤과 안채순(2000)이 고등학생 3학년(남자 : 127명; 여자 : 132명)을 대상으로 한국형 남녀평등의식 설문조사의 결과는 다음과 같다. 여학생의 평균이 남학생의 평균보다 유의한 차이로 높아서(t= 13.79, p <.001) 여학생이 남학생보다 보다 남녀 평등적이었다. 나이에 따른 차이는 17, 18세가 19세 보다 유의한 차이(F=8.01, p<.01)로 높아서 나이가 어릴수록 더 남녀 평등적이었다. 또한 교육인적자원부(현 교육과학기술부)의 지원으로 중학생을 대상으로 성희롱 · 성폭력 예방교육 CD-ROM이 중학생의 성폭력예방을 위한 지식에 미치는 효과를 검증하는 연구가 있다(염영희 · 이규은, 2003). 이 연구결과는 중학생(1학년 : 59명; 3학년 112명)을 대상으로 실시한 성희롱 · 성폭력 예방교육은 성폭력의 이해, 성폭력 사례, 예방과 대처, 성 지식 등의 전체 하위영역에서 사전검사와 사후검사의 평균에서 성폭력 지식점수 향상에 효과(t=5,98, p < .001)가 있는 것으로 나타났다. 이러한 연구결과는 초 · 중 · 고등학교를 포함하여 대학당국에서도 성희롱 · 성폭력이 없는 학교문화를 조성하기 위한 성희롱 예방프로그램을 설계 · 실천하여 효과를 검증함으로써 학문의 국제경쟁력 향상에 기여하여야 할 것이다.

성희롱 연구의 초기단계에서 대학생을 대상으로 성희롱 인식(perception)에 관한 교육프로그램의 효과를 검증한 Bonate와 Jessell (1996)의 연구결과는 다음과 같다. 연구 집단은 성희롱 인식과 관련된 내용을 비디오를 통하여 학습한 집단(n=33), 문학작품이 실린 인쇄자료를 가지고 학습한 집단(n=33), 통제집단(n=30)으로 나누어 연구를 수행하였다. 성희롱 민감성검사(Harassment Sensitivity Inventory)의 사전과 사후검사에서 평균의 차이를 검증한 결과는 실험집단에 유의미한 차이

($F=4.29$, $p < .05$)가 있었다. 그리고 이들 3집단의 사후검사 점수는 인쇄자료 집단, 비디오 집단, 통제집단의 순서로 나타났다.

성희롱 문제는 학교를 포함하는 조직에서 근로자와 경영자 모두에게 큰 비용을 부담한다. 미국의 많은 조직들은 성희롱에 대한 명문화된 정책, 고충처리 절차(grievance procedures), 혹은 훈련프로그램을 실행함으로써 이 문제를 극복하려고 노력한다(Antecol & Cobb-Clark, 2003). 또한 성희롱 예방프로그램은 이와 관련된 갈등요소와 법적 제기를 감소하는 데도 많은 도움이 되고 있다(Martucci & Lu, 2005). 그러나 이와 관련된 제한된 자료부족으로 이들 해결책의 효과에 대한 연구는 시작단계에 불과하며 연구결과는 축적되지 않고 있다. Antecol과 Cobb-Clark(2003)가 이론적으로 종합한 연구결과에 따르면, 성희롱 방지를 위한 훈련프로그램은 참가자들, 특히 남성들에게 성희롱의 형태가 될 수 있는 원하지 않는 성적 몸짓(gestures), 언급(remarks), 접촉(touching), 데이트 강요 등을 자제하는 효과가 있는 것으로 나타났다. 이와 같이 성희롱 예방프로그램은 성희롱에 대한 종합적인 이해와 이와 관련된 문제에 좀 더 민감하게 대응함으로써 성희롱 예방에 유용하게 작용할 수 있다.

제9장

성교육과 성희롱 예방을 위한 프로그램

제1절 성교육의 목적과 내용

1. 성교육의 목적

일반적으로 성(sex)이라고 하면 남녀 간의 성교행위만을 생각하기 쉽지만, 보다 폭넓은 의미의 성(sexuality)은 성에 관한 신념, 태도, 가치관, 지식, 그리고 개인의 성형태까지도 포함한다(홍성묵, 2005). 구체적으로는 남녀의 성기관과 성반응의 해부학적 · 생리학적 · 생화학적 이해는 물론, 성적인 발달과정, 남성 또는 여성으로서의 역할, 성성향(性 性向, sexual orientation), 성에 관한 생각, 느낌, 태도, 가치관, 그리고 대인 관계성까지 모두 포함하는 개념이다. 따라서 성에 관한 표현은 그 사람의 인종적 · 문화적 · 종교적 · 도덕적 배경에 따라서 다르게 나타난다. 성에 대한 이해는 배고플 때 먹고 싶고, 자고 싶을 때 자고 싶은 욕구가 있는 것처럼 자신에게 성적 본능이 있고, 이것을 표출하고자 하는 욕구가 있다는 것, 그리고 이것이 나쁘거나 숨겨야할 것이 아니라 누구나 지닌 자연스러운 본능이라는 것을 받아들이는 것에서 출발한다. 나아가 자신과 타인과의 관계에서 성이 어떤 의미를 지니는가를 알고, 사회가 자신에게 기대하는 성역할과 성행동은 어떤 것인가를 학습하는 것이 중요하다.

이와 같이 성은 인간에게는 원초적인 본능으로 올바른 성역할과 성행동을 위한 성교육이 필수적이다. 가장 이상적인 성교육은 일시적 · 한시적인 것이 아니라, 연령이나 발달단계에 맞추어 그에 적절한 성교육을 일생동안 계속하여 실시하여야 한다(홍성묵, 2005). 왜냐하면 인간은 모태에서 시작하여 성적인 존재로 태어나기 때문이다. 태어나자마자 가족원들로부터 피부접촉을 경험하게 되고, 성장하면서 남아 · 여아로서 역할을 익히면서, 음악을 들으면서, 텔레비전을 보면서, 학교생활을 통하여, 친구를 사귀면서 교제하는 과정 등 일상생활을 하면서 성에 관한 학습이 하루도 거르지 않고 끊임없이 이루어진다. 따라서 올바른 성교육은 발달단계에 맞추어 정확한 성에 관한 지식과 정보를 제공해 주고, 일상생활에 필요한 여러 가지 기술을 습득하게 함으로써 성에 관한 건전하고 긍정적인 태도와 가치관을 형성하도록 도와주는 것이다. 특히 청소년들을 위한 성교육은 그들로 하여금 성적 자아 존중감을 가지고 성적으로 건강한 성인(sexually healthy adult)으로 성장하도록 도와주는 데 궁극적인 목적이 있다.

2. 성교육의 내용

구체적으로 성교육에 포함되어야 할 내용은 사회적 · 문화적 · 역사적 배경에 따라서 달라져야만 한다. 우리나라와는 역사적 · 문화적으로 다른 배경을 가지고 있는 미국의 경우에는 성교육을 위한 가장 강력한 민간단체인 '성에 관한 정보와 교육위원회(Sexual Information and Education Council in the United States : SIECUS)' 주관으로 1990년 '유치원생에서 고등학교 3학년까지의 학생을 위한 종합적인 성교육 지침서(Guidelines for Comprehensive Sexuality Education : Kindergarten-12th Grade)'를 발표하였다. 이 지침서에서 다음의 <표 9-1>의 내용과 같이 6개 분야의 내용들이 성교육에 포함되어야 할 것을 강조하고 있다. 이 지침서는 전 세계적으로 성교육을 위한 교재에 포함되어야 할 교육내용의 기본 모형으로 활용되고 있다.

〈표 9-1〉 성교육의 내용

분 야	내 용
발달과정 human development	• 발달과정은 신체적 · 정서적 · 사회적 그리고 지적 성장이 서로 연계되어 균형 있게 이루어져야 한다. 이 분야의 교육내용으로는 임신과 출산에 관한 해부학적 · 생리학적 이해(reproductive anatomy and phisiology), 임신과 출산(reproduction), 사춘기(puberty), 자기 신체에 관한 개념(body image), 남자여자로서의 긍지와 성성향 등이 포함된다.
대인관계 relationships	• 대인관계는 일상생활에서 가장 핵심적인 역할을 차지한다. 가족과의 관계, 친구, 사랑, 데이트, 결혼, 그리고 '사랑하는 사람과 일생을 같이 한다'는 의미 등이 포함된다.
개인적인 기술 personal skills	• 성적으로 건강한 사람은 상황에 따라서 적절하게 사용할 수 있는 여러 가지 종류의 개인적인 기술을 개발하여야 한다. 이와 같은 기술에는 긍정적인 그리고 확고한 성에 관한 가치관(values), 결정을 내리는 기술, 의사소통, 자기주장, 도움을 요청하는 방법 등을 익혀야 한다.
성 행태 sexual behavior	• 인간은 성적인 존재이며, 성에 대한 표현방법도 다양하다는 것을 교육시켜야 한다. 발달 단계에 따른 성에 대한 이해, 자위행위, 파트너와 함께 즐기는 성행위(harded sexual behavior), 금욕생활, 인간의 성반응 단계, 성기능에 관한 이해 등이 포함된다.
성 건강 sexual health	• 성 건강에 관한 지식과 정보는 성과 관련, 원치 않는 후유증이나 결과를 예방하는 데 도움을 준다. 피임, 임신중절, AIDS를 포함한 성병, 성적학대, 임신과 출산에 따른 건강관리 등이 포함된다.
사회와 문화 society and culture	• 성에 관한 학습과 표현은 개인이 처해 있는 사회적문화적 여건과 배경의 영향을 받는다. 따라서 성과 사회, 남녀의 역할, 성과 법, 성과 종교, 성적 표현의 다양성, 성과 예술, 성과 대중매체 등이 포함된다.

제2절 학교 교육과정으로서 성교육 내용

1. 미국 SIECUS가 추천하는 발달단계에 따른 성교육 내용

<표 9-1>에서 살펴본 미국 SIECUS가 강조하는 교육내용을 중심으로 연령별 발달 단계에 따른 구체적인 성교육 내용은 다음의 <표 9-2>와 같이 요약할 수 있다(홍성묵, 2005).

〈표 9-2〉 발달단계에 따른 성교육 교육과정 내용

발달단계	교육과정 내용
3-5세 유치원 preschool	• 신체 각 부위(성기)의 명칭 • 남녀 아동의 차이점 • 남녀 아동으로서의 자긍심 • 자신의 몸은 자기의 고유한 전유물이이고 다른 사람이 함부로 만지지 못하도록 할 수 있다는 개념 • 낯선 사람이 사탕을 줄 때에 반응방법에 대한 학습 • 성인들의 키스, 포옹은 사랑의 표현
6-9세 초등학교 초기 Early Elementary School	• 신체부위 명칭 확인과 대화 중 적절히 사용 • 신체에 대한 자긍심 • 신체의 어느 특정 부분은 자극을 받으면 쾌감이 온다는 학습 • 만약 자극을 주고 싶으면 사적(private)으로 함 • 성에 관한 기본지식 : 남녀 성기관과 출산과의 관계 • 자궁의 역할, 아기는 질구를 통하여 출산, 모유는 엄마의 젖에서, 사춘기 후에만 임신가능 • 연령에 따른 성 활동 설명(할머니, 할아버지, 엄마, 아빠 등) • 여러 종류의 가정(한 부모 가족, 독신 가족 등), 이혼, 별거 • 전형적인 성역할의 부정적인 면 토의 • 성 건강 관리(위생)

〈표 9-2〉 발달단계에 따른 성교육 교육과정 내용 (계속)

발달단계	교육과정 내용
10-12세 초등학교 후기 Upper Elementary School	• 사춘기의 신체 변화 • 여자의 생리, 남자의 몽정, 사정 • 사춘기 현상은 개인차가 크다. • 인간의 성은 자연적이며 그에 대한 느낌도 정상 • 성은 출산의 목적 이외에 쾌락의 목적도 있다. • 자위행위(과도하게 하지 않으면 해롭지 않다) • 성교는 임신을 하게 만든다. • 출산은 장기간의 책임이 수반됨으로 미리 계획을 해야 한다. • 피임의 기본적인 이해 • 아동은 성교를 하기엔 너무 이른 시기 • 외모가 사람의 가치를 결정짓지 않는다. • 성에 관한 대화, 자기 주장하는 방법 • 서로 동의하지 않거나, 다른 가치관을 가진 사람과도 좋은 친구가 될 수 있다. • 성적 학대의 개념, 가능성, 그리고 그에 대한 대처 방법 • 성 건강, 위생 관리 유지 • 부모와 성에 관한 대화 유지(서로 의견이 다르더라도) • 남자와 여자는 동등하다. 단지 다른 역할을 맡아 살아간다.
13-15세 중학교 Junior Middle School	• 성적 느낌, 욕구, 환상을 가지는 것은 정상 • 성은 쾌락을 가져다 준다. • 음경, 유방의 크기가 좋은 성적 파트너의 요건이 될 수 없다. • 모든 사람(장애자까지도)은 성적 느낌과 욕구를 가지고 있다. • 여러 가지 형태의 성행동(성성향, 금욕, 결혼, 동거 등) • 사랑과 성적 매력을 혼돈하지 말라. • 피임을 하지 않은 성관계의 여러 가지 문제점 • 피임방법 • 10대 청소년은 아직 성교하기에는 이른 나이 • 데이트의 방법과 고정적인 남자·여자 친구 사귀기에 대한 지식 • 친구들의 압력, 이에 저항하는 방법 • 친구의 의견, 태도 존중해 주기 • 친밀한 관계에서 일어날 수 있는 여러 가지 문제점(예 : 데이트 성폭행) • 신체적인 건강관리(유방, 고환, genital 자기점검) • 자신의 일반적인 가치관 정립하기

〈표 9-2〉 발달단계에 따른 성교육 교육과정 내용 (계속)

발달단계	교육과정 내용
16-18세 고등학교 Senior Middle School	• 모든 사람은 성적인 존재이다. • 성은 인간 성격, 존재, 그리고 인격의 단지 한 부분이다. • 성에 관한 가치관 형성과 정립 • 자신의 신체, 성, 성성향에 대해 긍정적인 생각 • 자신의 성을 적절하게 표현하는 법 배우기 • 성적인 느낌, 욕구, 한계점을 성관계 없이도 표현하고 전달하는 법 • 성폭력, 성학대에 대한 이해와 대처방법 • 성관계를 가질 경우 적절한 피임방법 선택 • 부모로서의 책임감, 아기 양육에 관한 지식 획득 • 결혼의 의미, 부모가 되면 장기적인 헌신적 노력필요 • 모든 사람의 성적, 정서적 욕구는 시간이 흐름에 따라 변화 가능

2. 우리나라 초·중등학교의 성교육 교재 내용

성에 대한 관심은 남녀노소를 불문하고 매우 많다는 데에 누구든지 동의할 것이다. 이것은 성(性)이 우리 인생의 전체 과정을 통하여 자연스럽게 진행되는 하나의 발달적 특성을 가지고 있기 때문이다. 특히, 아동들과 청소년들이 성에 대하여 관심을 가진다는 것은 매우 정상적인 일이며, 이러한 호기심이 성에 대한 학습을 이끌어 낼 수 있는 중요한 동기가 될 수 있다. 따라서 성에 대한 교육이 어린 시절부터 이루어져야 하는 것은 자명한 사실이다. 그리고 성교육이 가정뿐만 아니라 공공 교육현장에서도 실행되어야 한다는 데에는 의문의 여지가 없다. <표 9-3>은 성희롱과 관련하여 우리나라 초 · 중등학교의 성교육 교과내용에 포함된 내용의 요약이다(윤인경 외, 2007).

〈표 9-3〉 **초·중등학교의 성교육 교재 내용**

- **생식기관과 생리 현상** : 여러 교재별 차이가 없었으며, 특히 남자와 여자가 신체적이고 생리적인 면에서 어떤 차이가 있는지를 중점적으로 설명하고 있다.
- **이성애, 성 충동·성 욕구, 자위행위** : 이성에 대해 호감을 갖는 현상은 자연스러운 것이며, 이성간의 예절이나 이해를 위주로 설명하고 있다. 성 욕구나 자위행위, 기타 성 행위에 대한 정의와 남녀 간의 차이를 설명하고 있는데, 책에 따라서 입장의 차이를 보이는 부분들이 비교적 많은 편이다.
- **성폭력** : 성폭력에 대한 내용이 전혀 실리지 않은 책(학교보건교육자료)도 있었으며, 대체로 여성과 남성의 성적 차이를 사회 · 문화적 차원에서 접근하여 성폭력이 생물학적 요인 보다 성문화의 문제에 있다는 점을 주지시키고 있다.
- **사랑과 성, 결혼, 우정** : 결혼에 관해서는 가부장제의 전통적 성역할을 강조하는 경향이 강한데, 특히 여성은 어머니로서의 역할과 여성적 규범을 부각시키는 반면, 남성은 건강과 경제적 능력을 강조할 뿐이며 아버지로서의 역할에 관한 내용이 부재하는 문제가 있었다.
- **임신과 낙태** : 주로 어머니의 역할로 임신, 태교, 출산에 대한 설명이 많은 반면, 아버지로의 역할에 대한 설명은 거의 없는 것으로 나타났다.
- **순결, 성 윤리** : 종전의 고정관념을 깨는 시도가 부분적으로 엿보이나 순결의 상실을 결혼의 파탄과 직결시키는 등 전통적인 순결 이데올로기를 주입시키는 경향이 나타나고 있다.
- **성역할의 문제 제기와 변화** : 변화하는 현대 사회에 따라 종전의 성역할이 그대로 유지될 수 없고, 이미 변화하고 있다는 점을 강조하여 여성 차별적인 역할론을 답습하지 않는 것으로 나타났다.
- **성문화** : 한국의 가부장적 성문화와 성의 상품화 문제들을 대체로 잘 설명해 주는 교재도 있는데, 이러한 문화와 환경이 여성과 남성 간의 차이와 갈등을 야기하는 요인으로 작용하는 부분을 비교적 잘 이해시키고 있다.

제3절 성희롱 예방교육 프로그램

1. 초·중등교육과 성희롱 예방교육

다음 <표 9-4>는 초 · 중등학교에서 성교육 및 성폭력 교육목표의 종합 · 요약이다(윤인경 외, 2007).

〈표 9-4〉 학교급별 성교육 및 성폭력 예방교육의 목표

학교급 / 영역	교육목표						
	초등학교 1·2학년	초등학교 3·4학년	초등학교 5·6학년	중학교 1학년	중학교 2학년	중학교 3학년	고등학교 1학년
인간 관계와 성심리	• 친구의 소중함을 알고, 친구를 사귀는 데에 있어 지켜야 할 예절을 지켜 사이좋은 관계 유지를 위해 노력한다.	• 자신과 타인을 이해하고 존중하며, 성에 대한 호기심이 커지는 이유를 이해하고 성예절의 중요성을 알아 실천한다.	• 사춘기의 심리적 특성과 이성 친구와 동성 친구의 다른 점을 이해하며, 친구 간에 지켜야 할 예절을 알아 실천한다.	• 사춘기 심리적 발달의 원인을 이해하고, 완전한 사랑 및 성욕의 의미를 이해하여 건강한 성 정체성을 형성한다.	• 이성 교제 시 지켜야 할 예절을 알아 상대방을 알아 존중하며, 남녀의 성욕구의 차이를 알고 성 충동을 효과적으로 조절한다.	• 자신의 정체성을 찾고 타인의 성을 존중하는 태도를 가지며, 사랑은 상대방에 대한 배려에서 기초함을 이해한다.	• 성의 역사와 문화를 통해 성은 자연스러운 것임을 알고, 성적 의사소통방법을 익혀 실생활에 적용한다.
신체 발달과 성 건강	• 생명의 임신과 탄생 과정을 통해 관련된 생식 기관의 역할과 중요성을 이해하고 보호 방법을 실천한다.	• 생명 창조 및 태아 성장의 과정을 이해하고, 여성 혹은 남성답게 성장해 가는 자신의 신체 변화를 자연스럽게 받아들인다.	• 사춘기 남녀의 신체적 특성을 알고, 임신의 과정을 바르게 이해하여 생명의 소중함을 이해한다.	• 사춘기 성적 발달의 성별 · 개인차를 알고, 임신과 출산 과정을 바르게 이해하여 생명을 존중하는 태도를 가진다.	• 남성과 여성의 피임 방법의 차이와 불임의 원인을 알고, 성병의 감염 경로와 치료, 예방법을 이해하여 건강한 청소년기를 준비한다.	• 성 예절을 지키는 태도로 생활하고, 건강한 임신과 출신을 위해 준비해야 하는 과정을 이해한다.	• 남녀의 신체 구조, 인공 임신 중절, 성병을 이해함으로써 건강한 신체 발달과 성을 건강하게 관리할 수 있는 방법을 안다.

〈표 9-4〉 학교급별 성교육 및 성폭력 예방교육의 목표 (계속)

학교급 / 영역	교육목표						
	초등학교 1·2학년	초등학교 3·4학년	초등학교 5·6학년	중학교 1학년	중학교 2학년	중학교 3학년	고등학교 1학년
사회 환경과 양성 평등	• 평등한 성역할과 성폭력의 의미를 이해하고, 성폭력 상황에 따른 대처방법을 이해한다.	• 여성과 남성에 대한 성 고정관념과 성차별을 이해하고, 성폭력 상황에서 올바른 대처 방법을 실천한다.	• 성 상품화 사회 실태 및 성폭력의 심각성을 파악하고, 양성평등의 개념을 익혀 생활 속에서 실천한다.	• 청소년을 둘러싼 사이버 환경의 위험성, 성폭력의 개념과 원인을 이해하고, 가족 내에서 양성 평등을 실천한다.	• 청소년 성매매와 잘못된 성 정보 습득 등의 문제점을 인식하여 해결방안을 모색하고, 학교에서 양성평등을 실천한다.	• 청소년 성매매, 외모 지상주의, 직장에서의 양성평등 실태와 개인 및 사회에 미치는 문제점을 인식하며, 대책과 예방 방법을 탐색한다.	• 성폭력, 성매매, 성 상품화의 실태와 문제점을 알고, 양성 평등 사회를 이루기 위한 다양한 방법을 탐색한다.
결혼과 건강한 가정	• 가정의 소중함과 아동 방치의 의미를 알고, 행복한 가정을 유지하기 위한 방법을 실천한다.	• 태아의 성장 환경인 가정의 사랑과 책임을 이해하고 가정의 아동 학대로부터 자신을 보호하는 방법을 실천한다.	• 다양한 가족의 유형을 이해하고, 효과적인 가족 의사 소통방법을 실천하며, 가정 폭력에 대처하는 방법을 이해한다.	• 가족의 변화하는 모습을 통해 다양한 가족을 수용하고, 가정 폭력의 영향과 대처 방안을 알아 실천한다.	• 가정 폭력의 실태와 통념을 점검하고, 행복한 가정을 만들기 위한 다양한 실천 방안을 모색한다.	• 부모가 되기 위한 신체적, 경제적, 심리적 준비의 중요성을 이해하고, 가족 폭력의 후유증을 인식하여 바람직한 가정의 의미를 깨닫는다.	• 행복한 가정을 이루기 위해 배우자 선택과 가족 구성원의 가사 분담의 필요성을 알고, 부부 갈등 발생시 해결 방안을 탐색한다.

<표 9-4>에 명시된 교육목표를 달성하기 위하여 우리나라 초등학교와 중학교에서 이루어지는 성교육 및 성폭력 예방교육 프로그램의 내용체계는 다음 [그림 9-1]과 같다. [그림 9-1]에서 요약된 것과 같이 초등학교와 중학교에서는 성희롱 예방교육 프로그램에 인간관계와 성 심리, 신체발달과 성 건강, 사회적 환경과 양성평등 등의 내용을 포함하고 있다.

	초등학교 1·2학년/3·4학년/5·6학년	중학교 1학년/2학년/3학년
인간관계와 성심리	•친구관계 •친구 이해하기 •성 예절 •남녀의 우정과 사랑 •여자친구와 남자 친구 •사춘기의 심리적 특성	•성 정체성 •사춘기의 심리적 변화 •성욕 욕구의 조절 •이성간의 예절 •성적 자기 결정권 •효과적으로 대화하는 법
신체발달과 성 건강	•생명의 소중함 •나의 탄생 •여성과 남성의 몸 •옷의 필요성과 청결 •사춘기의 신체적 특성 •사랑과 임신	•사춘기의 신체적 발달 •사춘기의 생리적 발달 •건강한 임신과 출산 •성인성 질환 •잘못된 성 행동
사회적 환경과 양성평등	•성폭력의 의미 •상황별 성폭력 대처방법 •성 고정 관념 •평등한 성역할과 가치관 •성 상품화 •가정에서의 양성평등	•성폭력 예방과 대처 방안 •사이버 시대의 성의식 •성 상품화, 십대 성 매매 •학교에서의 양성 평등 •직장에서의 양성 평등 •성과 외모지상주의

[그림 9-1] **성교육 및 성폭력 예방교육 프로그램 내용 체계**

2. 대학교육과 성희롱 예방프로그램

대학생을 대상으로 성희롱 예방과 대처를 위한 교육프로그램의 설계과정과 개발된 프로그램은 다음과 같다(문희경, 2009). <표 9-5>는 성희롱 예방 · 대처 교육프로그램의 설계과정으로 교수설계 모형의 일반적인 절차인 분석-설계-개발-실행-평가의 단계에 따라서 진행되었으며, <표 9-6>은 개발된 성희롱 예방 · 대처 교육프로그램의 주요내용이다.

〈표 9-5〉 성희롱 예방·대처 교육프로그램 개발의 절차

<table>
<tr><th>구분</th><th colspan="2">실행 사항</th><th>중점 특기 사항</th><th>비고</th></tr>
<tr><td rowspan="2">준비</td><td colspan="2">교육대상자 선정</td><td>• 대학생 대상 성희롱 피해자</td><td></td></tr>
<tr><td colspan="2">교육방법 결정</td><td>• 온라인 교육과 집단강의 교육</td><td></td></tr>
<tr><td rowspan="3">분석 :
학습내용, 학습자, 환경을 정의하는 과정</td><td colspan="2">국내외 관련 문헌조사</td><td>• 성희롱 연구의 시작과 현재 경향 · 쟁점 파악</td><td></td></tr>
<tr><td colspan="2">전문가 개별 면담</td><td>• 성희롱 전문연구기관(한국양성평등교육진흥원, 한국여성정책연구원 등) 전문가 면담</td><td></td></tr>
<tr><td colspan="2">실험집단 성희롱 피해자 선정 도구개발</td><td>• Fitzgerald 등(1988)의 설문지와 서울대 성희롱성폭력상담소(2003) 설문지 참고하여 도구 개발</td><td></td></tr>
<tr><td rowspan="5">설계 :
교육내용, 방법 및 시간을 구체화하는 과정</td><td colspan="2">교육목표 설정</td><td>• 남녀평등의식 함양과 성희롱 대처능력 개발</td><td></td></tr>
<tr><td rowspan="4">교육내용/
시간배정</td><td rowspan="2">1일차</td><td>• 사전검사 : 남녀평등의식검사 및 성희롱 대처행동 검사, 실험 참여 동의서</td><td></td></tr>
<tr><td>• 남녀평등의식
• 성희롱 이해</td><td></td></tr>
<tr><td rowspan="2">2일차</td><td>• 성희롱 사례
• 양성평등 실천
• 건전한 성문화 정착 및 실천</td><td></td></tr>
<tr><td>• 사후검사 : 남녀평등의식검사와 성희롱 대처행동 검사, 프로그램 학습자 만족도 평가 질문지</td><td></td></tr>
<tr><td rowspan="3">개발 :
교수 · 학습자료 (매체)를 제작하는 과정</td><td colspan="2">내용 개발</td><td>• 고정관념탈출 넘버원! 우리 평등할까요?
• 함께 하는 대학, 행복한 시작 (1)
• 함께 하는 대학, 행복한 시작 (2)
• 대학 내 성희롱 기초 · 심화과정
• 생애주기 양성평등교육 : 청년기
• 성희롱! 아직도 모르시나요?</td><td></td></tr>
<tr><td colspan="2">교수전략/
매체 선정</td><td>• 온라인용 CD
• 사이버강의용 교과서(courseware)
• 강의용 교재 개발 : 강의용 PowerPoint 개발</td><td></td></tr>
<tr><td colspan="2">평가도구 선정/
개발</td><td>• Fitzgerald 등(1988), 이혜은(1998)의 성희롱 대처양태 설문지(사전 · 사후용)
• 한국여성정책연구원(1999) 한국형남녀평등의식검사</td><td></td></tr>
</table>

〈표 9-5〉 **성희롱 예방·대처 교육프로그램 개발의 절차** (계속)

구분	실행 사항	중점 특기 사항	비고
실행 : 교과목 혹은 프로그램을 실제 수업상황에 적용 · 설치하는 과정	예비연구	• 대학생 10명을 대상으로 전체과정을 예비실험 : ○○○○년 ○○월	
	프로그램 수정 · 보완	• 예비연구 결과를 바탕으로 프로그램 보완	
	본 실험 확정 · 실행	• ○○○○년 ○월 ○○-○○일(1차); ○월 ○○-○○일(2차)	
평가 : 프로그램의 적절성을 통제 · 결정하는 과정	남녀평등 의식검사	• 한국여성정책연구원 개발 (1999)	
	성희롱 대처 행동	• Fitzgerald 등(1988)과 이혜은(1998)의 성희롱	

〈표 9-6〉 **성희롱 예방·대처 교육프로그램의 주요내용**

구성		차시명	내 용	비고
주제	차시			
사전 활동	1	• 전체 프로그램 오리엔테이션 안내/참여 동의서 작성		
		• 사전 검사	• 한국형 남녀평등의식검사	
			• 성희롱 대처 행동 설문지	
남녀 평등 의식	2	• 고정관념탈출 넘버원!	• 성에 대한 편견 기본 개념 - 사례 1 : 동아리 연합 MT (MT 장소에서 여학생들을 외모로 평가하는 장면과 수용하기 힘든 게임벌칙 등) - 사례 2 : 친구야, 동작 그만! (여학생들의 미니스커트 착용 등 옷차림에 대한 편견 깨기)	
	3	• 우리 평등할까요?	• 남녀평등 기본개념 - 사례 1 : 성년의 날(데이트 비용의 남녀 분담) - 사례 2 : 교수님의 대화법(수업시간 중 교수님의 성(性)적 언행)	

〈표 9-6〉 성희롱 예방·대처 교육프로그램의 주요내용 (계속)

<table>
<tr><th colspan="2">구성</th><th rowspan="2">차시명</th><th rowspan="2">내 용</th><th rowspan="2">비고</th></tr>
<tr><th>주제</th><th>차시</th></tr>
<tr><td rowspan="2">성희롱 이해</td><td>4</td><td>• 함께 하는 대학, 행복한 시작 (1) : 성희롱의 개념 및 유형</td><td>• 성희롱 개념 : 성희롱의 법적 개념 및 관련법에 대한 소개로 구성
• 성희롱 판단기준 : 성희롱의 판단 기준에 대한 2가지(상대방이 원하지 않았는가?, 성적 모욕감, 혹은 수치심을 느꼈는가?) 기준으로 구성
• 성희롱 유형 : 조건형 성희롱과 환경형 성희롱에 대한 내용을 사례를 통해 구성. (육체적, 언어적, 시각적, 조건적 성희롱, 성폭력으로 분류)
• 성희롱의 영향 : 피해자, 가해자, 학교기관에 대한 성희롱의 영향으로 구성</td><td></td></tr>
<tr><td>5</td><td>• 함께 하는 대학, 행복한 시작 (2) : 성희롱 예방 및 대처</td><td>• 사건처리절차 : 사건 처리에 대한 교내 처리, 교외 처리 방법 및 관련 사례로 구성
• 개인예방 가이드 : 성희롱 예방을 위하여 학습자가 지녀야 할 지침으로 내용 구성
• 학교기관 예방 가이드 : 성희롱 예방을 위한 학교가 지녀야 할 지침으로 내용 구성
• 피해자 대처 : 피해자 대처를 위한 관련 상황 제시와 대처 방법에 대한 설명으로 구성
• 가해자 대처 : 가해자로 지목 되었을 때의 상황 제시와 대처 방법에 대한 설명으로 구성
• 학교기관 대처 : 학내 사건 발생시 학교 기관으로서의 대처 방법에 대한 설명으로 구성</td><td></td></tr>
<tr><td rowspan="2">성희롱 사례</td><td rowspan="2">6</td><td>• 대학내 성희롱 예방교육 심화과정 :
-비공식 절차
-공식 절차</td><td>• 비공식 사례 1 : 동아리 MT (MT 잠자리에서 남자 선배의 여학생에 대한 육체적 성희롱 사례)
• 공식 사례 : 교수의 수업시간 성희롱 (수업시간에 교수님의 마른 남학생에 대한 언어적 성희롱 사례)
• 공식 절차 : 교수의 수업시간 성희롱에 대한 공식절차에 따른 회의 진행과정 공개</td><td></td></tr>
<tr><td>• 대학내 성희롱 예방교육 심화과정 : 기타사례</td><td>• 사례 1 : 데이트 성폭력 (데이트 관계란 데이트에 동의하는 것이지 성관계에 동의하는 것은 아님)
• 사례 2 : 스토킹 (스토킹 대처법 예시)
• 사례 3 : 사이버 성폭력 (사이버 성폭력에 대한 예시와 대처법, 증거물로서의 동영상 저장 방법 예시)</td><td></td></tr>
</table>

〈표 9-6〉 성희롱 예방·대처 교육프로그램의 주요내용 (계속)

구성		차시명	내 용	비고
주제	차시			
양성평등 실천	7	• 생애주기 양성평등교육	• 대학생과 청년기 양성평등(OTL 섬의 비밀) 1)남성과 여성의 차이, 2)여성의 리더십, 3)남성 성희롱 피해, 4)교수의 성희롱 사건 등 4가지 주제를 가지고 수수께끼 풀듯이 섬으로 여행 온 동아리 남녀 학생들이 지령을 받고 극으로 풀어가는 과정	
건전한 성문화 정착 · 실천	8	• 성희롱! 아직도 모르시나요?	• 성희롱 없는 대학문화! 21세기 대학의 국제 경쟁력이다 … • 바람직한 성문화 정착 : 교정에서 일터까지 • 건전하고 행복한 삶을 위하여 • 대학 졸업 후 지방회사에 입사한 여사원에 대한 직장상사의 성희롱 사례 • 변호사의 판단과 패널들의 토론, 외국사례와 관련법 조항, 처리 결과와 보도 자료까지 이해하기 쉽게 구성	
사후 활동	9	• 사후 검사	• 한국형 남녀평등의식검사	
		• 성적 괴롭힘 대처행동 검사	• 저자 자체개발한 검사	
		• 설문 조사	• 프로그램 참가자 종합 의견 수렴(학습자 만족도 질문지 작성)	

제4절 성희롱 · 성폭력 가해자 교육 및 상담 프로그램

1. 성희롱·성폭력 가해자 교육 및 상담 프로그램의 개념 모형

우리 사회에서 성희롱과 성폭력이 심각한 사회문제로 부각되면서 다양한 형태의 성관련 피해가 발생하고 있으며, 이와 관련된 정책도 피해자 중심으로 다루어지고 있다. 그러나 성희롱 · 성폭력 방지를 근본적으로 예방하고 재발 방지를 하기 위해서는 가해자에 대한 개입이 무엇보다도 중요하다(하혜숙 · 김동일, 2007). 우리나라의 성희롱 · 성폭력 가해자 교육 및 재활 프로그램과 관련된 연구를 살펴보면, 임승환(1993, 박성혁 · 하혜숙, 2007에서 재인용)의 집단상담 모형을 시작으로 수강명령 프로그램을 통한 가해자 교육이 실시되기 시작하여 현재에 이르고 있는 것으로 알려져 있다.

그러나 아직까지 성희롱 · 성폭력 가해자에 대한 연구자료가 미비하여 가해자 교육 프로그램도 체계적으로 개발되어 있지 않고 가해자 교육전문가도 전무하여 프로그램이 활성화되지 못하고 있는 실정이다(신이찬희, 2003). 지금까지 성폭력 문제에 대한 임상적 접근은 주로 피해자에게 초점이 있었으나, 성폭력의 재발을 방지하고 성폭력 가해자가 정상적인 사회생활을 할 수 있도록 돕기 위해서는 가해자에 대한 치료적 접근도 필요하며 이를 가능하게 하는 제도적 지원이 요청된다(권수현, 2003a, b). 성희롱 · 성폭력 가해자에 대한 치료 서비스는 가해자도 일종의 피해자이기 때문에 사회적으로 치료할 책임이 있다는 관점에서 출발한다(한국여성개발원, 1992). 왜냐하면 기본적으로 이들 가해자도 우리 사회의 이중적인 성의식 구조에 의한 사회화, 일탈된 성문화의 영향, 이에 대한 적절한 규제나 조치를 취하지 못한 사회제도 미비의 결과라고 볼 수 있기 때문이다. 이 외에도 형법만으로는 이미 고착된 가해자의 성폭력 행위를 근절하기 어렵기 때문에 재범 방지 및 예방의 목적도 있다.

따라서 성희롱 · 성폭력은 단순히 피해자와 그 가족에게만 피해를 주는 개인적 차원의 문제가 아니라 피해자와 가해자가 속해 있는 공동체에도 피해를 주며 심지어 가해자 자신에게도 피해를 주는 문제라는 점을 고려하면, 성희롱 · 성폭력 가해자 교육 및 상담 프로그램이 지향해야 하는 개념 모형은 다음의 [그림 9-2]와 같이 구조화해 볼 수 있다. 즉, 성희롱 · 성폭력 가해자 교육 및 상담 프로그램은 성희롱 · 성폭력이 피해자와 그 가족, 공동체 그리고 가해자 자신에 이르기까지 광범위하게 피해를 유발하는 잘못이라는 점을 인식하고 책임을 지도록 도와줄 필요가 있다. 이를 위해서는 첫째, 징벌적 성격의 구금이나 강제 교육 등을 통하여 성희롱 · 성폭력 행위에 대한 책임을 직접적으로 부과하고, 둘째, 재발방지를 위하여 교육 및 상담 과정을 통하여 효율적이고 바람직한 대인관계 기술을 습득할 수 있도록 도와주며, 셋째, 일상을 회복할 수 있도록 피해자와 공동체 그리고 가해자의 피해가 실질적으로 회복될 수 있도록 도와야 한다(박성혁 · 하혜숙, 2007).

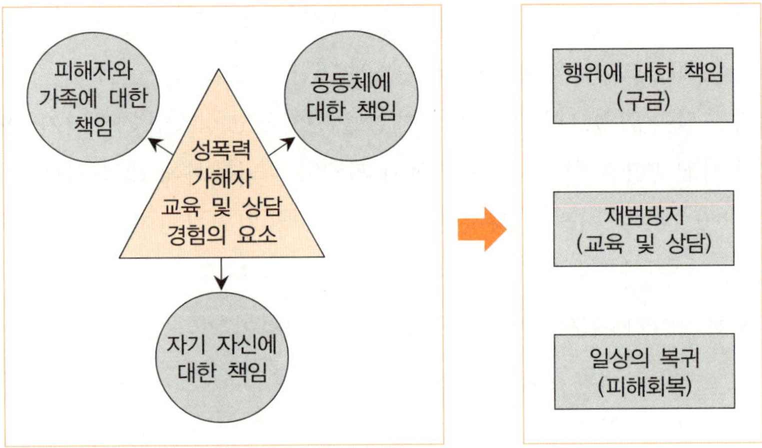

[그림 9-2] **성폭력 가해자 교육 및 상담 프로그램 개념 모형**

2. 성희롱·성폭력 가해자 교육프로그램 현황

우리나라에서는 성희롱 · 성폭력 가해자들에 대한 구별된 프로그램의 필요성을 인식한지 얼마 되지 않았고, 지금까지도 활성화되지 못한 상황이다. 현재 가해자 교육 프로그램은 주로 수강명령 프로그램으로 실시되고 있으며, 그 밖의 처우 단계에서는 일부 교도소에서 부가적으로 진행되는 단발적인 프로그램 정도이다(한국형사정책연구원, 2005).

1) 수강명령 제도

현행 법체계에서 성폭력 가해자는 형사절차를 거치게 되어 있으므로 형사사법절차 내에서 성폭력 가해자의 재범방지를 위한 치료적 개입과 감시감독 방법이 중요한 의미를 지닌다고 할 수 있다(노일석, 2003). 수강명령은 유죄가 인정된 범죄인이나 비행 소년에 대하여 법원이 일정한 시간의 강의나 교육을 받도록 명하는 사회 내 처우제도의 하나이다. 이 제도는 범죄인이 가지고 있는 잘못된 인식과 행동습관이 범죄의 원인이 되었다고 판단되는 경우에 교육과 치료를 통하여 자신의 문제에 대한 인식을 가지고 대처기술을 습득하도록 함으로써 재범을 막고 사회적응을 돕는 것을 목적으로 한다.

우리나라의 수강명령제도는 보호관찰제도의 활성화에 따라 발전되었다. 우리나라에서 보호관찰제도는 1963년 소년법 개정에 의하여 소년보호사건에서 보호처분의 형태로 최초로 법제화되었지만, 이에 대한 구체적인 절차법과 담당조직의 미비로 인하여 유명무실하였다(한국형사정책연구원, 1999). 그 후 1993년 개정된 소년법에서 보호관찰처분을 받는 16세 이상의 소년에게 사회봉사명령과 선택적으로 수강명령을 할 수 있도록 하면서 보호관찰제도가 활성화 되었다. 그리고 개정된 소년법의 보호관찰처분을 구체화하는 집행법으로 1988년 12월 31일 '보호관찰법'이 제정되었다.

그 후 형사범죄자에 대해서는 1989년 개정된 '사회보호법'이 보호감호소 가출소자에 대하여 보안처분으로서의 보호관찰을 , 1994년 제정된 '성폭력범죄의 처벌 및 피해자보호 등에 관한 법'이 성폭력범에 대한 보호관찰을 규정함으로써 일부 성인범에게도 보호관찰을 실시할 수 있게 되었다. 그 후 1995년 12월 형법이 개정되어 모든 형사범죄자(특히 성인)에 대한 보호관찰, 사회봉사명령과 더불어 수강명령제도가 입법화되었다. 이 때 개정된 형법에 의하면, 법원은 형의 선고유예를 할 경우에 보호관찰을 명할 수 있고, 형의 집행유예를 할 경우에도 보호관찰을 명할 수 있다. 여기서 사회봉사명령 또는 수강명령은 그 이전에 소년법 제32조 3항에 의하여 16세 이상의 소년에 대하여 소년보호처분의 일종으로만 실시되어 오던 것인데, 시행의 결과 그 유용성이 검증되어 모든 형사범죄자에게로 확대하게 된 것이다.

현재 대법원 재판예규에 의하면, 수강명령에 적합한 대상자의 유형은 약물-마약-알콜중독으로 인한 범죄, 심리 정서상의 특이한 문제와 결합된 범죄(성범죄 등)를 범한 자로서 적절한 프로그램을 통하여 치료를 받을 필요가 있는 경우, 기타 준법운전강의처럼 수강명령을 부과하는 것이 적절하다고 판단되는 경우로 구분되어 있다. 그러나 최근의 수강명령제도의 실시건수를 근거 법률에 따라 살펴보면, 형법에 의한 사건이 가장 많고 그리고 소년법, 가정폭력법, 성폭력법 순으로 나타나 있는데, 성폭력 사건의 증가를 고려하면 성폭력의 경우, 가해자 교육이 아직은 크게 활성화 되지 않았다는 점을 알 수 있다(하혜숙 · 김동일, 2007). 이는 비교적 경미한 특정 비행에 대한 가해자 교육이 재범률을 억제하는데 효과가 있다는 점을 고려하면, 앞으로 성폭력 가해자 교육을 활성화 시키는 것이 필요함을 알 수 있다.

또한 수강명령 대상은 유죄가 인정된 범죄인이나 비행소년이므로 교육 프로그램 에 대한 비자발성과 내적 참여 동기가 매우 낮다고 할 수 있다. 수강명령대상자는 다양한 연령대에 걸쳐있고 우리나라 형사 절차에서 대상자선정(screening) 체계가 미약하므로 다양한 문제영역을 가진 집단이 수강명령 대상자가 된다. 예를 들어 소년 성폭력 사범은 크게 A형과 B형으로 나누어 볼 수 있는데, 전자는 대체로 행동장애를 가지고 있으며, 성폭력 범죄 이외에 폭력, 절도, 강도 등의 비행전력이 있어서 전반적인 폭력성과 반사회성이 주요 원인인 경우이며, 후자는 사회관계 기술이 부족하여 비정상적인 성적 환상과 흥분을 가지고 있는 경우이다(노일석, 2003).

2) 민간단체의 가해자 교육

민간단체 등에서 제공하고 있는 성폭력 가해자 관련 서비스의 형태를 살펴보면, 가해자 교육의 방향이 주로 상담보다는 교육에 초점을 두고 진행되는 경우가 일반적인데 이는 피해자 상담지원을 우선으로 하고 있는 단체의 특성으로 인한 현실적 제약에 기인하고 있다(한국여성민우회, 2003). 가해자 교육의 필요성에 따라, 첫째 가해자 교육은 가해자가 자신의 행동에 대해 책임을 지는 과정이며, 둘째 재범방지를 위한 보다 근본적인 대책이다(권수현, 2003a, b). 현재 국내에서 성폭력 가해자 교육을 제공하고 있는 민간단체는 한국여성민우회의 가족과 성 상담소, 한국성폭력 상담소, 한국여성상담 센터 등이 있다. 이들이 제공하고 있는 성폭력 가해자 교육은 여성민우회의 프로그램을 위주로 1) 가해자 교육 프로그램에 의뢰되는 내담자, 2)교육목표와 내용, 3)교육원리, 4)활용되는 심리검사, 5)상담관련 활동 등으로 나누어 살펴보면 <표 9-7>과 같다.

〈표 9-7〉 **성폭력 상담소의 가해자 교육내용 예**

내담자 형태	• 대학 내 가해자 • 시민단체 및 특정 조직 내 가해자 • 일반 가해자 • 보호관찰소의 가해자
교육목표	• 초기단계 : 성폭력 행동에 대한 성찰과 책임수용, 성폭력에 대한 이해 및 피해자 공감, 비정상적인 욕구와 왜곡된 사고를 통제할 수 있는 대응 능력 훈련, 감정이입을 통한 피해자 공감 능력 증진, 재발방지를 위한 행동 전략 및 계획 • 중기단계 : 성의식 점검, 성적 의사결정 능력의 점검, 성폭력 행위에 대한 태도확인, 교육에서 직면해야 하는 과제, 해결해야 하는 과제, 성폭력 개념 정리, 피해자에 대한 이해 • 후기단계 : 성폭력 사건과 교육 프로그램을 통하여 본 나의 과제, 성폭력적 상황에서의 구체적 행동전략, 앞으로의 삶에 대한 계획, 교육을 끝내는 소감

〈표 9-7〉 성폭력 상담소의 가해자 교육내용 예 (계속)

구분	내용
교육내용	• 사전심리평가 • 성폭력 사건 발생에 대한 구체적인 탐색 • 심리 사회적 배경과 성의식 형성과정 탐색 • 사건 발생 이전과 이후, 현재감정에 대한 탐색 • 여성의 성, 남성의 성에 대한 이미지 • 성폭력 피해, 가해의 경험과 성적 의사소통
교육원리	• 친밀감(rapport) 형성 및 신뢰관계 형성 • 억압된 감정 다스리기 • 성폭력 가해 장면 재생 단계 • 왜곡된 신념이나 인지의 재구성 단계 • 피해자 대면 단계 • 자신의 새로운 인생 설계와 행동 변화 단계
활용되는 심리검사	• MMPI, MBTI, 문장완성 검사, 우울척도 • 그리기 검사(HTP)-한국형 남녀평등의식 검사지 • 성의식 점검검사, 성적 의사결정검사, 성역할 태도검사 • 성폭력 관련 질문지, 나 돌아보기 질문지, 당시 사건에 대한 질문지 • 현재 상황에 대한 질문지, 성의식 점검검사
상담관련 활동	• 별칭 짓기, 생애도표 그리기, 가족화 그리기, 역할연기 • 분노조절 프로그램, 의사소통 훈련, 사회적 기술훈련

이들 민간단체에서 제공하는 가해자 교육은 유료이며, 대략 8회기에서 10회기 내외로 구성되어 있는데, 교육 대상자는 주로 대학, 시민단체, 보호관찰소 등의 기관에서 의뢰되는 경우와 그 외 일반인 등이다. 가해자 교육 프로그램은 성폭력 행동에 대한 성찰과 책임수용, 성폭력에 대한 이해 및 피해자 공감, 비지상직인 욕구와 왜곡된 사고를 동세할 수 있는 대응능력 훈련, 감정이입을 통한 피해자 공감 능력 증진, 재발 방지를 위한 행동 전략 및 계획 등을 목표로 하고 있다. 교육내용은 전기, 중기, 후기로 구조화 할 수 있으며, 교육에서 다루는 내용과 관련된 심리검사 및 상담관련 활동 등을 다양하게 활용하고 있다.

제10장

성희롱 고충상담과 피해구제

제1절 성희롱 피해의 상담과 절차

1. 성희롱 피해의 상담

일반적으로 상담활동은 집단과 개인의 문제에 대한 기본적인 치료적 기능과 앞으로 발생할 가능성이 있는 문제에 대하여 예상하고 피할 수 있도록 하는 예방적 기능을 포함하여 관련 문제를 극복하는 데 필요한 능력과 기능을 획득하도록 도와주는 교육적 기능을 가지고 있다. 특히 대학 내에서 성희롱을 예방하고 해결하기 위한 상담활동은 개인적 · 사회적으로 매우 중요한 역할을 한다. 왜냐하면 상담은 성희롱이라는 문제 상황에 대하여 전문적인 도움을 제공함으로써 성희롱에 따른 피해가 악화되는 것을 예방하고, 성희롱 발생환경을 발견하여 개선하며, 성희롱 피해자가 일상생활을 회복하는 것과 가해자의 재발을 방지하는 예방적 · 교육적 기능을 할 수 있기 때문이다(하혜숙, 2009).

대학에서 성희롱 피해에 대한 상담은 사건접수에서부터 내담자에 대한 지원이 시작되며, 상담센터는 상담과정을 통하여 내담자의 필요와 욕구를 파악하여 적절한 활동을 연계한다. 상담을 위한 접수는 방문, 전화, 창구, 인터넷 등의 다양한 방식으로 이루어질 수 있으며, 접수된 성희롱 상담은 내담자의 상황과 필요에 따라서 여러 가지 경로로 나눌 수 있다. 내담자는 상담을 통하여 자신의 필요와 욕구를 파악할 수 있는 시간을 가지며, 상담자의 조언과 스스로의 판단에 따라서 적절한 지원절차를 선택하여 문제를 해결할 수 있다. 상담센터의 역할은 학교(기관) 내 · 외의 지원으로 구분할 수 있다. 학교 외의 지원은 주로 '외부 지원체계 연결 기능'이라고 할 수 있으며, 학교 내의 지원은 '문제해결 기능'과 '상담 및 교육기능'으로 구분할 수 있다. 이것은 성희롱 상담을 요청한 내담자의 필요와 요구에 따라서 선택할 수 있다.

내담자가 학교 내의 서비스 보다는 외부의 법률적, 의료적, 심리적 지원을 필요로 하는 경우, 상담자는 전문적 서비스를 제공할 수 있는 기관에 대한 정보를 제공하거나 가능하면 해당 기관에 내담자를 연결해 주는 활동을 할 수 있다. 이와 같은 활동을 위하여 성희롱 상담센터의 상담원은 관련 법령 및 절차에 대한 기본적인 정보를 숙지하여야 하며, 법률, 또는 의료 서비스를 위한 전문적인 정보와 자문을 제공할 수 있는 학교 내·외 기관이나 인적자원에 대한 정보를 확보하고, 각 기관의 장·단점과 특성에 대하여 구체적으로 파악해 두어야 한다. 또한 내담자는 학교 내에서 활용 가능한 서비스와 지원 절차를 활용할 수 있다. 이와 같은 경우에는 '상담 및 교육서비스' 영역과 '사건 조사 및 해결'의 영역으로 나눌 수 있다.

다음으로 성희롱 사건에 대하여 구체적인 해결을 원하는 내담자는 상담을 통하여 자율적으로 해결하거나 조사기구를 통하여 타율적으로 해결할 수 있다. 전자는 비공식적 절차에 의한 자율해결 방법이며, 후자는 공식적 절차에 의한 타율적 해결 방법이다. 그러나 이것은 정확한 성희롱 해결을 위한 분류 방법이라고 할 수는 없다. 왜냐하면, 성희롱 문제를 '상담 및 교육'을 통하여 해결하거나 조사 절차를 거쳐서 해결하는 방법은 모두 학교 내의 공식기구를 통하여 해결책을 모색한다는 점에서 공식적인 절차이기 때문이다. 그러나 성희롱 문제를 상담과정에서 당사자 간의 합의를 통하여 자율적으로 해결하는 경우, 징계와 같이 정형화된 절차를 거치는 것이 아니라 다양한 설득과 조정 과정 및 대화를 통하여 문제해결을 시도한다는 점에서 비공식적 성격을 상대적으로 많이 지닌다. 이에 반하여 성희롱 문제를 대화와 설득 및 타협을 통하여 해결하지 않고 조사과정을 거치는 징계 등의 공식적 조치를 원하는 내담자는 정형화된 절차를 거치면서 타율적으로 문제해결을 시도하기 때문에 공식적 성격이 상대적으로 강하게 나타난다.

'상담 및 교육 기능'은 특정한 사건에 대한 해결책보다는 상담이나 교육 자체를 목적으로 제공되는 서비스이다. 이와 관련된 하나의 예로서 성희롱이나 성폭력 피해 경험이 있는 내담자에게는 중장기 상담 서비스를 제공하여 피해 경험을 극복하고 정상적인 학업, 업무 등에 계속적으로 종사할 수 있도록 도움을 줄 수 있다. 그리고 성폭력 · 성희롱 가해자에 대한 상담과 교육도 대학에 설치된 상담센터가 제공할 수 있는 유용한 서비스 가운데 하나이다. 피해자의 요구에 따라서 가해자가 개인적 차원에서 접수, 학교기관, 학생 자치모임 등을 통하여 서비스를 제공받을 수 있다. 각각의 경우, 내담자에 대한 서로 다른 접근방식이 요구되지만, 기본적으로 왜곡된 성의식과 행동에 대하여 성찰하는 과정을 통하여 향후 재발을 예방하는 것을 목적으로 하는 상담 및 교육프로그램을 진행할 수 있다. 이에 추가하여 학교 내 기관의 관리책임자들을 대상으로 하는 관리자 교육프로그램이나 학생을 대상으로 하는 동료도우미 양성 프로그램이 제공 될 수 있다. [그림 10-1]은 대학 성희롱 상담센터 기능에 대한 종합 · 요약이다.

대학에 설치된 성희롱 · 성폭력상담센터는 주로 대학 내 구성원에 대한 '상담 및 교육기능'과 성폭력 · 성희롱에 대한 '문제해결 기능'을 동시에 담당하고 있다. 이들 기능은 성격은 다르지만 동시에 상호보완적으로 연관되어 있기 때문에 대부분 대학의 성폭력 · 성희롱상담센터는 사전에 성희롱 예방을 위한 상담 및 교육활동을 포함하여 발생된 성희롱 사건을 상담하고 이들 문제를 조사 · 해결하는 기능도 담당하고 있다. 또한 대학은 성폭력 · 성희롱 문제에 대하여 자체적으로 정책을 수립할 수 있으며, 관련 규정 및 절차에 따라서 대학 구성원들 간의 문제를 해결할 수 있다. 이러한 특성에 따라서 대학은 성희롱 · 성폭력 문제를 다루는 방식에서 징계조치 이외에 다양한 형태의 교육적 · 문화적 접근이 가능하다. 대학의 이러한 특수성은 성희롱 · 성폭력 사건을 해결하는 데 더욱 폭넓은 가능성을 제공한다.

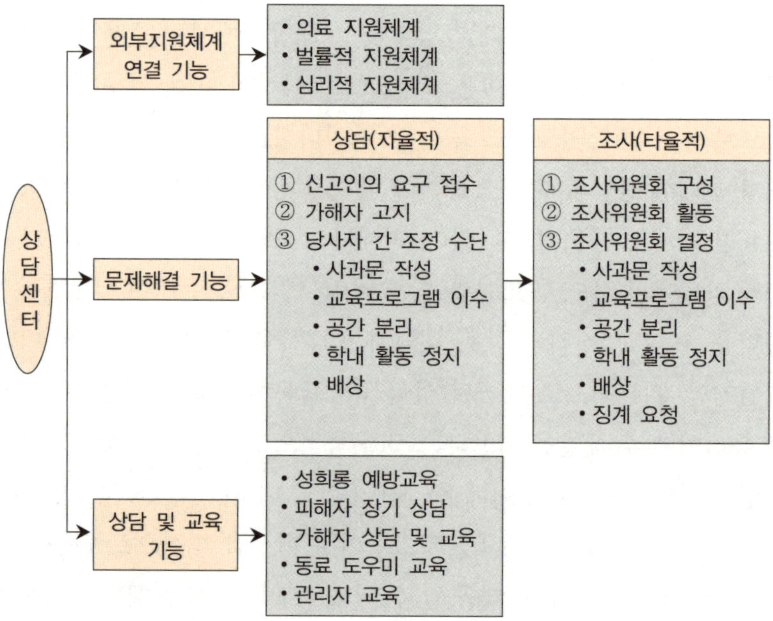

[그림 10-1] 대학 성희롱·성폭력상담센터의 기능

학교를 포함한 직장 내에서 성희롱이 발생하였을 경우 먼저 학교장을 포함한 사업주는 분쟁의 자율적인 해결을 위하여 노력하여야 한다. 그러나 성희롱이 발생한 기관의 다양한 노력에도 문제가 해결되지 않을 경우 성희롱 피해자는 일반 영리기업 · 공기업의 구분, 성희롱 유형과 그 형량 등에 따라서 남녀고용평등과 일 · 가정 양립 지원에 관한 법, 국가인권위원회법, 성폭력특별법 등의 제반 법률을 활용하여 권리를 구제받을 수 있다. 다음에서는 현실적으로 학교, 또는 일반 기업을 포함한 조직에서 성희롱 문제가 발생하였을 경우, 기관의 장은 어떠한 방식으로 자율적 해결을 위해서 노력해야 하며, 성희롱 피해자는 어떠한 방법을 통하여 성희롱으로 인한 피해를 구제받을 수 있는지 그 행정적 · 법적 절차에 대해서 고찰하고자 한다.

2. 성희롱 피해의 상담 절차

특히 대학 내에서 성희롱·성폭력 문제를 해결하기 위해 상담센터는 다양한 방식을 통하여 성희롱 문제를 해결할 수 있다. 그러나 문제해결의 주체는 당사자들이므로 상담센터는 다양한 해결방법의 장·단점을 파악하여 적절한 방법을 선택할 수 있도록 도와주는 것이다. 대학 내에 설치된 상담센터를 중심으로 대학 내 성희롱·성폭력 문제를 해결하는 실질적 방법을 강구하는 것은 중요하다. 특히 여러 가지 문제해결 방안 가운데 구성원들의 자율적인 의사소통을 통하여 해결에 이르는 상담에 대하여 구체적인 방안 마련과 실천이 시대적 요청이다. [그림 10-2]는 성희롱상담센터의 역할과 기능을 바탕으로 상담의 절차를 종

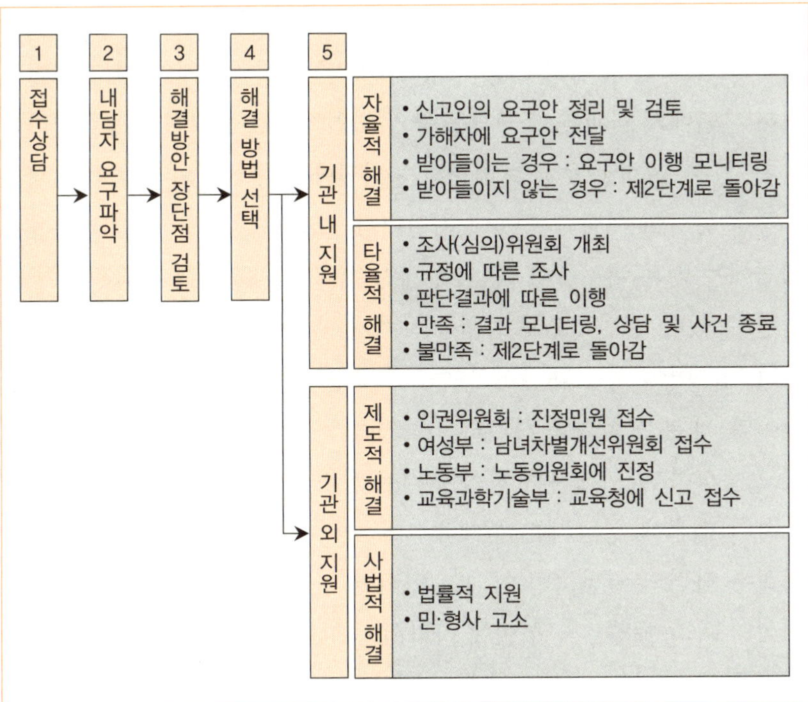

[그림 10-2] 성희롱 상담 절차도

합한 것이다. 성희롱 · 성폭력 상담자는 순서에 따라서 상담을 진행할 수 있다. 성희롱 상담 절차에 따르면, 제1단계는 '상담접수'를 통하여 내담자를 만나고, 제2단계에서 '내담자의 요구파악'을 한다. 제3단계는 내담자와 함께 다양한 '해결방안의 장 · 단점 검토'를 한 다음, 제4단계에서 '해결방안 선택'을 하고, 제5단계에서 문제가 해결되지 않으면 다시 제2단계로 돌아갈 수 있다.

제2절 상담활동을 통한 자율적 해결

성희롱 피해자들이 성희롱 문제를 해결하는 방식은 크게 비공식적 차원의 자율적 해결방법과 공식적 차원의 대처를 통한 타율적 해결방법이다. 성희롱 문제의 비공식적 해결방안은 불쾌하지만 참고 넘어가거나 본인에게 사과를 요구하는 등의 개인적으로 해결하는 방식이라고 할 수 있다. 성희롱 문제를 해결하는 방안에는 구성원의 자율적인 의사소통을 통하여 해결하는 것이 최선이다. 그러나 성희롱 문제의 자율적 해결에는 많은 어려움이 따른다. 개인적 해결 과정에서 상담활동이 개입될 수 있다. 일반적으로 성희롱 문제가 발생한 경우 상담 초기에 상담자가 다루어야 하는 내담자의 주요 호소문제는 성희롱 유무에 관한 판단이다. 대부분 성희롱 사건의 가해자는 자신이 성희롱 가해자가 아니라고 주장하고, 피해자는 자신이 겪은 상황이 성희롱에 해당한다고 호소하기 때문에 상담자는 문제해결에 어려움을 겪는다(하혜숙, 2009). 성희롱 사건의 일반적인 양태인 이러한 현상은 가해자와 피해자 간의 인식의 괴리(乖離), 즉 성별에 따라서 성희롱에 대한 인식의 차이가 크기 때문에 발생한다. 따라서 성희롱 사건의 해결을 위한 상담에서 상담자는 가해자의 도덕성을 문제 삼기에 앞서 내담자(가해자 또는 피해자)

에게 성희롱 판단에서 남녀의 인식이 어떻게 다르며, 왜 이와 같은 인식의 차이가 발생하는지, 자신이 성희롱 유무를 판단하는 상황에서 범할 수 있는 오류에 대한 정보 등을 제공하는 것이 중요하다. 왜냐하면 내담자가 상대방의 입장에 대한 이해의 정도를 높일 수 있도록 도와주지 않고 성희롱에 대한 가해자의 도덕성을 문제 삼고 일방적인 책임으로 전가할 경우, 문제가 해결되기보다는 오히려 가해자의 반발 및 보복 심리에 따른 또 다른 가해의 위험이 증가할 가능성이 있기 때문이다.

성희롱이 발생하면 사건의 사실관계에 대한 별도의 조사 없이 상담을 통하여 사건 당사자들 간의 합의를 도출하는 상담을 통한 자율적 해결 방식이 최선이다. 이러한 방식은 신고인 · 피신고인을 상담하는 과정에서 동시에 진행될 수도 있으며 별도의 조사 절차가 요구되지 않는다. 다음과 같은 경우에는 상담을 통하여 성희롱 사건을 자율적으로 해결하는 것이 유용하다(하혜숙, 2009).

- 사실관계에 대한 당사자들의 합의가 존재한다.
- 비밀보장에 대한 당사자들의 요구 수준이 높다.
- 사건의 해결방법에 대한 당사자들 간의 합의 가능성이 존재한다.
- 사건 해결과정을 도와 줄 개인과 기관이 존재한다.
- 사건의 해결방법이 당사자들의 개인적 노력으로 실현 가능한 범위와 수준이다.
- 사건의 해결방법이 상담기구 차원의 개입과 조정으로 실현 가능한 범위와 수준이다.

다음의 <표 10-1>은 성희롱 사건의 자율적 해결을 위한 상담활동에서 필요한 상담의 진행, 종결상담, 상담과정에서의 유의점 등에 대한 요약이다.

〈표 10-1〉 성희롱 사건의 자율적 해결을 위한 상담활동

단계 및 활동		내용 요약
	심리적 지지	• 내담자는 비밀보장에 대한 확신을 필요로 하므로 내담자의 염려와 불안을 이해하고 편안하게 해 준다. • 내담자와의 상담관계 형성(rapport)을 위하여 경청과 공감기법을 사용한다. 어떠한 경우에도 내담자를 판단하거나 잘못을 지적하는 언동을 하지 않는 것이 필요하다. • 상담의 분위기를 긍정적, 희망적으로 이끈다. 내담자가 상담센터를 찾아온 것에 대해 격려하고 긍정적 기대를 갖도록 돕는다.
상담의 진행	정보수집 및 제공	• 내담자 및 사건 관련 정보를 정확하고 꼼꼼하게 수집한다. • 내담자의 다양한 '원함'에 대하여 듣고 확인한다. • 내담자가 여러 사람일 경우, 각자 바라는 것이 다를 수 있음을 확인한다. • 상담센터나 학교(조직)가 제공할 수 있는 도움의 범위나 상담센터의 서비스(법적, 의료적 지원 등)를 구체적이고 현실적으로 알려주어야 한다. 이것은 내담자가 가장 필요로 하는 정보이다. • 학교에서 제정한 규정의 내용과 범위, 비밀보장 관련 방침, 기타 정보(의료기관, 법률기관, 외부 상담센터 등)를 제공한다.
	해결방안 탐색	• 다양한 해결방안의 가능성을 검토한다. • 다양한 해결방안의 장점과 단점을 살핀다. • 내담자의 '원함'을 바탕으로 해결방안을 선택한다.
종결상담		• 내담자가 상담을 통하여 상담 목표를 달성했다고 판단되면 상담을 종결한다. • 내담자의 요구안이 받아들여지지 않거나 상담을 통한 자율적 해결이 실패하면 지금까지 실시한 상담내용을 바탕으로 사건 조사를 요청할 수도 있다.
상담과정의 유의점		• 가해자가 요구안을 받아들였을 때, 유의점 - 요구안 이행 시기와 구체적인 방법을 정한다. - 필요하면 합의서를 작성한다. - 상담센터는 요구안 이행을 모니터링한다.

〈표 10-1〉 성희롱 사건의 자율적 해결을 위한 상담활동 (계속)

단계 및 활동	내용 요약
상담과정의 유의점	• 비밀보장 고지에 따른 동의 - 성희롱·성폭력 상담에서 가장 중요한 것은 비밀보장이다. - 사건 당사자뿐만 아니라 사건 내용 자체에 대한 비밀이 유지되도록 최선을 다해야 한다. • 가해자와 피신고인 - 상담 및 신고에 따라 피해자가 가해자로 지목한 사람을 '사실 확인' 없이 가해자로 명명하는 것은 바람직하지 않다. - 신고 접수 및 상담 과정에서 '가해자'라는 용어는 적합하지 않으며, 대신 '피신고인', '행위자' 등의 명칭이 바람직하다.

상담을 통한 성희롱 사건의 자율적 해결방식의 장점은 다음과 같다(하혜숙, 2009).

- 성희롱 사건의 내용 및 관련자의 신상 정보에 관한 비밀보장 수준이 높다.
- 조사를 통한 타율적 해결 방식과 절차에 비하여 시간, 비용, 노력 등의 비용 손실이 적다.
- 사건에 대한 당사자들의 합의와 자발적 노력에 기초한다.
- 사건의 해결 과정에서 관련자들에 대한 교육적 접근이 가능하다.

제3절 조사기구를 통한 타율적 해결

성희롱 문제가 접수되었을 때, 타율적 문제해결을 위한 방안에는 조직에 설치된 제도를 활용한 조사절차와 외부의 제도적·사법적 절차를 통한 문제해결 방안이 있다. 이 절에서는 조직 내에 설치된 조사기구와 제도적으로 마련된 절차에 대하여 먼저 살펴본다.

성희롱이 발생한 상황에서 피해의 타율적 해결을 위한 관련 기구 설치의 법적 근거는 학교를 포함한 조직에서 성희롱 문제를 담당하는 고충처리기관의 설치이다. 고충처리 설치와 관련되는 법률 조항은 다음과 같다. 남녀고용평등과 일 · 가정 양립 지원에 관한 법 제25조의 '분쟁의 자율적 해결'의 항(확인이 필요)은 ① 사업주는 제7조 내지 제14조, 제18조 2의 3항, 제19조 내지 제21조 규정의 의한 사항에 관하여 근로자로부터 고충의 신고를 받을 때에는 당해 사업장에 설치하는 고충처리기관에 고충의 처리를 위임하는 등 그 자율적인 해결을 위하여 노력하여야 한다. ② 제1항의 고충처리기관은 각기 동수의 사업주를 대표하는 자와 당해 사업장의 근로자를 대표하는 자로 구성한다. 다만 당해 사업장에 근로자참여 및 협력증진에 관한 법률에 의하여 설치된 노사협의회가 이 법에 의한 고충처리기관의 임무를 수행하는 경우에는 고충처리기관을 설치하지 아니할 수 있다. ③ 제1항의 규정에 의한 고충처리기관을 설치하여야 할 사업주의 범위, 설치방법, 고충처리절차 기타 필요한 사항은 대통령령으로 정한다.

1. 조직 내에 설치된 조사기구를 통한 타율 해결

학교의 성희롱 · 성폭력 상담센터를 포함한 조직 내에 설치된 성희롱 조사기구를 통한 사건의 해결과 관련된 절차를 요약하면 다음과 같다.

1) 고충처리기관의 설치

사업주는 성희롱에 관한 근로자의 고충 신고를 받은 때에는 고충처리기관 등을 통하여 자율적인 해결을 위하여 노력하여야 한다. 상시 30인 이상의 근로자를 사용하는 사업 또는 사업장의 사업주는 의무적으로 사업장에 직장 내 성희롱으로 인한 고충을 처리하기 위한 고충처리 기관을 설치하여야 한다. 이 때 고충처리기관은 동수의 사업자 대표와 근로자 대표로 구성하되 각각 10인 이내로 한다. 상시근로자가 50인 미만의 사업장의 경우는 각각 2인 이내, 가능하면 양측 고충처리위원으로 여성을 포함시키는 것이 바람직할 것이다. 다만, 노사협의회의 근로자위원의 대표가 여성인 경우와 노사협의회의 근로자위원의 3분의 1 이상이 여성인 경우에는 해당하는 노사협의회가 설치된 사업장의 경우 따로 고충처리기관을 설치하지 아니할 수 있다. 그러나 현실적으로 이러한 기구는 활동이 미미한 경우가 대부분이고, 일반적인 근로자의 고충처리를 위하여 조직된 것이므로 성희롱 관련 특성을 배려하여 고충처리기구를 재구성하는 것이 좋을 것이다. 사업주는 고충처리기관의 조직 · 운영에 관한 규정을 제정하고, 이를 비치하여 근로자에게 주지시켜야 한다. 그리고 남녀고용평등과 일 · 가정 양립 지원에 관한 법률상 고충처리기구를 설치한 사업주는 설치일로부터 15일 이내에 관할 지방노동행정기관에 신고하여야 한다. 사업주는 근로자로부터 고충을 신고 받은 경우, 고충처리기관에 위임하는 등 10일 이내에 고충을 처리하여 근로자에게 통보하여야 한다.

2) 사건의 접수

성희롱 관련 고충의 접수는 반드시 '문서'로 하도록 할 필요는 없으며, 피해근로자의 접근도와 이용도를 향상시키기 위해 전화, 또는 사내 통신망 등을 이용하도록 하는 것이 바람직하다.

3) 상담과 조사

사업주는 소속직원이나 외부 전문가를 성희롱담당 상담요원으로 지정하고, 사건이 접수되면 신속하게 조사에 착수하여야 한다. 직장 내 일반적인 고충처리절차와 같이 직속상사를 담당자로 하는 것은 바람직하지 않다. 대부분 가해자가 직속상사, 관리자, 가까운 관계인 경우가 많기 때문에 가능하다면 제3의 기관과 절차를 두는 것이 바람직할 것이다. 피해근로자, 성희롱 행위자로부터 사건의 구체적인 정황에 대하여 설명을 듣고 신속 · 공정하게 조사 · 처리하여 기록하도록 한다. 조사과정에서 얻게 된 정보는 개인의 사생활에 관한 문제로 반드시 비밀을 지켜야 한다. 피해근로자의 입장을 고려하여 성희롱 행위자와의 대질 대신 증인의 증언을 들을 수 있도록 배려하는 것이 바람직하다. 또한 피해근로자와 증인을 다양한 형태의 보복으로부터 보호해야 한다. 공식 조사된 결과가 직장 내 성희롱에 해당되면 담당자는 사업주에게 보고하도록 하며, 사업주는 조사 및 처리 종료 후 관계당사자에게 그 결과를 적정 기일 내에 통보하여야 한다.

4) 확인 및 징계조치

사업주는 성희롱 사실이 확인되면 성희롱 행위자에 대하여 성희롱의 정도 · 지속성 등을 감안하여 부서전환을 하거나 경고, 견책, 전직, 대기발령, 정직, 해고 등의 적절한 조치를 취하여야 한다. 성희롱 행위의 형량이 중하지 않은 경우로서 경고로도 성희롱 행위가 근절될 수 있을 경우에는 가벼운 징계를 할 수 있지만, 경고로서 성희롱 행위를 멈추지 않을 경우 더욱 강한 징계조치를 하여야 한다. 최근 성희롱 행위자로 밝혀져 회사에서 파면 등의 징계조치를 받은 근로자가 징계의 형량 등을 문제 삼아 부당해고 구제신청 등을 하는 경우가 증가하고 있는 바, 사업주는 성희롱 행위자의 징계형량을 정하는데 있어서 신중해야 할 것이다. 징계는 근로자의 신분에 불이익을 주는 것이므로 주관적인 판단이 개입될 소지가 많은 성희롱 관련 분쟁의 경우, 당사자가 징계를 수용하지 않을 수도 있다. 그러나 직장 내 성희롱을 이유로 해고한 것은 정당한 징계권의 행사라고 보는 것이 일반적이다. 사업주는 성희롱사건의 처리과정에서 피해근로자가 또 다른 불이익을 당하는 일이 없도록 피해근로자 보호를 위하여 노력하고, 피해근로자가 원하는 경우 본인의 근무부서를 이동시킬 수 있도록 가능한 배려해야 한다. 회사는 최대한 공정한 입장에서 사건을 조사하고 처리를 하여야 하지만 사건을 해결하는 데 있어서 가장 중요한 것은 피해자의 의사이므로 이를 최대한 존중하여야 할 것이다.

5) 결과 통지와 재발 방지

조사가 끝난 때에는 피해근로자와 성희롱 행위자 모두에게 그 결과에 대하여 알려야 한다. 사업주는 성희롱 사건에 대한 조치 후 피해근로자에 대한 성희롱 문제, 또는 기타 불이익한 행위가 재발하지 않도록 재발 방지를 위해 노력하여야 한다. 이것을 위하여 사업주는 직장 내 성희롱 당사자 간 분쟁의 소지가 없도록 징계조치 및 절차에 대해 취업규칙이나 기타 이에 준하는 사내규칙, 단체협약 등에 규정하는 것이 바람직하다. 특히, 취업규칙 등에 성희롱 행위는 징계사유가 된다는 것을 명확히 하고, 징계형량 등에 대해서도 정교화, 명문화하는 것이 필요하다.

6) 성희롱 피해근로자에 대한 불이익 조치 금지

사업주는 피해근로자가 상담・고충의 제기, 또는 관계기관에의 진정, 고소 등을 했다는 이유로 그 피해근로자에 대하여 고용상의 불이익 조치를 하여서는 아니 된다. 위반 시 사업주는 3년 이하의 징역, 2천만 원 이하의 벌금 등에 처한다. 그럼에도 일부 회사는 직장 내 성희롱 문제가 발생한 경우 행위자를 처벌하기 보다는 오히려 피해근로자에게 직・간접적으로 불이익한 조치를 취하여 문제를 확대하는 경우가 있는데 이것은 매우 바람직하지 못한 방법이다.

7) 관할 고용평등위원회에 조정 요청

사업주가 독자적으로 성희롱 여부를 판단하기 어렵거나 관련 분쟁을 해결하기 어려운 경우 관할 고용평등위원회에 조정을 요청할 수 있다.

8) 사후 재발 방지

사업주는 성희롱 사건에 대한 조치 후에도 피해근로자에 대한 성희롱 문제가 재발하지 않도록 지속적인 관심을 가져야 한다.

다음 [그림 10-3]은 대한항공의 사내 성희롱 피해신고 및 처리절차에 관한 예이다.

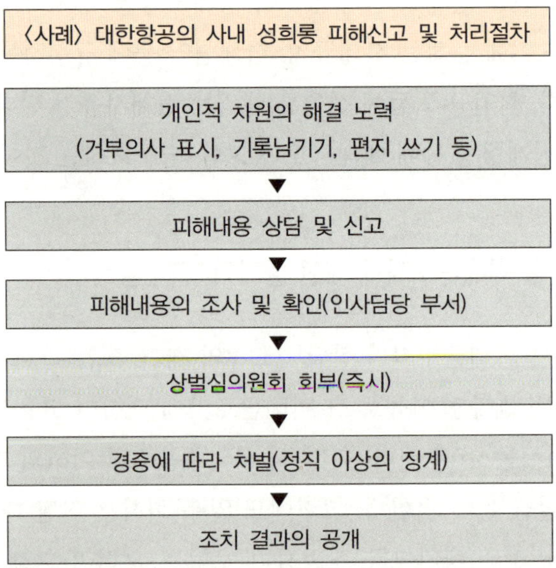

출처 : 노동부 근로여성정책국(2001. 10.), 모성보호관련법 개정 해설자료

[그림 10-3] 대한항공의 사내 성희롱 피해신고 및 처리절차

2. 정부관련 부처를 통한 제도적 타율 해결

성희롱 피해를 조직이 마련한 고충처리기관 주도로 해결할 수 할 없는 경우에는 외부기관에 피해 구제를 요청할 수 있다. 이것은 성희롱 피해에 대한 제도적 타율구제 방안이다. 성희롱 피해의 타율구제의 제1단계는 행정구제 절차이다. 행정구제 절차는 국가인권위원회 인권상담센터, 여성부 남녀차별개선위원회, 노동부 고용평등위원회, 교육과학기술부의 성희롱 사건전담반 등에 구제신청이 가능하다. 성희롱에 대한 정부관련 부처를 통한 제도적 구제절차는 <표 10-2>와 같이 요약할 수 있다.

〈표 10-2〉 **정부관련 부처를 통한 성희롱의 제도적 타율해결**

구분	국가인권위원회	여성부	노동부	교육과학기술부
근거 법률	국가인권위원회법	남녀차별금지및구제에관한법률	남녀고용평등법	교육공무원 징계 양형에 관한 법률
설치 연도	2001	1999	1995	2005
담당 기관	인권상담센터 차별조사국	남녀차별개선위원회 차별개선국	고용평등위원회 고용평등과	감사담당관실 성희롱 사건 전담반
고려 사항	• 국가인권위원회법 적용 대상 여부 확인 • 신청기간 : 사건 발생 1년이 지나지 않은 사건(공소시효 끝난 사건의 경우에도 위원회 결정으로 예외 인정) • 제외대상 : 다른 법령에 따라 처리되었거나 절차가 진행 중인 사건은 다루지 않음	• 기업뿐만 아니라 국가기관, 지방자치단체 등 공공기관도 적용되기 때문에 공무원의 경우도 시정신청이 가능 • 사건 발생한 날로부터 1년이 지나지 않은 사건	• 진정시한 : 피해발생일로부터 3년 이내 • 신청자격 : 관계 당사자(근로자, 사업주, 노동조합 등) • 소요 기간 : 신청 후 25일 이내에 조정 권고안이 당사자에게 전달됨(휴일 제외)	• 범위 : 가해자가 국공립학교 교사인 경우 • 법 규정 : 국가공무원법, 교육공무원 징계령, 교육공무원 징계양정 등에 관한 규칙(별표의 제7호 품위유지 의무 위반-성희롱, 성폭력)

〈표 10-2〉 정부관련 부처를 통한 성희롱의 제도적 타율해결 (계속)

구분	국가인권위원회	여성부	노동부	교육과학기술부
접수 방법	• 진정접수 : 전화(국번 없이 1331), 우편(서울특별시 중구 무교동길 41 금세기 빌딩 701호), 전자우편(hoso@humanrights.go.kr) 팩스(02-215-9811-2), 홈페이지(www.humanrights.go.kr)	• 신청접수 : 전화(국번 없이 1366), 우편(서울 종로구 세종로 55, 정부중앙청사 8층), 전자우편, 또는 구술	• 전화(전국 어디서나 국번없이 1350, 1544- 1350), 인터넷(e-노동민원센터(http://minwon.molab.go.kr/), 팩스(해당 지방노동위원회), 직접방문(해당 지방노동위원회)	• 교육청 초중등 교육과에 신고(사안보고)-조사-징계위원회에 회부 • 감사담당관실 : 성희롱 사건 전담반(국 · 공립고등학교 해당, 초 · 중등학교나 사립학교는 특별한 경우에 해당)
상담자 유의 사항	• 진정 접수 후 조사관 배정까지 일정 기간 소요, 조사관 배정 여부와 조사관을 확인한다. • 진정 과정에서 가급적이면 담당 조사관과 만나 진술하는 것이 좋다.	• 공공기관의 장, 또는 사용자는 특별한 사유가 없는 한, 이에 응해야 하고 30일 이내에 그 처리 결과를 위원회에 통보하여야 한다. • 조사를 위한 자료 제출을 거부하거나 출석 요구에 불응한 사람 등에 대하여 1천만원 이하의 과태료에 처한다.	• 사업주 및 성희롱 가해자를 상대로 민사상 손해배상 청구소송을 제기할 수 있다. 이 경우 다른 민사소송과 달리 사업주가 입증책임을 지닌다. • 전자민원으로 신청할 경우, 실명 인증이 필요하다. • 제3자(예 : 거래처 관계자, 고객 등)의 성희롱은 다루지 못한다.	• 현행 제도상 간사의 초점은 '공무원 품위유지'에 맞추어져 있다. • 사립학교의 경우, 교원 인사 징계권이 교장에게 있으므로 교내에서 처리되는 경우가 일반적이다.

제4절 민 · 형법을 통한 사법적 해결

성희롱 피해자는 타율적 해결로서 민법과 형법의 법률구제 절차를 통하여 피해를 해결할 수 있다. 사법구제 절차로는 민사상 손해배상 청구와 형사처벌을 위한 고소, 또는 고발이 가능하다. 민사상 손해배상 청구는 가해자에 대하여 민법 제750조에 의한 불법행위책임에 따른 손해배상 청구를 할 수 있으며, 사업주의 법적 책임은 피해근로자에 대한 보호의무위반을 이유로 민법 제75조에 의한 불법행위책임 또는 제756조에 의한 사용자책임을 근거로 손해배상 청구가 가능하다. 그리고 성희롱이 강간이나 강제추행 등 형법, 성폭력 범죄의 처벌 및 피해자보호 등에 관한 법률, 또는 청소년의 성보호에 관한 법률의 위반 시에는 수사기관에 고소 또는 고발이 가능하다. 또한 성희롱 행위자는 성희롱에 따른 부당 징계를 다룰 시 근로기준법 제30조(해고의 제한) 위반으로 노동위원회에 구제신청이 가능하다. 피해자에 대해서는 명예훼손 등을 이유로 형사상 고소 및 민사상 손해 배상 청구가 가능하다.

다음은 형법과 민법을 통한 사법적 해결을 위한 고려사항에 대한 요약이다(하혜숙, 2009).

- 사법적 해결을 위한 고소기간, 공소시효, 고소 주체, 증거, 증인, 참고자료 확보 등의 기본 사항의 점검이 필요하다.
- 고소에서 시작하여 사법적 분쟁해결 과정에서 겪을 수 있는 어려움과 고소 과정이 피해자에게 미치게 될 긍정적, 부정적 영향에 대하여 검토한다.
- 무고, 명예훼손 등 맞고소의 우려에 대하여 검토한다.
- 성폭력 피해에 대해서는 국내인 뿐만 아니라 외국인 여성을 포함하여 가정폭력, 성폭력, 성매매 등 폭력으로부터 피해를 입은 국내 거주 여성은 폭력의 피해와 관련된 민사, 가사 사건에 대한 소송 대리, 형사 사건에 대한 변호사 등의 법률서비스도 무료로 지원받을 수 있다.

형사소송의 절차와 방법은 다음 <표 10-3>과 같다(한국성폭력상담소, 2007).

〈표 10-3〉 성희롱 형사소송의 절차와 방법

단 계		설 명
고소		• 경찰에 고소장 접수, 피해자 · 가해자 사건발생 주소지 관할 경찰서에 접수함
경찰수사		• 고소인 조사 : 고소장 접수 후 1-2개월 안에 고소인을 소환하여 조사 • 조사 후 진술조서에 서명 : 진술내용이 바르게 전달되었는가를 확인 · 정정 요구 • 경찰이 피의자(가해자)를 소환하여 조사하고 증거를 수집 • 피의자가 부인할 경우, 목격자 및 증인 소환 조사 • 경우에 따라 차이가 있지만, 대략 1-3개월 이내에 종료됨 • 수사결과 피의자에게 혐의가 없다고 인정되면, 불기소 의견으로 검찰에 송치함; 혐의가 있다고 인정되면 검찰에 피의자에 대한 구속영장을 청구함 • 검찰이 경찰의 요청에 따라서 판사에게 구속영장을 발부받아 피의자를 구속함
검찰수사		• 경찰로부터 사건을 송치 받은 후, 필요에 따라 보강수사 후 기소 여부 결정 • 보강 수사 시 고소인과 피의자에 대한 재조사를 실시함 • 경우에 따라서 차이가 있지만, 대략 1-3개월 이내에 종료됨
(불)기소	기소	• 검사가 수사한 결과, 피의자에게 범죄혐의가 인정되어 재판에 회부하는 절차임
	불기소	• 무혐의 : 피의자에게 혐의가 없을 경우 • 기소중지 : 피의자나 목격자가 출석하지 않아 혐의의 유 · 무를 밝힐 수 없는 경우 • 기소유예 : 혐의는 인정되지만, 사안이 매우 경미한 경우
항고		• 불기소 처분에 이의가 있을 때, 고소인은 사건 처리 결과통지서를 받은 날로부터 1개월 안에 수사한 검사가 속한 지방검찰청을 통하여 관할 고등검찰청에 재수사를 요청
재항고		• 항고가 기각되면, 역시 1개월 안에 검찰총장에게 재항고
헌법소원		• 재항고 기각 통지를 받고 30일 안에 헌법재판소에 헌법소원을 제기 • 경제적 이유로 변호사를 선임할 수 없을 때에는 헌법재판소에 국선대리인을 신청

다음으로 민사소송을 제기할 경우에는 다음 사항을 주의하여야 한다.

- 손해배상 청구에서 고소기간, 가해자가 공무원일 경우, 국가상대 손해배상 청구 가능성을 검토한다.
- 손해에 대한 피해보상을 위한 가압류 절차 관련 정보를 확보한다.
- 사건에 대한 합의 과정에서는 이후에 후유증 발생에 대한 고려, 공증, 대리인 증명서 등에 대하여 검토한다.

마지막으로 성희롱 사건을 민·형법을 통한 타율적 해결을 강구하는 경우에 상담자는 피해자에게 다음과 같은 권리를 보장 받을 수 있음을 알려준다.

- 피해자는 대부분 여성이므로 여성 경찰관 배정을 요청할 수 있는 권리.
- 수사 과정이나 재판 과정에서 신뢰할 수 있는 사람과의 동석을 요구할 수 있는 권리
- 피해 사실이 노출되지 않을 권리
- 검사로부터 기소여부를 통지받을 권리
- 친권자로부터의 친족 성폭력이 있을 경우에는 친권상실 요청, 친족 성폭력 피해 치유를 위한 개명허가를 신청할 수 있는 권리

제5절 성희롱 피해처리 보고서 작성

성희롱 사건에 대한 고충처리와 피해구조와 관련하여 조사절차가 완료되면, 사건에 대한 규정 및 해결책에 대한 합의가 이루어지면 조사보고서를 작성한다. 다음은 조직에 마련된 조사기구를 통한 타율적 해결에서 조사절차가 종결되고 난 다음, 조사보고서에 포함되어야 하는 내용의 요약이다.

- 사건번호
- 사건 접수 일자 및 상담담당자
- 조사위원회 구성 일시 및 위원명단
- 신고인과 피신고인 및 관련 증인들의 신원 관련 정보
- 조사 일지 : 조사 회의록 첨부
- 사건 개요와 성격 및 판단 근거 : 관련 자료 목록 첨부
- 사건에 대한 조사위원회 의결안
- 의결안의 집행 계획
- 사후 관리

다음으로 성희롱 고충처리를 담당한 조사기관은 사건의 조사가 마무리되면, 신고인과 피신고인에게 조사결과를 문서형태로 전달하고 관련 내용을 확인하게 된다. 재심 규정이 있는 조직(대학 포함)의 경우에는 신고인과 피신고인에게 합리적인 이유가 있으면, 재심을 요청할 수 있음과 재심 요청 기한을 명시하여 알린다. 일반적으로 재심요청은 조사 절차 진행에서 한쪽 당사자의 권익이 명백하게 침해되었거나, 조사 종결 후 사건에 대한 판단에 영향을 미칠 수 있는 중요한 증거자료, 또는 증인이 등장하는 경우에는 수용될 수 있다. 다음의 <표 10-4>는 대학

에서 사용할 수 있는 성희롱 조사보고서에 포함되어야 할 내용의 예시이다[부록 1 참조].

〈표 10-4〉 성희롱 조사보고서 양식

조사 보고서

- 기본 정보
  - 신고접수 일자 및 담당 상담자
  - 신고인 및 피신고인 인적 사항
  - 담당 조사위원 명단

- 조사 일지 및 사건 개요
  - 조사 일지
  - 면접 대상 및 일지
  - 검토 자료 목록 및 개요

- 조사위원회의 판단과 처리 의견
  - 사실관계에 대한 판단 및 근거
  - 결론 및 처리 의견

- 조사위원회 의결안 집행계획

- 기타 : 참고사항

위의 조사 보고서 내용이 사실임을 동의합니다.

○○○○년 ○○월 ○○일

조사위원장 : ○ ○ ○ (인)　　담당 상담자 : ○ ○ ○ (인)
조사위원 : ○ ○ ○ (인)　　○ ○ ○ (인)　　○ ○ ○ (인)　　○ ○ ○ (인)

제 IV 부

성희롱 관련 사례와 미래전망

지구, 그리고 100년(2006), 김도명 작

제11장

성희롱 관련 사례 분석

제1절 성희롱 이해와 사례연구

1. 성희롱의 명문화와 예방교육

국제연합(UN)과 국제노동기구(ILO)는 1985년 성희롱을 개별 인간의 존엄, 근로권, 평등권 등을 침해하는 남녀차별 문제로 다루면서 여성에 대한 폭력의 일종으로 성격을 규정하면서 국가가 성희롱을 예방하고 피해자를 구제하는 법과 정책을 마련 · 시행할 것을 촉구하였다(한국양성평등진흥원, 2006). 우리나라에서는 1993년 이른바 'S대 신교수 · 우조교 성희롱 소송사건'이 발생하면서 이 문제가 본격적으로 논의되기 시작하였다. 그 후 1995년 12월 30일에 제정된 '여성발전기본법 제17조 제3항'은 '국가 · 지방자치단체, 사업주는 성희롱의 예방 등 직장 내의 평등한 근무환경 조성을 위하여 필요한 조치를 취하여야 한다'라고 규정함으로써, 성희롱을 처음으로 법률 용어로 명문화하였다. 초기에는 성희롱 사건이 지닌 인권침해의 심각성이 깊게 인지되지는 못하였으나 최근 들어 성적 굴욕감을 느끼게 하는 성희롱 폐해의 심각성이 우리 사회에 만연되고 있다.

21세기 시작과 함께 여성의 사회활동이 적극 권장되는 가운데 학교를 포함한 직장 내 성희롱 예방교육이 강조되는 근본에는 이와 같은 사회 · 문화적 변화가 자리 잡고 있다. 사회는 빠른 속도로 성별고정 관념을 넘어서서 양성평등 파트너십을 형성하고자 하는데 우리나라 성문화는 아직 그 변화에 부응하지 못하여 성희롱 사건이 발생하고 있다. 21세기 사회변화의 속도에 맞추어 직장 내 양성평등 문화도 성숙되어야 한다. 이러한 현실에 적극 대처하기 위하여 각 기관에서 실시하는 성희롱 예방교육은 조직구성원 사이에 상호 존중하는 평등문화를 확산하여 인권의식 수준을 높여 문화를 기름지게 하는 인권교육이다. 즉, 성희롱 예방교육은 예의를 갖춘 인간관계를 추구하는 고귀한 가치를 담고 있는 국민의식교육이다. 성희롱 관련 교육, 연구 활동에서 설득력 있고 공감할 수 있는 사건·사례를 통하여 현장에서 발생하는 성희롱 사건을 구체적으로 이해하는 것은 중요하다.

이와 같은 관점에서 공공기관, 민간사업장, 학교 등의 현장에서 발생하는 현장감 있고 설득력 있는 사례를 분야별로 종합·정리하는 것은 중요하다(한국양성평등진흥원, 2006). 여기에 정리된 성희롱 및 성폭력 사건의 판례 및 상담 사례는 성희롱이 이루어지는 현장과 상담과정 및 법적 처리 과정 등을 구체적으로 이해하고 앞으로의 연구에 도움이 될 수 있을 것이다.

2. 최초의 성희롱 민사소송사건 : S대 신교수·우조교 성희롱 사건

1) 사건의 전개 및 결과

이 사건은 1993년 10월 18일 제기된 민사소송 사건으로 약 6년여에 걸쳐 재판이 진행되어 1999년 6월 25일 환송심에서 결국 원고 일부 승소 판결이 내려졌다. 2심을 제외한 모든 판결에서 피고 교수의 성적 행위가 불법행위임이 인정되었다. 그러나 피고 S대총장과 대한민국의 사용자 책임은 전혀 인정되지 않았다. 이 판례는 우리나라 최초의 성희롱 민사소송사건으로 이후 직장 내 성희롱의 법제화를 위한 기초를 마련하였다는 역사적인 의의를 가진다. 이 사건의 원고인 조교는 자신의 업무에 대한 관리 책임을 가지는 남자교수로부터 업무상 불필요하거나 난처한 신체 접촉, 성적 언동을 지속적으로 받아오다가 이러한 성적 접근에 대해 거부 의사를 밝힌 후, 업무상 불이익을 당했으며 결국 조교 재임용에서 탈락하였다고 주장하였다. 또한 피고 교수에 대한 감독

의무를 소홀히 하여, 원고에게 손해를 입힌 S대 총장과, 원고와의 근로 계약상 성차별 없이 일하기 좋은 근무환경을 조성할 의무를 위반한 대한민국의 책임을 주장하였다. 이에 피고 교수와 S대 총장, 대한민국을 상대로 5천만원의 손해배상 소송을 제기하였다.

1심 법원은 성희롱이라는 용어 대신 '성적 접근 및 언동'이라는 표현을 사용하여 원고가 주장하는 사실관계를 인정했고, 피고 교수로 하여금 3천만원을 손해배상 할 것을 명령했다(국미애, 2004). 그러나 피고 S대 총장에 대해서는 피고 교수의 개인적인 성향이나 연구과정에서 발생한 행동에 대하여 책임을 지지 않는다고 판결하였고, 피고 대한민국에 대해서는 원고의 고용환경 조성에 관한 특별한 의무를 약정하지 않았고, 소송 제기에 앞서 국가배상법의 배상심의절차를 거치지 않았다는 이유로 사용자 책임을 인정하지 않았다. 원고와 피고 모두 1심의 결정에 불복하여 항소를 제기했는데, 2심 법원에서는 이 사안을 판단함에 있어 '성적 괴롭힘'이라는 용어를 사용했다. 2심은 피고 교수의 불법행위와 피고 S대 총장 및 대한민국의 사용자 책임에 관한 원고의 주장을 모두 기각했고, 이에 원고는 대법원에 상고하기에 이르렀다. 대법원은 피고 교수의 행위가 성적인 동기와 의도를 가진 것이라고 인정하여 이 부분에 대한 2심의 판결을 파기하고 사건을 환송했다. 그러나 피고 교수의 행위에 대한 사용자 책임은 인정하지 않았다. 그 이유로는 '피고 교수의 행위에 대해 사용자가 알 수 없었고, 그 행위가 직무와 무관하게 이루어진 상황에서 사용자가 원고에 대해 고용계약상의 보호 의무를 다하지 않았다고 볼 수 없다'는 것이 제시되었다. 마지막으로 환송심 법원은 피고 교수의 행위가 불법행위를 구성하는 성희롱이라는 점을 인정하여 정신적 손해에 대해 5백만원의 손해배상 지급을 명령했다. 피고 S대 총장과 피고 대한민국의 사용자 책임에 대해서는 대법원이 이 부분에 대한 원심의 결정을 파기하지 않아 별도로 언급하지 않았다.

이 성희롱 사건에 대한 판례는 우리나라 최초의 성희롱 소송인만큼 원고가 주장하는 행위를 무엇이라고 부를 것인가에 대해서도 판단 주체마다 해석을 달리하고 있다. 그러나 피고 교수의 행위가 불법행위를 구성하는가에 대해서는 상이한 관점과 기준을 드러내고 있는 반면, 피고 교수에 대해 감독 권한을 갖는 S대 총장과 원고의 사용자인 대한민국이 어떤 책임도 가지지 않는다는 동일한 결정을 내리고 있다.

2) 사건의 주요 판결의 진행과정 및 사용자 판단근거

6년여에 걸친 재판 진행 일자와 주요 판결 내용은 다음 <표 11-1>과 같이 요약되며, 이 사건과 관련하여 사용자책임 판단근거는 <표 11-2>와 같다.

〈표 11-1〉 S대 신교수-우조교 성희롱 사건 재판 전개 과정

일 자	진행과정 및 판결 내용	사용자 책임
1993년 9월 16일	• 신교수가 조교를 명예훼손으로 고소	-
1993년 10월 18일	• 우조교는 가해 교수와 서울대 총장, 대한민국을 상대로 5천만원의 손해배상 소송제기	-
1994년 4월 18일(지법) 원고 일부 승소	• 피고 교수는 원고에게 3천만원을 지급할 것 • 원고와 피고 교수 모두 항소 제기	책임 없음
1995년 7월 25일(고법) 원고 패소	• 피고 교수의 불법행위 불인정 • 원고가 대법원에 상고 제기 • 원고는 피고 교수의 제자 강모 교수를 위증죄로 고발 (1996년 12월 강모 교수의 위증죄 인정됨)	책임 없음
1998년 2월 10일(대법) 사건 환송	• 피고 교수의 성희롱 행위 인정 • 이 부분을 고법에 환송함	책임 없음
1999년 6월 25일(고법) 원고 일부승소	• 피고 교수는 원고에게 5백만원을 지급할 것	검토하지 않음

〈표 11-2〉 S대 신교수·우조교 성희롱 사건의 사용자책임 판단근거

일 자	판단근거
1994년 4월 18일(지법) 원고 일부승소	• 피고 S대 총장은 피고 교수의 개인적 성향 또는 연구과정에 대해 감독할 권한이 없음. • 피고 대한민국은 원고와의 고용계약에 있어서 근로환경과 관련한 특별한 약정을 한 바 없음.
1995년 7월 25일(고법) 원고 패소	• 사용자 책임은 불법행위 성립을 전제로 함. 따라서 피고 교수의 불법행위가 인정되지 않기 때문에 사용자 책임을 따질 이유 없음.
1998년 2월 10일(대법) 사건 환송	• 피고 교수의 행위가 직무와 무관하고 사용자가 알 수 없었던 행위이므로 사용자에 대한 청구는 이유 없음.
1999년 6월 25일(고법) 원고 일부승소	• 별도로 언급하지 않음.

제2절 교육기관 성희롱 사례

1. 교수의 여학생에 대한 성희롱 사건[1)]

1) 사건개요

이 사건은 대학교수가 자신의 연구실에서 4학년 여학생을 성희롱한 사례이다. 교내 성폭력예방대책위원회는 만장일치로 성폭력에 해당한다고 결정하였고, 교수징계 의결기관인 ○○시에 중징계를 요구하였다. 그러나 ○○시에서는 '정직 1월'로 의결하여 대학측에서 재심을 요구하였고, ○○시는 '해임 처분'을 하였다. 여성부에서는 성희롱으로 인정하였고 교수에 대해서는 '해임' 처분되었기 때문에 대학교 총장에

1) 한국양성평등교육진흥원(2006). 성희롱예방교육 강의용 : 성희롱 사건 사례집. 서울 : 저자, 35-8면 참조.

게 대학 내 성희롱 예방교육 계획을 수립하여 실시하고, 이 사건과 동일 또는 유사한 성희롱 행위의 재발을 방지하는 조치를 취할 것을 권고하였다.

- 피해자(A1)의 주장 : (가) 2003년 1월 가해자(B교수)가 자신의 연구실에서 4학년 여학생 A1에게 양손으로 A1의 두 귀를 잡고, A1의 얼굴을 들어 입을 맞추고, 혀를 내밀어 입술을 핥는 등의 성희롱을 하였다. (나) A1은 친구의 집으로 가서 도착하자마자 수돗물로 입을 헹구고, 당황하고 어쩔 줄 몰라 하는 태도를 보였다. 그리고 A1은 연구실에서 B교수가 한 행동을 친구에게 이야기 하였다. 이야기를 들은 친구는 성희롱이라고 판단하고 B의 연구실로 전화를 하였으나 퇴근한 뒤였다. (다) A는 2003년 3월 피해 후, 5일이 지난 다음에 관련 상담소에 피해사실에 대해 전화로 상담을 하였다. 당시 상담일지를 보면, 피해유형은 신체적 접촉, 피해횟수는 지속피해, 피해후유증으로는 정신적 분노 등이 기록되어 있었다. 이후 A1은 7차례의 전화 및 면접 상담을 하였다. 상담 내용 중에는 고소할 경우, 승소의 가능성 여부 또한 B가 A1에게 보낸 내용증명과 같이 A1을 명예훼손으로 고소하면 어떻게 되는지 등에 관해 상담하였다.
- 피해자(A2)의 주장 : 같은 과 졸업생인 또 다른 피해 여학생(A2)은 2002년 B로부터 영어강독을 받을 당시 교수가 자신의 손을 잡고 손등을 쓰다듬거나 어깨에 손을 올리는 행동을 해 친구들과 대책을 상의한 적이 있다.
- 피해자(A3)의 주장 : 같은 과 졸업생인 피해 여학생 A3은 2000년 B에게 워드작업을 해주고 B의 제의로 간 호프집에서 B가 반바지를 입고 있는 A3의 허벅지를 위 아래로 쓰다듬어 그 날의 일을 일기에 남겼다. '선생님을 존경할 뻔 했는데, 그 반대가 되어

버렸다. 나를 딸처럼 생각해서 그런 것일 수도 있겠으나, 나로서는 당한 느낌이다…….'

- 가해자(B)의 주장 : (가) 2003년 1월 A1이 연구실에 온 것은 사실이나 대학원 진학문제, 영어공부 등에 대해 이야기 하다가 돌아갔을 뿐, 성희롱을 한 적이 없다. 그리고 몇몇 학생들에게 개인적으로 공부를 가르친다거나 일을 시킨 적이 있으며, 일을 시킨 후 수고비를 주거나 저녁 식사를 함께 한 적이 있다. (나) 2003년 2월 B는 '본인에 대한 음해가 앞으로 계속 될 경우, 본인은 사법부의 판단에 의뢰할 수밖에 없고, 그 때 본인의 명예훼손에 대한 민형사상의 책임은 전적으로 귀하에게 있다'는 내용의 내용증명 우편을 A1에게 발송하였다. (다) B는 A1이 문학지에 드라마 각본을 실은 적이 있는데, 성희롱 주장도 A1이 각본 쓰듯이 만들어 낸 것이라고 주장하고 있다.

2) 사건 처리결과

가. 학생들의 대응 : 2003년 2월 ○○과 학생들은 긴급 임시총회를 소집하고 긴급대책위원회(이하 대책위)를 구성하였다. 2003년 4월 학생회 총회에서 B의 진퇴에 대한 최종 투표를 실시하였다. 결과는 107명 중 58명 투표, 사퇴 33표, 휴직 23표, 무효 2표였다. 2003년 4월 B에게 투표결과를 전달하고, 자진사퇴 의사를 물었으나 사퇴의사가 없다고 하였다.

나. 교수들의 대응 : 교수들은 성희롱 사건 현장을 목격하지 못했으므로 단정할 수는 없지만, 사태를 수습하기 위하여 B가 사과하고 휴직선에서 해결하려고 시도했다. 2003년 3월 3월 A1과 B가 만났다. 이 자리에서 A1은 피해사실을 구체적으로 거론하며 B에게 시인하느냐고 물

었고, B는 '예'라고 대답하고 미안하다고 사과하였다 그러나 다른 피해자 A2와 A3에 대해서는 확인을 거부하였다.

다. 학교의 대응 : 2003년 5월 교내 성폭력예방대책위원회는 성희롱 사건 신고를 받고 조사하여 2003년 7월 만장일치로 이 사건이 학교의 '성폭력 예방 및 조치에 관한 규정' 제2조의 '성폭력'에 해당한다고 결정하였다. 2003년 8월 학교 교수징계 의결기관인 ○○시에 중징계를 요구하였다.

라. ○○시의 대응 : ○○시에서는 2003년 9월 B에 대한 특별징계위원회를 열어 '정직 1월'의 징계의결을 하였다. 그러나 ○○○대학교에서 징계약정에 불복하여 재심을 요구하였고, 이에 대해 ○○시는 2003년 10월 '해임처분'을 하였다.

마. 학교 내 처리에 대한 B의 주장 : 2003년 3월 인정한 사실에 대해 B는 당시 ○○교수가 우선 사과하고 사실은 나중에 밝혀도 된다고 하여 시인하고 사과한 것이지 실제 행위가 있어 한 것은 아니다. ○○교수 역시 '사실이냐, 아니냐를 논의하는 것 자체가 교수로서 할 짓이 못된다고 생각하여 사태를 빨리 수습하기 위해서 사과하라고 했다'고 진술했다.

바. 국가인권위원회의 판단 : 첫째, 피해자의 진술이 구체적이고 일관성이 있고, 유사경험을 한 A2와 A3이 있다. 특히 A3이 심경을 기록한 일기장이 남아 있어 피해사실을 허위로 꾸며낸 것이라고 보기 어렵다. 둘째, A1이 피해 직후 친구의 집으로 가자마자 수돗물로 입을 헹궜고 상담기관에 총 7회의 상담을 하였다. 또한 교내 성폭력예방대책위원회의 자체조사에서도 성희롱이 있었음을 인정하는 등의 정황은 A1 진술의 신뢰성을 높여 주고 있다. 셋째, B교수의 경우, 초기에 '악의적인 음

해'라는 내용증명을 보냈다. 그러나 2003년 3월 모임에서는 가해행위를 인정하고 사과를 하였다. 그리고 이후 학생들과의 만남, 교내 성폭력 예방대책위의 조사 및 위원회 진술에서는 손도 잡은 일이 없다고 부인하는 등 진술의 일관성이 부족하다. 넷째, A1측이 '성추행' 또는 '성폭력'이라고 주장하고 있음에도 불구하고 B는 내용증명 우편에서 '폭행'이라는 용어를 사용하고 있는 점, 사건이 알려진 초기에 동료교수들이 중재에 나선 점 등 B의 진술을 신뢰하기 어려운 여러 정황이 존재한다.

사. 결정 : '남녀차별금지 및 구제에 관한 법' 제2조 제2호 등에 규정한 성희롱 행위로 헌법 제10조 인격권 및 성적 자기결정권을 침해한 것으로 판단한다. 진정사건 조사 중이던 2003년 10월 B가 '해임' 처분되어 학생회 및 A1의 요구사항이 대부분 충족된 점을 고려하여 ○○대학교 총장에게 대학 내 성희롱 예방교육 계획을 수립하여 실시하고 이 사건과 동일 또는 유사한 성희롱 행위의 재발을 방지하는 조치를 취할 것을 권고하였다.

3) 사건의 의의

학교에서 의결기관인 ○○시에 중징계를 요구하였으나, 약한 징계를 내리자 학교에서 불복하여 ○○시에서 행위자에게 해임 처분을 내리게 한, 학교의 성희롱 근절에 대한 단호한 의지를 보여준 사례이다.

2. 교감의 술따르기 강요와 성희롱 사건[2)]

1) 사건개요

이 사건은 2002년 9월 한 초등학교의 3학년 교사 전체 회식자리에서 교감이 A여교사에게 최근 부임한 교장에게 술을 따라주라고 반복 요구한 것을 A여교사가 여성부에 성희롱으로 제소하여 성희롱 판단을 받은 사건이다. 그러나 B교감은 성희롱 판단이 위법이라고 주장하며 행정소송을 했고, 지방법원과 고등법원에서는 B교감이 승소했으며, 최종적으로 2007년 6월 대법원은 이 사건의 상고를 기각함으로써 성희롱에 관한 명확한 입장을 밝히는 사건이다.

- 피해자(A)의 주장 : (가) 회식자리에서 술과 음료수 및 간단한 안주가 준비되자 C교사가 교장의 소주잔에 맥주를 따랐고, 이어 교장이 여자교사 3인의 소주잔에 맥주를 따랐다. 건배 제의가 있은 후, 여자교사들은 운전하고 귀가할 생각에 입술만 대었다가 안 마시고 상위에 내려놓았다. 잠시 후, B교감이 '여선생님들, 잔 비우고 교장선생님께 한 잔씩 따라주세요'라고 말하였다. (나) 여교사들은 그 말을 듣고도 자신의 술잔을 비우거나 교장에게 술을 권하지 않자, B교감이 '여선생님들, 빨리 잔들 비우고, 교장선생님께 한잔 따라드리지 않고?'라고 재차 말하였다. 특히 A교사를 지목하고 '교장선생님께 빨리 한잔 따르지'라고 말하였다. (다) 다른 여교사 둘은 각각 '내가 교장에게 술을 한잔 권하면 교감선생님이 더 이상 교장선생님에게 술을 권하라는 말을 하지 않겠지', '여자선생님들 나름대로 생각이 있으므로 알아서 할 것

2) 한국양성평등교육진흥원(2006). 성희롱예방교육 강의용 : 성희롱 사건 사례집. 서울 : 저자, 70-3면 참조.

인데 B교감이 왜 저런 말을 하시나' 하는 생각을 하면서도 교장에게 술을 한 잔 권하였다. (라) A교사는 거부의사를 표시하려는 생각으로 그 때까지 비우지 않고 상 위에 놓았던 술잔을 들어 단숨에 비우고 술잔을 상 아래로 내려놓았다. 식사를 마칠 무렵 교장이 자신의 잔을 A교사에게 주면서 맥주를 따라주자, A교사는 그 잔을 비우고 교장에게 돌려주면서 맥주를 따랐다.

- 가해자(B)의 주장 : (가) 회식 당시 교장이 여교사들에게 술을 따라주었는데 교장의 술잔이 비었음에도 여교사들이 교장에게 술을 권하지 않는 것은, 아랫사람이 윗사람으로부터 술을 받았으면, 답례로 술을 권하는 것이 술자리에서 지켜야 할 예절이라고 생각하고 교장을 예우하는 차원에서 2차례 권유하였을 뿐, 술을 따르라고 강요한 사실은 없다고 부인했다. (나) 또한 그와 같은 언동에는 성적인 의미가 포함되어 있지 않으며, 설령 성적 의미가 포함되어 있다고 하더라도 사회통념상 합리적인 사람이 성적 굴욕감 또는 혐오감을 느끼게 할 정도에 이르지 않았다고 주장했다. (다) B교감은 이를 성희롱으로 처분한 것은 위법이며 취소되어야 한다고 성희롱결정 처분 취소소송을 서울행정법원에 제기하였다.

2) 사건처리 과정과 결과

가. 학교 내 문제제기

첫째, 회식이 끝나고 A교사는 동료들에게 '회식도중 B교감이 특히 나를 지목하여 교장에게 술을 따르라고 하여 속상하다. 수조를 깨뜨린 일 때문에 여자교사 3명 중 나를 지목한 것이다'라고 말하였다. 다른 두 여교사는 B교감이 A교사에게 '교장선생님께 필히 한잔 따르지'라는 말은 듣지 못하였지만, B가 여교사들에게 두 번이나 교장에게 술을 따르라는 말을 하여 불쾌감을 느꼈다는 취지로 말을 하였다. 둘째, 그날 저녁 귀가 후, C교사가 A교사와의 전화통화에서 B교감의 사과를 받는 일을 전교조에서 도와주겠다고 하였다. 다음 날 C교사, 전교조 분회장 등이 B에게 가 어젯밤 회식에서의 언행을 성희롱으로 문제 삼겠다고 말하였다.

나. 여성부에 제소와 성희롱 결정

(1) A는 2002년 9월 말경 B교감과 교장, 해당 초등학교를 피신청인으로 여성부 '남녀차별금지 및 구제에 관한 법(현재 '국가인권위원회법'으로 이관)'에 의한 시정신청을 하였다. (2) 여성부 남녀차별개선위원회는 'A교사에게 교장에게 술을 따르라고 한 B교감의 행위를 성희롱으로 결정한다'고 의결하였다. 또한 교장에 대해서는 '성희롱에 해당하지 않는다'라는 의결과, 초등학교에 대하여 '향후 교직원들의 회식문화를 개선하고, 전교직원을 대상으로 재발방지를 위한 성희롱 예방교육을 실시할 것을 권고한다'는 내용의 의결을 하였다.

다. B교감의 행정소송과 대법원 상고심

(1) B교감은 성희롱 결정처분의 취소를 구하는 행정소송을 제기하였다. (2) 행정법원과 고등법원에서는 이 사건에서 회식의 성격, 참석자들의 관계, 장소 및 원고(B교감)가 이 사건 언행을 할 당시의 상황, 성적 동기 또는 의도의 유무 등의 구체적인 사정을 종합하여 보면, 우리 사회 공동체의 건전한 상식과 관행에 비추어 볼 때, 용인될 수 없는, 선량한 풍속 또는 사회질서에 위반되는 것이라고 보기 어렵다고 판결하였다. 또한 A교사를 지목하여 술따르기를 강요했다는 주장은 증거가 없고, 설령 그 말을 했어도 성희롱에 해당하지 않는다면 이 사건을 성희롱이라고 볼 수 없다는 것이 1심과 2심 법원의 입장이다. 그러나 이 사건은 상고되었으며, 대법원은 2007년 6월 14일 상고를 기각하였다.

3) 사건의 의의

가. 이 사건은 관행적으로 이루어지고 있는 직장 내 술따르기 문화에 대한 구체적인 문제제기이다. 특히 직장 내 위계관계에서 아랫사람이 윗사람에게 술을 따르는 것은 미풍양속의 하나라는 오래된 관습을 여성의 경험으로 다시 보는 의미를 가진다.

나. B교감이 여성부의 성희롱 결정이 부당하다며 행정소송을 제기한 사건으로, 최근 성폭력 가해자 역고소 현상이 늘어나고 있는 것과 같은 맥락에서 주요한 흐름을 반영한 사례이다.

다. B교감이 제기한 행정소송의 1심과 2심에서 주된 판단의 근거가 1993년 S대 신교수 · 우조교 성희롱 사건에 대한 1998년 대법원 판례인 바, 1999년 제정된 남녀차별금지 및 구제에 관한 법이 있음에도 이를 적용하지 않았다는 지적이 되고 있다. 그러나 대법원은 성희롱의 판단기준이 '피해자가 원하지 않았고, 성적 굴욕감 또는 혐오감 야기여부'가 아니라 '사회공동체의 건전한 상식과 사회질서에 위반되는가 여부'가 되어야 한다는 점을 확인한 사례이다.

제3절 공공기관 성희롱 사례

1. 중앙행정부처 공무원의 하급직원에 대한 성희롱 사건[3)]

3) 한국양성평등교육진흥원(2006). 성희롱예방교육 강의용 : 성희롱 사건 사례집. 서울 : 저자, 15-6면 참조.

1) 사건개요

이 사건은 2000년 모 중앙행정부처에서 신임과장의 부임을 축하하는 회식을 한 후, 2차로 계속된 단란주점에서 성희롱이 발생하여 당 부처에서 직위해제를 한 사례이다.

가. 신고인(A)의 주장

- 2차 회식자리에서 당시 7명의 일행은 맥주 24병을 시켰고, 가해자(B차장)가 양주 1병과 소주 1병을 사와 폭탄주를 만들었고 직원들에게 한잔씩 돌리기 시작했다. B차장은 A에게 "A여사! A여사도 내잔 받아야지" 하면서 술을 권하였고 A는 술을 잘 못한다며 대신 한잔 따라주었다.
- 옆자리에 바짝 붙어 앉은 B차장의 입에서 술 냄새가 나 거북하던 차에 B가 술에 취해 몸을 가누지 못하는 척하며 A의 어깨를 밀치고 귀에 대고 "A여사! 나 A여사랑 자고 싶어"라고 했다. 시끄러운 음악소리와 술취한 사람들의 목소리로 주변은 왁자지껄했지만, A는 B의 말을 분명히 알아들을 수 있었다. B는 A가 못 알아들었다고 생각했는지, 다시 한번 "A여사! 나 A여사랑 자고 싶다니까"라고 했다. 그리고 이어서 "나말이야, A여사 남편보다 더 세. 뭐가 세다는 건지 알아? 그걸 직접 보여주고 싶단 말이야"라고 했다.
- B는 예전에도 "원래 몸이 깡마른 사람이 센 법인데 말이야, A여사 남편도 세게 생겼어"라고 한 적이 있었다. 이어서 3차에 가는 분위기에서 A는 집으로 가려 했지만, 동료들에 밀려 3차까지 마친 후 귀가를 했다.

나. 피신고인(B)의 주장

- 이 사건의 조사과정에서 B는 "그냥 인사치레로 해 본 말"이라며 기분 좋으라고 한말을 불쾌하게 들었다면, 들은 사람 잘못이라고 했다. 또한 "술에 취했기 때문에 생각이 안 난다"고 모르쇠로 밀어부쳤다.

2) 사건처리 결과

가. 여성특별위원회에 제소

다음 날 A는 같은 과 직원과 과장, 위원장 면담을 통하여 문제제기를 했다. 특히 위원장에게는 B와 같은 과에서 근무하지 않도록 조치해 줄 것을 요청하였다. 그리고 여성특별위원회에 진정하였다.

나. 여성특별위원회의 성희롱 결정과 해당 부처의 징계

여성특별위원회는 A에게 굴욕감을 주는 B의 성적 언동이 있었는지 여부와 이 기관이 성희롱 예방과 사건처리에 적절한 조치를 취했는지 여부를 살폈다. 조사결과 B가 A를 성희롱 한 사실을 확인하고 다음과 같은 3가지 사항을 권고했다.

- 하급직 여직원을 성희롱하여 근무환경을 악화시킨 것에 대한 책임을 물어 B를 엄중 징계할 것을 권고한다.
- 앞으로 2년 이상 B와 A가 같은 사무실에서 근무하지 않도록 보호 조치를 권고한다.
- 성희롱 예방교육을 강화하고, 직장 내 성희롱 사건 고충상담창구의 운영방안과 처리절차를 수립할 것을 권고한다. 이에 해당 부처에서는 B를 직위해제 하였다.

3) 사건의 의의

- 이 사건은 그 동안 사소한 문제로 간과되던 언어적 성희롱이 사회적으로 이슈화되므로 관계 부처장이 이례적으로 행위자 B를 중징계 한 사건이다. 더욱이 청소년 인권문제를 다루는 행정부처 공무원의 성희롱은 더 이상 용납될 수 없다는 것을 보여준 사

례이다.

- 이 사례는 여성부의 성희롱 예방교육 비디오에도 소개되어 공무원들에게 성희롱에 대한 경각심을 주었다.

2. 장애인 시설관리자의 장애인에 대한 성희롱 사건[4)]

1) 사건개요

이 사건은 2005년 2월 '○○장애인 직업활동시설'에서 그 시설을 이용하는 여성장애인들을 시설에서 업무를 관리하는 가해자(B)가 성희롱한 사건으로, 성희롱을 인지한 시설의 여교사 2명과 함께, 피해자 3명이 여성장애인 성폭력상담센터에 내방하여 상담을 의뢰한 사례로 사건이 밝혀진 뒤 B가 사표를 냄으로써 일단락된 사례이다.

- 피해자(A1, A2, A3)의 주장 : A1, A2, A3은 각각 B와 단둘이 있게 되었을 때마다 B로부터 성희롱을 당하였다. A1, A2, A3은 20대 30대이지만 정신지체 2급의 여성장애인으로 사회적 연령이 6-7세 정도이다. B는 처음에는 "이쁘다, 착하다"라는 말로 A1, A2, A3에게 접근하여 육체적 성희롱을 일삼은 것으로 그들의 주장을 살펴보면 다음과 같다. (가) 정신지체여성장애인 20대 A1은 "선생님이 단둘이 있을 때마다 껴안고 가슴을 만졌어요"라고 진술하였다. (나) 정신지체여성장애인 20대 A2는 "선생님이 화장실에서 꼭 껴안고 내 옷을 만졌어요"라고 진술하였다. (다) 정신지체여성장애인 30대 A3은 "나에게 착하다고 하면서 껴안고 머리를 만졌어요. 가슴도 만지고 했어요"라고 진술하였다. 또한

4) 한국양성평등교육진흥원(2006). 성희롱예방교육 강의용 : 성희롱 사건 사례집. 서울 : 저자, 27-8면 참조.

이들의 공통적인 진술은 모두 일괄적으로 B를 매우 나쁜 사람이라고 말하고 있으며 B가 작업장에 없었으면 좋겠다고 이야기 하였다.

- 가해자(B)의 주장 : 처음에 B는 A1, A2, A3의 주장에 대해 그런 적이 없다고 전면 부인하였다. 그러나 상담센터에 사건의뢰가 들어오고 강력 대응할 뜻을 전하자 B는 A1, A2, A3의 말이 사실이라고 시인하였다.

2) 사건처리 결과

가. 여성장애인상담소에서는 위와 같은 사실을 알게 된 여교사와 피해자의 상담에 이어서 시설 원장의 상담을 진행하였다. 그리하여 시설에 B에 대한 고소, 고발조치를 해야 할 것과 A1, A2, A3과 B를 분리해야 함을 적극 주지시켰다. 또한 피해자 가족에게 알려서 함께 대처하여야 함도 상담소에서는 적극 전달하였다. 그 과정에서 사건이 가족에게 알려지면서 시설에서는 어려움을 겪었다. 그러나 그런 일이 있는 이상 그것은 시설에서 감당하여야 하며 회피해서는 안 될 문제였다. 가족들에게 쉬쉬했다면 시설에 대한 신뢰관계 등 어려운 일이 있을 것이라고 전했다.

나. 이로 인하여 '○○장애인 직업활동시설'에서는 여성장애인상담소의 말을 수용하고 적극 대처하였으며 비록 종사자 B를 고소, 고발하지는 않았지만, B에게 가해사실을 받아냈으며, 성희롱 사건이 밝혀진 한 달 후 가해자 B가 자진 사퇴함으로 사건이 종결되었다.

3) 의의

장애인 관련 시설에서 발생하는 이와 같은 사례들은 시설의 은폐와 시설장의 사건해결 의지 부족으로 오히려 담당 여교사가 어려운 처지에 빠지게 되는 경우가 대부분이다. 그러나 여성장애인성폭력상담소에 상담을 의뢰하고 시설 자체에서 사건처리 의지를 가지고 적극 대처하였다는데 의의가 있으며, B가 스스로 자진 사퇴함으로써 시설의 성희롱 사건을 종결시켰다는 데 의의가 크다고 할 수 있다.

제4절 민간사업장 성희롱 사례

1. L호텔 성희롱 사건의 1심 판결

1) 사건의 전개 및 결과

2000년 8월 원고측인 L호텔 여직원 40여명은 '회사 임직원에게 상습적으로 성희롱을 당했다'며 회사와 대표이사, 가해 임직원을 상대로 2억 2천 2백만원의 손해배상 청구소송을 제기했고, 이에 대해 2002년 11월 26일 서울지방법원은 '피고들은 원고 19명에게 각각 100~300만원씩 모누 2,900만원을 지급하라'는 원고 일부승소 판결을 내렸다. 나머지 21명의 청구는 기각했다. 이 판결은 성희롱 방지를 근로계약에 내재된 의무로 보아 회사의 손해배상 책임을 인정한 첫 판례라는 점에서 큰 의의를 가진다. 이 소송에서 원고들은 성희롱 행위자인 남자 직원들의 행위는 불법행위를 구성하므로 민법 제750조에 따라 배상금을 지급할 의무가 있고, 피고 회사는 이들의 사용자로서 민법 제756조, 또는 제

390조에 따라서 피고 대표이사 2인은 피고 회사에 갈음하여 행위자들의 사무를 감독하는 자로서 민법 제756조 제2항에 따라 배상금 지급의 의무가 있다고 주장하였다. 원고의 이러한 주장을 판단하기에 앞서 1심 판결은 다음과 같은 사실관계를 밝혔다.

- 피고 회사는 관광호텔업 등을 목적으로 하는 상시근로자 3,000여명인 회사로, 소공동(본점)과 잠실에 사업장을 두고 있으며, 각 사업장에는 면세점이 개설되어 있다.
- 직위 체계는 임원급(대표이사, 부사장, 전무, 상무, 이사)-1급(차장, 부장)-2급(과장, 과장대리)-3급(지배인, 계장)-4급(주임, 캡틴)-5급(사원)-계약직으로 구성되어 있다.
- 각 사업장의 식음 · 조리 · 객실 · 객실관리 부분은 총지배인(전무급이 담당)이 총괄하고 면세 부분은 각 사업장의 영업담당이사가, 각 부서는 1급 직원이 총괄한다.
- 피고는 대표이사 2인 및 관리직 남자 직원들이며, 원고들은 이들 남자 직원의 관리 · 감독을 받고 있는 4, 5급 또는 계약직 여자 직원들이다.
- 피고 회사는 업무의 성격상 다른 사업장에 비해 여성근로자들이 많지만, 직제상 과장 이상은 대부분 남자 직원들이 맡고 있는데, 이 소송을 제기한 호텔 · 면세 부분의 경우 더욱 그러하며 남자 직원들이 다수의 나이어린 미혼의(또는 결혼한 지 얼마 지나지 않은) 여자직원들을 관리 · 감독하는 피라미드 구조를 이루고 있다.
- 피고 회사는 부서별 야유회(연1회)와 망년회의 경우, 1인당 12,000원 가량을 지원한다. 그 밖에 부서차원의 회식인 경우는 부서 자체적으로 부서운영비, 거래처에서 지원되는 경비, 팁이 모은 돈 또는 각출한 돈으로 비용을 충당해 왔다.
- 원고들을 비롯한 하위직 여자 직원들은 회식 등의 모임에 불참

할 경우, 인사고과, 근무스케줄 편성, 재계약(계약직의 경우) 등 에서의 불이익을 염려하여 빠짐없이 참석했다.

- 원고들을 비롯한 하위직 여자 직원들은 성희롱에 대한 문제제기를 할 경우 비난과 불이익을 받을 것이라 생각했고, 고충을 처리할 만한 마땅한 기관도 없어 대개의 경우, 공식적으로 문제 삼지 못했음은 물론 거부 의사도 제대로 표명하지 못해왔다.
- 고객 또는 직원들에 의한 성희롱이 문제화되었던 경우, 결국은 피해자인 여자 직원들이 사직하는 것으로 마무리되어 왔다.
- 피고 회사는 공인노무사를 통해 1999년 3월 23일에서 26일까지 호텔 · 면세 부분 1, 2, 3급 직원들을 대상으로 남녀고용평등과 일 · 가정 양립 지원에 관한 법에 따른 성희롱 예방교육을 실시한 이래 매년 성희롱 예방교육을 실시하고 있다. 다만 면세 부분 4급 이하 직원들에 대한 교육은 신규점포 개점 준비 등 사정으로 실시하지 않았다.
- 이 사건의 피고로 되어 있는 6인(대표이사 2인 이외의 관리직인 남자 직원)을 제외한 나머지 가해 직원들에 대해서는 노동부의 요청에 따라 징계 및 전보조치를 마쳤다.

위와 같은 사실관계에 따라서 1심 법원은 이 소송의 전제가 되는 쟁점으로 (1) 직장 내 성희롱의 의미, (2) 사용자의 고용계약상의 보호의무가 미치는 범위, (3) 피고 회사가 부담하는 주의의무의 수준 등을 제기하였다. 이 판례는 성희롱 방지를 고용계약에 내재된 의무로 보아 피고회사가 고용계약상 보호 의무를 다하지 못했다는 것을 이유로 사용자 책임을 부과했다는 점에서 매우 긍정적이다(국미애, 2004). 그러나 피해여성이 상해를 입는 등 실질적인 손해를 입증할 수 있거나, 회사에서 공식적으로 비용을 지원했고, 총지배인(전무급)이나 영업이사 등의 임원급이 주재한 자리였으며, 공개적으로 이루어져 피고 회사가 알

았거나 알 수 있었던 경우를 한정하여 사용자 책임을 인정함으로써 '직장 내 성희롱'을 판단함에 있어서 중대한 한계를 내포하고 있다. 또한 이 소송은 직장 내 성희롱에 대한 법적 규제가 남녀고용평등법과 남녀차별금지 및 구제에 관한 법에 명시되어 있음에도 불구하고 민법에 근거하여 소송을 제기함으로써, 직장 내 성희롱 관련 규정을 통해서는 피해자의 구제가 불충분함을 함축하는 것으로 보여주는 것으로 사료된다.

2) 사건의 주요 판결 진행과정 및 사용자 판단근거

이 사건과 관련하여 재판 이전, 진행 일자 등과 관련된 주요 내용은 다음 <표 11-3>과 같이 요약되며, 이 사건과 관련하여 사용자책임 판단근거는 <표 11-4>와 같다.

〈표 11-3〉 L호텔 성희롱 사건의 재판 전(前)과 진행 과정

일 자	재판 전(前)과 진행과정 및 판결 내용
2000년 6월 21일, 26일	• 노동조합이 성희롱 실태조사를 전문조사회사에 의뢰
2000년 7월 12일	• 여성 조합원 300여 명, 노동부에 진정서 제출
2000년 8월 9일	• 피해여성들, 피고 L호텔 외 16명에 대해 손해배상 청구소송 제기, 청구액 17억 6천만원 (2000년 10월 20일 ~ 2002년 11월 18일 까지 소 취하가 이루어짐)
2000년 10월 14일	• 노동부 L호텔 성희롱 가해자 30여 명 징계, 2명에게 주의 촉구조치를 호텔에 통보 • 노동부, 호텔측이 성희롱 예방교육을 실시하지 않은 것을 이유로 과태료 300만원 부과
2000년 11월 30일	• L호텔, 노동부의 징계조치에 응하지 않음 • 호텔 자체적으로 징계 보류 10명, 견책 8명, 근신 1개월 7명, 근신 2개월 2명, 근신 3개월 1명, 감봉 2개월 2명, 면직 2명 등의 조치를 취함

〈표 11-3〉 L호텔 성희롱 사건의 재판 전(前)과 진행 과정 (계속)

일 자	재판 전(前)과 진행과정 및 판결 내용
2001년 1월 31일	• 계약직 22명에 대한 재계약 과정에서 성희롱 사건으로 소송을 제기한 4명을 사실상 해고 • 노동부, L호텔이 재판에 영향을 줄 수 있다는 이유로 10명을 징계하지 않은 것에 대하여 3,000만원의 과태료 부과
2001년 2월 3일	• 회사 임직원 12명이 손해배상 청구소송을 제기한 피해 여직원 21명에 대해 명예훼손 및 무고 혐의로 고소
2002년 11월 26일 원고일부승소	• 피고 L호텔과 피고들은 원고 19명에게 가각 100만원에서 300만원씩 모두 2,900만원을 지급할 것, 21명의 청구는 기각
2002년 12월 14일	• 피고 최○○ 항소장 제출
2002년 12월 16일	• 피고 주식회사 L호텔 항소장 제출
2004년 2월 8일(고법) 항소를 기각	• 1심 판결의 정당성 인정

〈표 11-4〉 L호텔 성희롱 사건의 사용자책임 판단근거

분 야	판단근거
소송의 전제가 되는 쟁점	• 직장 내 성희롱 의미 • 사용자의 고용계약상의 보호의무가 미치는 범위 • 피고 회사가 부담하는 주의의무의 수준
사용자 책임인정 근거	• 피해여성이 상해를 입는 등 실질적인 손해 입증 가능 • 회사에서 공식적으로 비용을 지원 • 총지배인(전무급)이나 영업이사 등의 임원급이 주재한 자리 • 공개적으로 이루어져 피고 회사가 알았거나 알 수 있었던 경우

2. 공장장의 비정규직 근로자에 대한 성희롱 사건[5)]

1) 사건개요

이 성희롱 사건은 비정규직 근로자로 일하던 피해자가 여성단체에 상담한 것을 통하여 사건을 해결한 경우이다.

- 24세인 피해자(A)는 촉탁사원으로 ○○○회사에서 5년간 근무하였는데, 그 동안 가해자(B공장장)로부터 지속적인 성희롱을 당하여 왔다. 손으로 가슴과 목 사이를 치기도 하고, '혼전 성관계를 어떻게 생각하느냐? 애인하고 만나서 뭘 하나?' 등 3년 전부터 계속 성희롱을 했다. 이에 A는 스트레스로 인하여 잠도 못 잘 정도였고, B공장장에게 그러한 행동을 그만 둘 것을 요구했지만 B는 집요하게 괴롭혔다. 이에 ○○○회사 내에 B공장장의 성희롱에 대한 소문이 돌자, 노조에서는 여사원을 대상으로 설문조사를 하였다. 조사를 통하여 두 여자직원이 피해자로 드러났고, 노조와 회사가 같이 사실조사를 실시하였다. A는 가해자를 징계하고 사과문을 게재할 것과 이후 회사에서 신분보장을 해 줄 것을, 그 동안의 정신적, 육체적 고통에 대한 피해보상을 요구하였다.
- 그러나 회사는 징계위원회를 열지 않고, B공장장이 사과문을 하루 게시하는 것으로 사건을 해결하려 하였으며, 피해보상은 개인적인 문제이므로 각자 알아서 하라고 하였다. 이에 피해보상을 민사소송으로 하겠다고 하자, B공장장은 명예훼손으로 맞고소를 하겠다고 협박을 했고, 이러한 상황에서 A는 여성단체에 상담을 신청하였다.

5) 한국양성평등교육진흥원(2006). 성희롱예방교육 강의용 : 성희롱 사건 사례집. 서울 : 저자, 28-9면 참조.

2) 사건처리 결과

가. 여성단체에 상담신청 : A는 B공장장의 사과가 진심이 아닌 것 같고, 성희롱으로 인한 피해보상이 되지 않은 점 등의 문제로 여성단체에 상담을 신청하였다.

나. 여성단체의 상담결과 : A는 3~4년간 지속적으로 성희롱을 당한 것이 너무 억울해서 피해보상을 원했다. 그러나 회사와 노조는 '피해보상은 개인적인 문제이므로 알아서 처리하라'며 사건을 종료하려고 하였다. 여기에 추가하여 A는 비조합원이었기 때문에 더 이상 노동조합에 요구하기를 힘들어 하였다. 이에 여성단체와의 상담을 통하여 민사소송은 시간이 많이 걸리며, 회사가 형식적이지만 대표이사를 통하여 가해자에게 경고를 하고 공개사과를 하였기에 소송은 다른 여사원들과 함께 논의한 후 결정하기로 하였다. 그리고 노동조합과 전화통화를 해서 A의 요구사항을 전달하였고, 노동조합에서 B공장장과 A가 만나는 자리를 주선하였다. 그리고 B공장장이 직접 사과를 하였고, 진심어린 사과라고 생각하여 A가 이를 받아 들였다. 덧붙여 피해에 대한 위로금조로 30만원 상당의 상품권을 지급하면서 이 사건은 마무리되었다. 이후 A는 다른 촉탁사원과 함께 정규직을 요구하여 정식직원이 되었고, 노동조합에 가입하였다.

3) 사건의 의의

이 사건은 회사 내에서 제대로 해결되지 않았던 직장 내 성희롱 사건이 피해자의 여성단체 상담을 통하여 해결된 것으로 법적인 절차 이전에 다양한 방식의 문제제기와 해결이 가능하다는 것을 보여주는 사례이다.

제12장

성희롱 연구동향과 미래전망

제1절 성희롱 연구동향과 연구영역

1. 성희롱 연구동향

새로운 세기와 함께 더욱 성숙되어 가는 지식기반사회는 개인이 선택한 조직에서 수행을 효과적으로 달성하기 위하여 핵심역량(core competency)을 갖춘 인재를 필요로 한다. 이와 같은 맥락에서 여성의 고등교육 기회확대와 노동시장 참여가 증가되고 있다. 이러한 현상은 지식기반사회의 뚜렷한 추세로서 여성의 사회진출은 사회의 모든 분야에서 더욱 확대될 것으로 전망된다. 그러나 이러한 시대정신(Zeitgeist)을 반영하는 우리 사회의 이면에는 여성을 성적(性的) 대상으로 삼아 무례한 언어적 행동과 성적 자율성을 침해하는 폭력이 아직도 빈번하게 발생하고 있다. 이러한 현실은 여성에게 사회적 기회에 대한 불평등뿐만 아니라 남성과 여성의 동등한 인격적 대우에 대한 기회보장에서도 많은 영향을 미치게 한다. 그 대표적인 하나의 사례가 성희롱과 성폭력이라고 할 수 있다. 이러한 성적 인격권과 관련된 크고 작은 성희롱 및 성폭력 사건과 문제해결 과정에서 나타나는 일들은 궁극적으로 한 개인의 정신적, 심리적, 신체적, 경제적 측면뿐만 아니라 대인관계 측면까지도 지대한 영향을 미칠 수 있다. 더욱이 성희롱과 성폭력으로 인한 피해는 개인의 심리적 부적응과 사회에 대한 부적응 등 많은 문제점을 보이고 있으며, 사회구성원으로서의 삶의 질을 약화시키기까지 한다(Willness, Steel, & Lee, 2007).

성희롱은 일상생활 과정 중 어디에서나 발생할 수 있으며, 가장 빈번히 발생되는 곳은 직장으로, 직장 내 성희롱은 여성의 노동시장 진출과 더불어 이미 오래전부터 발생된 문제이다. 그러나 성희롱은 명확한 개념정립이 되어 있지 않아, 남녀관계에서 흔히 있을 수 있는 일로 받아들여지거나 지나친 농담, 혹은 치근거림 정도로 여겨져 오고 있었던 것으로 개인의 특수한 경험이거나 참으면 되는 사소한 문제로 인식 되어 왔다. 일반적으로 '성희롱(sexual harassment)'의 문제는 그 동안 직장, 학교, 사교활동, 전문직업세계 등 사회생활에서 집단적인 차별을 재생산하는 기제(mechanism)가 되어 왔으나(Dalmiya, 1999), 이것을 성별에 근거한 남녀차별의 한 유형으로 간주하여 대책을 강구하려는 움직임이 확산되어 이에 대한 법제정, 교육 · 훈련, 학문적으로 연구된 것은 비교적 최근의 국제적 경향이다(김계현 외, 2005; 김정인, 2000; Lichty, Torres, Valenti, & Buchanan, 2008). 우리나라도 최근에 여성의 사회진출이 크게 늘고, 인권보장의 보편화 현상에 따라서 여성에 대한 성희롱이 사회적 쟁점으로 부각되고 관련 법령이 광범위하게 제정 · 실시되고 있다. 성희롱은 근본적으로 헌법상의 인간 존엄 및 가치와 관련되는 문제이다(표시열, 2002, 2008).

성희롱은 남녀 간의 문제뿐만 아니라 직장에서 상관과 부하, 성인과 아동, 전문치료자와 환자, 상급자 군인과 하급자 군인, 심지어 부부 사이 등에서도 다양한 형태로 성희롱이 발생하고 있다(이혜은, 1998). 이와 같은 맥락에서 성희롱은 단순히 한 개인이 다른 개인에게 가지는 매력에 의한 것이 아니고 사회구조적 문제, 또는 개인의 병리적인 문제와도 밀접하게 관련되어 있다는 것을 알 수 있다. 그리고 성희롱이 문제가 되는 것은 그 원인에 관계없이 성희롱의 결과가 개인, 조직, 그리고 사회에 순환적으로 부정적인 영향을 미치기 때문이다(Avina & O'Donohue, 2002). 이러한 순환적 형태를 생태학적으로 접근하면 인간과 환경으로 해석할 수 있다.

인간은 주위를 둘러싸고 있는 여러 가지 환경에 영향을 받으면서 신체적 · 정신적으로 성장하며, 이러한 환경적 배경은 다시 다른 사람들에게도 영향을 미친다. 개인과 환경이 상호 작용하는 가운데 문제는 확대되고 재생산된다. 이와 같은 맥락에서 성희롱의 문제도 여성과 남성의 합작물이라는 생각을 할 수 있다. 남성은 가부장적 문화 속에서 여성에 대한 잘못된 편견이나 생각을 가지고 있고, 여성 역시 그러한 문화와 사회적 배경을 인식하고 있기 때문에 성희롱과 관련된 문제를 해결하려는 의지를 포기하는 경우가 발생한다(이혜은, 1998; 임정섭, 2005).

대학교를 포함하는 교육현장에서의 성희롱도 예외는 아니며, 최근 이 문제는 시급하게 해결하여야 할 중요한 사회문제로 부각되어 대학 당국에서 다양한 접근으로 해결책을 모색하고 있다. 대학에서의 성희롱은 학생들의 정신적, 신체적, 심리적인 상처로 인하여 학생 개인의 성장과 학업에 엄청난 지장을 초래하고 있다. 학교에서 발생하는 성희롱은 학생들로 하여금 앎에 대한 순수한 동기를 포기하거나 학업에 대한 성취동기를 가로막는 장애물로 작용하고 있다. 이와 관련되는 성희롱의 부정적인 영향은 외국의 많은 연구에서도 밝혀지고 있다. 미국의 경우, 하버드대학교 15%의 대학원생과 12%의 학부 대학생이 성희롱을 경험하였으며, 이들은 자기의 전공을 바꾸거나 학업 프로그램을 바꾸는 것으로 보고되고 있다(이혜은, 1998). 대학교에서의 성희롱은 일반적인 범죄나 직장에서의 성희롱보다 문제해결이 더 복잡하며 피해후유증도 장기간 지속될 가능성이 크다. 왜냐하면 대학에서의 성희롱은 생활환경을 같이 하는 사람들, 즉 교수와 학생, 친한 선배와 후배, 학과나 동아리 친구들 사이에서 발생하는 경우가 대부분이기 때문이다. 이와 같은 인간관계와 환경에서 발생하는 성희롱은 가해자와 문제 상황이 피해자의 생활환경과 직·간접적으로 연결되어 있으며, 자신의 대학생활, 진로문제 등과 직·간접적으로 연관되어 있기 때문에 적극적으로 문제해결을 시도하기가 어렵다. 이와 같은 이유로 인하여 성희롱으로 인한 피해를 혼자 고민하면서 대학생활의 어려움을 지속적으로 겪게 될 가능성이 많으며, 성희롱으로 인한 해결되지 않은 문제가 대학생들의 진로변경의 원인으로 작용할 수 있다(Naomi, 2000; Stockdale, 1996).

대학 내에서 발생하는 성희롱의 문제가 학업생활을 하는 학생에게 이렇게 심각한 문제를 가져올 수 있음에도 불구하고 성희롱 문제를 예방하고 치료를 위한 학문적 연구의 역사는 최근에 시작되었다(Lichty et al., 2008). 특히 우리나라의 경우 대학에서 성희롱과 관련된 연구는 이제 시작 단계에 불과하다. 이와 관련된 연구영역이 광범위하고 다양하기는 해도, 성희롱에 대한 이론적 개념 정립에서부터 현장 실천을 위한 심도 있는 경험연구는 극히 소수에 불과하다. 그리고 대학생을 위한 성희롱 예방교육과 피해자를 대상으로 상담 · 치료 활동에 관한 경험연구는 연구주제의 미묘함 때문에 거의 이루어지지 않고 있는 실정이다(문희경, 2009). 학교 내에서의 성문제가 외부적으로 노출되는 것을 꺼려하는 대학의 관행적 입장 때문에 대학생을 대상으로 하는 성희롱 연구는 이론적 탐색과 명료화, 측정도구 개발, 성희롱 실태조사 등의 연구가 대부분이다.

성희롱과 관련된 주제를 포함하여 대학에서 이루어지는 상담 및 교육활동은 개인, 집단, 조직의 전체 구성원 등의 특정 문제에 대한 기본적인 치료적 기능(remedial function)과 앞으로 발생할 가능성이 있는 비슷한 문제에 대한 예상과 미리 피할 수 있는 예방적 기능(preventive function)을 포함하여 이와 관련된 문제를 극복하는 데 필요한 능력과 기능을 획득하도록 도와주는 교육적 기능(educative function)이 있다(김청자 · 정진선, 2006; 이혜은, 1998; 하혜숙, 2007a). 대학교에서 발생하는 성희롱을 미리 예방하고 발생된 문제를 해결하기 위한 상담과 교육활동은 개인적 · 사회적으로 매우 중요한 역할과 기능을 담당한다. 왜냐하면 대학에서 성희롱은 학생 개인에게 단순히 심리적, 정신적 피해를 줄뿐만 아니라 개인의 사회적 성장과 발달을 위한 결정적 시기에 중요한 장애를 일으킬 수 있는 심각한 문제이기 때문이다.

2. 성희롱 연구영역

성희롱에 대한 지금까지의 국내·외 연구는 다음과 같은 다양한 영역에서 진행되고 있다(문희경, 2009). 연구 영역은 성희롱에 관한 (1) 개념, 특성 및 측정도구 개발 연구, (2) 기초실태 조사연구, (3) 유형분류 연구, (4) 영향 연구, (5) 예방프로그램 및 정책연구 등이다.

첫째, 개념, 특성 및 측정도구 개발 연구는 성희롱 개념과 특성을 명료화하는 과정이며, 성희롱의 발생 가능성을 예측하기 위한 도구개발을 위한 기초이며, 교육이나 상담의 대상인 가해자, 피해자, 또는 다른 관련자들의 성희롱에 대한 인식기준을 밝힘으로써 예방교육이나 상담활동에 필요한 정보를 제공할 수 있다(공미혜, 1997; 김양희·정경아, 2000; Gutek, Morash, & Cohen, 1982; Gutek & O'Connor, 1995; Fitzgerald & Ormerold, 1991; Fitzerald & Shullman, 1993).

둘째, 기초실태 조사연구는 이론과 연구의 축적이 빈약함과 연구에 관한 이론을 발달시키고 정책적 수단을 개발하는 데 요구되는 기초연구로서 중요한 의미로 여겨진다(강희순, 2002; 서울대학교 성희롱·성폭력상담소, 2003; 여성부, 2002; American Association of University Women, 2006 : Fitzgerald, Gelfand, & Drasgow, 1995; Fitzgerald, Shullman, Bailey, Richards, Swecker, Gold, Ormerod, & Weitzman, 1988).

셋째, 유형분류 연구는 성희롱을 체계적으로 이해함으로써 성희롱을 구성하는 행위요소의 종류나 성격을 구체적으로 파악하는 데 필요하며 이 분야에 관한 이론과 정책개발에도 도움을 줄 수 있다. 이와 관련된 국내·외 연구로는 신성자(1993), 공미혜(1995), 한국여성민우회(1998), 서울대학교 성희롱·성폭력상담소(2003), Till(1980), Fitzgerald와 동료연구자(1988), Gruber(1992) 등이 수행한 것이다.

넷째, 성희롱 영향연구는 성희롱이 개인이나 공동체에 미치는 영향에 관한 것이다. 성희롱의 영향에 관한 연구는 성희롱이 피해자 개인에게 주는 신체적, 정신적 영향뿐만 아니라 공동체 전체의 생산성에 미치는 부정적 영향을 이해할 수 있게 하며, 이를 바탕으로 성희롱 예방교육이나 상담활동에 활용할 수 있다. 이와 관련된 국내·외 연구는 신성자(1993), 김양희(1995a, b), 한국여성민우회(1998), Naomi(2000) 등이 수행한 것이 있다.

다섯째, 성희롱과 관련된 예방 프로그램 및 정책연구이다. 이 분야는 성희롱·성폭력의 근본적인 예방과 해결을 목표로 하는 정책의 실효성과 정책집행 과정에 요구되는 기구, 조직, 절차 등의 형식뿐만 아니라 각 급 학교에서 성희롱 예방교육을 위한 프로그램의 설계·개발·활용과 관련된 연구(예 : 교육과학기술부 주관의 대학생 성희롱 예방교육프로그램 : CD용) 등이 있다(김계현 외, 2005 : 37-105; 김양희, 1995a, b; 송정아, 2006; Hobson & Guziewicz, 2002; Sandler & Shoop, 1997). 그러나 성희롱 예방 교육 프로그램에 관련된 연구는 주로 질문지를 활용해서 성평등에 관한 의식조사, '성희롱을 경험한다면 어떻게 할 것인가?'와 같은 조사연구가 대부분이다. 우리나라에서 초·중등학생을 대상으로 성희롱 교육프로그램을 개발하고 효과를 검증한 연구 역시 시작 단계에 불과하지만(예 : 염영희·이규은, 2003), 이와 관련된 대학생 대상의 연구는 아예 찾아볼 수 없다. 미국의 경우에도 이와 관련된 성희롱 연구는 시작단계에 있으며 대학생을 대상으로 교육프로그램을 설계하고 효과를 검증한 연구는 극히 소수(예 : Bonate & Jessell, 1996)에 불과하다.

이상에서 국내·외에서 수행된 성희롱 연구 주제와 동향에 대해 살펴본 것과 같이 우리나라에서 성희롱 분야의 연구는 시작단계에 있는 비교적 새로운 영역이다. 연구 주제는 성희롱 개념정립, 측정도구 개발, 간단한 질문지를 통한 실태조사 등의 연구가 대부분이다. 그러나 성희롱에 관한 개념과 이론적 기초를 바탕으로 실질적인 성희롱 피해자를 대상으로 제2의 성희롱 피해자를 사전에 방지하기 위한 성희롱 예방 · 대처 교육프로그램의 설계, 개발, 현장 적용을 통한 효과를 검증하는 연구는 시작단계에 불과하다. 이와 같이 성에 관한 종합된 연구결과물을 바탕으로 실제 현장 적용(예 : 성희롱 교육프로그램)을 위한 실제적인 경험(실험)연구가 필요한 시점이라고 할 수 있다. 성희롱 예방을 위한 교육프로그램의 설계 · 개발 · 실행을 포함하여 건전한 성문화 정착을 위한 적절한 성관련 연구가 진행되기를 기대한다.

3. 성희롱과 성 관련 연구의 문제점

일반적으로 성희롱을 포함하여 인간의 성과 관련된 연구는 다른 분야의 사회과학 연구들보다 더 많은 문제점을 가지고 있다. 대표적인 예로는 윤리적인 문제, 연구를 위한 지원자 편파성과 표집문제, 신뢰도 등이다(Carroll, 2007). 첫째, 윤리적 문제는 대부분의 사회과학 연구에 영향을 미치는데, 특히 성희롱을 포함한 성 관련 연구에 더 많은 영향을 미친다. 어떤 사람이 성 관련 연구에 참여하기 전에 연구자는 그 사람에게 연구에 대하여 충분히 설명해 주고 사전 동의(informed consent)를 받아야 한다. 특히 성희롱을 포함한 성 관련 연구는 개인적인 주제를 다루기 때문에 사전 동의를 받는 것이 중요하다. 연구 참여자는 사전 동의를 통하여 어떤 질문을 받고, 어떤 절차를 거치는가, 정보가 어떻게 사용되는가, 비밀(confidentiality)이 어떻게 보장되는가, 질문이 있을 때, 누구에게 연락을 해야 하는가를 알게 된다. 둘째, 지원자 편파성의 문제이다. 일반적으로 성희롱을 포함한 성 관련 연구는 대학생을 연구대상으로 삼는다. 대학생을 대상으로 하는 성관련 연구에서 나타나는 지원자 편파성을 검토한 연구들은 지원자는 비지원자와 다르다는 것이 증명되었다(Carroll, 2007). 지원자들은 좀 더 성적으로 자유롭고, 성적인 경험이 더 많고, 성적 활동에 더 관심을 가지고, 성에 대한 태도가 덜 전통적인 것으로 나타났다. 이와 같은 이유 때문에 연구결과를 일반화하기 어렵다. 셋째, 성 관련 연구의 신뢰도 문제이다. 일부 연구에서 성적으로 만족하는 부부들은 자신들의 성행위 횟수를 과대평가하는 경향이 있는 반면, 불만족하는 부부는 과소평가하는 경향이 있는 것으로 나타났다(Carroll, 2007). 또한 신뢰도에 영향을 미치는 또 다른 문제는 연구 참여자의 기억이다. 많은 성 관련 연구는 사람들에게 과거에 경험하였던 행동에 대하여 질문하지만, 사람들이 정확하게 기억하지 못할 가능성이 있다. 이와 같은 경향은 성희롱 관련 연구에서도 나타날 수 있다. 신뢰도에 영향을 미치는 자료수집에서 정확하게 기억하지 못하고 추측하여 대답할 가능성이 높은 경우에는 과학적 연구에는 부적합하다.

제2절 성 건강 교육과 바람직한 성문화 정착

1. 성건강과 교육

인간의 성(性, sexuality)에 대한 개념 정의는 복잡하고 난해하다. 성은 개인의 중요한 차원으로 인간 본성의 강력하고, 목적 지향적인 측면과 인간의 특질로서 묘사된다(Lion, 1982). 성은 삶의 축복이며, 삶의 다양한 영역에서 즐거움을 더해주는 활력적인 신체, 마음, 영혼과 연결된다. 성의 개념은 인간 존재의 총체성으로 묘사된다. 성은 개인의 중요 차원이고 인간 본성의 목적지향적 측면이며 인간존재의 특성이다. 성은 일생에 걸친 역동적 변화의 실제 주체이다. 성은 오직 우리의 성기적 본질만이 아닌 우리 인간의 특성을 반영한다. 전인격의 기능으로서 성은 생물학적, 심리적, 정신적, 문화적 변인들과 관련이 있으며 이들 요소는 성건강에 영향을 미친다. 성건강은 인격발달과 개인상호 간의 관계에 영향을 줌으로써 사회구조에 영향을 미칠 수 있다. 성건강에 대한 개념은 인간의 성에 대해 긍정적이고 총체적인 접근을 내포한다. 이 개념은 성적 정보를 알 권리와 쾌락을 누릴 권리를 중요하게 여긴다(Lion, 1982).

세계보건기구(WHO)는 성건강을 '인격, 의사소통, 사랑을 긍정적으로 증진시키고 고양시키는 방법으로 성적 존재인 인간의 신체적, 정서적, 지적, 사회적 측면을 통합하는 것'으로 정의한다. 이 정의에는 성건강의 필수요소인 생물학적, 심리적, 사회・문화적, 영적 차원 등을 함축한다. 성은 최적의 목표로서 인간의 연속성과 총체성, 성건강과 총체적 건강과의 통합, 성과 사랑의 완성을 강조한다. 성건강 정의는 다양한 해석을 가능하게 하는 가치가 개입되어 있다. 사랑과 의사소통이 생각과 감정의 일치, 그리고 기대와 행동의 조화로 해석된다면, 성적 상호관계는 신체적 사랑만을 의미하는 것이 아니고 돌봄, 존경, 심사숙고, 쾌락에 대한 개인적 책임감을 포함해야 될 만큼 광범위한 의미를 가진다(Lion, 1982). 성건강은 3가지의 기본적이고 상호 연관된 본질적 요소가 있다. 첫째, 사회적, 개인적 윤리에 일치하는 성적 행동을 즐기고 조절할 수 있는 능력이다. 둘째, 성적 반응을 억제하고 성적 상호관계를 손상시키는 두려움, 수치심, 죄책감, 회의 및 다른 심리적 요소가 없는 것이다. 셋째, 기질상 장애나 질병, 그리고 성생식적 기능을 방해하는 기질적 장애, 질환, 결함이 없는 상태이다.

성건강인의 유형적 특성은 다양한 연령과 삶의 주기에 있는 대상자, 다양한 생활양식에 있는 사람, 다양한 문화에 살고 있는 사람, 양성적인 사람, 독신자, 성전환자, 정신지체인, 신체장애인 등 모든 계층에 적합하여야 한다. 보편적 입지에서 수용과 적용이 가능한 특성에 도달하는 것은 어렵더라도, 성적으로 건강한 사람은 다음과 같은 특성을 가진다(Lion, 1982). 첫째, 성건강인은 긍정적인 신체상(승인, 평가, 확인된 그들 자신의 존재, 기능과 관계에 대한 정신, 정서적 상)을 가지며, 성적 기관을 자연적인 것으로 수용한다. 둘째, 성건강인은 인간의 성에 대한 인지적 지식이 있다. 이 지식은 사실이며 신화나 오해가 없다. 셋째, 성건강인은 남성과 여성의 생물학적 발현, 남녀노소의 심리성적 정체성, 성역할 행동에 대한 사회적 기대에 일치하는 경험을 한다. 넷째, 성건강인은 성에 대한 자신의 감정과 태도를 인식하고 평가한다. 다섯째, 성건강인은 효과적인 개인상호관계를 창출하는 능력이 있고, 이것은 기간, 질(質), 의미, 강도, 쾌락으로 묘사한다. 여섯째, 성건강인은 직면한 위험에 의하여 획득한 장점을 측정하고 타인을 비난하거나, 자신을 변명하지 않고, 실수를 수용하도록 격려하는 성숙되고 유용한 가치체계를 가진다. 이러한 성숙되고 유용한 가치체계는 신체적, 정신적, 정서적 성장에 의하여 영향을 받는다.

2. 바람직한 성문화 정착

성(性) 차이가 우리의 삶에 끼치는 영향력은 너무도 막강하다. 일상적으로 우리들은 성 차이가 미치는 영향력이 너무나 넓게 퍼져 있어 정확하게 인식조차 하지 못한다. 그러나 사회변화와 교육의 영향으로 사람들의 인식은 성문화에도 변화를 가져 왔다. 우리나라의 성문화도 그 동안의 불평등 구조를 많이 완화시키고 있지만, 그 근원적인 부분에서는 여전히 변하지 않는 것들도 있다. 우리나라의 성문화는 불평등한 사회구조, 이중적 성규범, 가족에 대한 가치변화, 여성의 사회적 역할 증가 등의 측면에서 치열한 갈등관계를 형성하면서 긍정적인 측면으로 변화의 단계를 거치고 있다. 성 차이는 특정 사회의 불평등과 권력 문제와 밀접하게 관련되기 때문에 사회학자들에게 중요한 쟁점을 던져 주고 있다(Giddens, 2001). 일반적으로 사회학자들은 생물학적 성(sex)이라는 용어를 해부학적, 생리학적 관점에 입각하여 성별로 나타나는 신체적 차이를 일컫는다. 그 반대로 사회적 성(gender)은 양성 간의 심리적, 사회적, 문화적 차이를 지칭한다. 사회적 성은 사회적으로 구축된 남성다움, 또는 여성스러움의 개념과 관련이 있다. 사회적 성은 반드시 한 개인의 생물학적 성의 직접적인 산물일 필요는 없다. 생물학적 성과 사회적 성의 차이는 근본적인 자질인데, 남녀 간에 나타나는 여러 차이는 그 원인이 생물학적 요소에 기초하지 않기 때문이다.

남녀 사이에 사회적 차이와 불평등을 설명하는 사회학적 해석은 생물학적 성과 사회적 성에 대한 설명을 놓고 대립된 견해로 나누어진다. 우리나라의 일반적인 성 개념은 성교나 성기 중심의 성행위 위주의 생물학적 본능에 입각한 생리적 현상으로서 사회구조와는 분리된 개인적인 측면을 부각함으로써 성이 가진 복합적인 성격을 간과하고 있다(박경 · 이희숙 · 김선경 · 고정애 · 유춘자 · 김혜경 · 허정은, 2008).

물론 생물학적 차원을 완전히 배제할 수는 없겠지만, 많은 학자들은 성이 사회조직을 통하여 존재할 수 있는 사회적 구성물이라는 데 동의하고 있다. 사회구성물로서의 성은 가족, 사회, 특히 대중매체의 영향을 받으면서 우리가 생활하는 방식에 따라서 표현되고 형상화되고 환상으로 그려진다. 우리 사회는 전통적인 유교사상과 가부장적 문화의 영향으로 여성과 어린이를 남성과 어른에 비하여 낮은 존재로 취급하며 함부로 대하는 존재로 여기다 보니 그들은 성희롱에 노출되기 쉽다. 이와 같은 성차별적 문화는 성희롱을 부추길 뿐만 아니라 남성들에게 성희롱을 허용하게 만들고, 나아가 성희롱을 한 경우에도 정당성과 면죄부를 준다. 성에 대한 차별적이고 이중적 판단 기준이 성희롱으로 이어지면서 성과 관련된 다양한 사회문제를 일으킨다. 특히 남녀 간의 데이트에서 왜곡된 의사소통, 폭력에 대한 허용과 정당성은 잘못된 우리 사회의 성문화와 관련이 있다. 성역할 고정관념, 성에 대한 이중 규범 등에 대한 잘못된 인식이 강할수록 편견과 고정관념에 따른 의사소통의 불일치와 강압에 의한 성희롱에 노출되기 쉽다.

현대 지식기반사회에서 성 도덕(moral)의 변화는 성문화의 발전적 요소가 아닌 성 인식의 전환이다. 그 동안 우리나라의 성 인식은 시대에 따라서 많은 변천을 거듭해 오고 있다. 근대에 이르러 보수적인 성의 실체는 문화산업의 발달로 인하여 그 좁은 문을 개방했으며, 최근 인터넷에서 유포되는 정보에는 성과 관련된 정보의 홍수시대를 맞았다. 나이, 성별에 관계없이 컴퓨터를 통한 성에 대한 호기심은 미처 여과할 겨를 없이 해결되면서 성희롱 문제가 문화전반에 영향을 미치고 있다. 21세기의 성문화는 정신적인 만족을 통한 개방입장이 지배적이다. 그러나 성희롱 없는 바람직한 성문화 정착은 우리 모두가 일상생활에서 사회적 상호작용을 하는 과정에서 실천하여야 할 윤리적 덕목 가운데 하나로서 우리 모두의 책임이다.

제3절 성희롱 연구의 미래전망

20세기 초에 시작되어서 중반 무렵에 활발하게 전개된 성(性)에 대한 연구는 성욕을 이해하는 데 많은 과학적인 발전을 이루었다. 연구자들은 사람들이 어떻게 '행동해야만' 하는가에 대한 종교적이고 도덕적인 가르침을 거부하고, 성을 공개화하여 의학적, 과학적, 철학적 논쟁의 가치가 있는 주제로 만들었다. 20세기 중반에 Kinsey가 실시한 미국인의 성행위에 대한 대규모 조사는 사람들의 의문에 대해서 과학적인 대답을 제시함으로써 성욕에 대한 논쟁과 혼란을 해결하는 데 공헌하였으며, Masters와 Johnson은 성반응의 생리학 연구에 많은 기여를 하였다(Carroll, 2009). 이러한 성을 연구하는 과학자들의 작업은 성의 신비를 벗기는 데 도움을 주었고, 사람들이 성행위와 성문제에 대하여 공개적으로 토론하는 것을 좀 더 바람직하게 생각하도록 도와주었다. 이와 반면에 도덕적 개혁운동가들은 많은 성연구들이 전통적인 도덕적 규범에 어긋난다고 비난하였다.

인류 역사상 항상 가부장적인 사회에 저항하고, 여자도 일과 사회 생활에서 남자와 똑같이 유능하다고 주장하며, 문화가 자신들에게 부여하는 편견을 부정하는 여자들이 있었다. 그러나 20세기 초에는 역사상 가장 성공적인 여성주의 운동인 '여성참정권(women's suffrage) 운동'이 생겨났고, 처음으로 여성문제를 전국적인 차원으로 올려 놓았다(Carroll, 2009). 그 후 여성운동은 거대한 문화적이고 정치적인 발전을 이루었으며 미국을 포함한 서구사회에서 성행위의 본질을 변화시켰다. 이제는 성적 쾌락을 추구하는 것이 여자의 합법적인 권리로 간주되었고, 더 이상 남자는 유순하고 무지한 여자를 이끄는 성전문가로 간주되지 않았다. 최근에는 많은 여자들이 정치에 입문하고 있으며, 사회의 여러 분야에서 점차적으로 더 많은 여자들이 진출하여 활동하고 있다. 그럼에도 불구하고 여자들은 여전히 많은 어려움을 가지고 있다. 같은 일을 하여도 남자는 여자보다 더 많은 돈을 받고, 미혼모들은 빈곤에 허덕이고, 성희롱을 포함한 성폭행, 배우자 학대 등은 여전히 주요한 하나의 사회문제로 부각되고 있다. 그러나 여성운동은 인간의 성욕을 포함한 성희롱 연구에 많은 영향을 미쳤다.

성희롱은 농담, 불필요한 성적 접근, '우호적인' 토닥임, '우발적인' 접촉 또는 감싸안기 등을 포함하는 매우 광범위한 용어이다. 또한 불필요한 성적 관심도 포함된다. 이러한 광범위한 다양성 때문에 많은 사람들이 성희롱을 성립시키는 것이 정확히 무엇인가에 대하여 혼란스러워한다. 성희롱은 다른 형태의 성적인 강요만큼 충격적이지는 않을 것 같지만, 피해자들에게 끼치는 영향은 매우 클 수 있으며, 장기적으로는 커다란 문제를 야기하기도 한다. 강도가 높고 습관적인 성희롱은 심리학적인 부작용을 일으킬 수 있고, 극단적인 경우에는 자살의 원인이 되기도 한다(Carroll, 2009). 일반적인 성 연구에서 출발하여 연구되고 있는 성희롱 연구도 학문연구의 총체적인 결과물이다. 성에 관한 우리의 태도와 신념은 고대 원시문명, 중세의 기독교, 그리고 현대의 여성주의 운동으로 이어지면서 역사적 영향력을 반영한다. 우리에게 가장 힘든 것은 성에 대한 우리의 신념, 감정, 도덕적 지위가 특정한 시대와 장소의 산물이며 계속적인 변화의 상태에 있다는 것을 인정하는 것이다.

21세기 지식기반사회에서 성이 개방되고 만연되어 있음에도 불구하고 믿을 만한 성에 관한 연구는 아주 많이 부족하다. 그리고 일반적인 성 연구를 포함한 성희롱 연구에서 사용되는 방법은 '문제중심' 접근이다. 이 연구방법은 성 연구를 친밀한 관계, 사랑, 인간발달 등의 이해에 연구주제를 제한시켜 버렸으며(Carroll, 2009), 이와 같은 맥락에서 성희롱 연구도 문제의 치유와 재발 방지를 위한 대책 마련 등에 국한되어 연구되고 있다. 미래 성 연구의 주제와 목표는 인간의 성욕이 정서적이고 관계적인 측면을 이해하는 것이다. 이러한 목표는 성적인 관계에서 발생하는 문제에 지나치게 초점을 맞추는 것보다 정상적인 것이 무엇이며, 개인을 행복하고 만족스럽게 해 주는 성과 관련된 것이 무엇인가를 이해하는 데 도움을 줄 것이다. 성희롱 연구방향도 마찬가지이다. 다양한 학문배경을 가진 연구자들이 통섭(統攝, consilience)의 관점에서 협력하여 성희롱에 영향을 미치는 다양한 요인을 더 잘 이해하게 하고 예방을 위한 다양한 방안 마련에 초점을 맞추어 진행되어야 할 것으로 전망된다.

우리는 하루가 다르게 변화하는 정보화, 국제화, 세계화 되고 있는 지구촌시대를 살아가고 있다. 또한 무한 경쟁과 능률 위주의 가치관을 으뜸으로 삼고 있으면서 물질적 풍요를 누리고 있다. 그러나 이와 관련하여 여러 가지 사회적 부작용을 경험하고 있다. 현대사회에서 여성의 사회진출과 역할이 증대되었지만, 전통적 가부장적인 남성중심적인 가치관과 의식구조에서 성희롱이 빈번하게 발생되고 있다. 성희롱 문제 해결과 관련하여 가장 기본적이고 필요한 과제는 가정을 건강하게 형성하는 것이다. 건강한 가정을 만들고 진정한 삶의 질을 향상한다는 것은 가정이 평등화되고 가정이 민주화되는 것이다. 가정에서의 평등과 민주화는 여성의 인권회복이며 부부평등을 의미한다(이선자, 1996). 가정의 여성들은 단지 여성이라는 이름으로 차별받지 않고 여성의 삶의 질을 높이고 여성이 가정과 사회에서 자신들의 타고난 능력과 잠재력을 발휘할 수 있어야 건전한 가정, 조직, 사회가 만들어 질 수 있다. 즉 앞으로 여성을 열등한 존재로 여기며 남성을 우월시하거나 여성을 가정 내 폭력의 희생자로 방치해 두는 한 가정의 평화는 이루어질 수 없다. 부부관계가 평등하여야 진정한 아름다운 가정을 만들 수 있고, 가정에서 부부평등은 사회에서 양성평등으로 연결된다. 사회생활에서 양성평등 실천은 성희롱 없는 바람직한 건전한 성문화 정착으로 귀결되는 지름길이다. 우리가 추구하는 성 건강은 건강한 가족구성에서 시작하여 사회생활의 여러 분야에서 실천되어야 우리가 갈망하는 「성희롱 없는 건강한 사회」가 만들어 질 것으로 확신한다.

참고문헌

강동욱 (2008). 직장내 성희롱의 의의와 그 유형에 관한 고찰. **한양법학, 19**(3), 225-246.

강동욱 (2009). 직장내 성희롱의 시정신청 사례에 관한 고찰 : 남녀차별개선위원회의 결정사례를 중심으로. **한양법학, 20**(1), 103-129.

강희순 (2002). **대학내 성희롱에 관한 실태와 대처방안**. 미간행 석사학위논문. 순천, 전남 : 순천대학교 교육대학원.

강현화 · 고은영 (2001). 성차에 따른 여성의 역할과 성희롱에 대한 인식차이 비교연구. **학생생활연구, 6**, 65-82

공미혜 (1995). 직장내 성희롱의 실태와 영향 요인. **한국여성학, 11**(1), 110-137.

공미혜 (1997). 여대생들의 성희롱 경험과 의식의 차. **한국여성학, 13**(1), 29-50.

구현영 · 김성숙 (2007). 청소년의 사이버섹스 중독, 남녀평등의식, 성태도 및 성폭력 허용간의 관계. **대한간호학회지. 37**(7), 1202-1211.

국미애 (2004). **성희롱과 법의 정치.** 서울 : 푸른사상.

권수현 (2003a). **성폭력 가해자 교육 프로그램의 의의.** 한국여성민우회 가족과 성 상담소 성폭력 가해자 재범방지를 위한 프로그램 매뉴얼. 서울 : 한국여성민우회.

권수현 (2003b). **가해자를 통해 본 성폭력.** 한국성폭력상담소 성폭력전문상담원 교육자료집. 서울 : 한국성폭력상담소.

교육인적자원부 (2005). **대학내 성희롱 예방 교육 학생용 기본과정.** 서울 : 저자.

교육과학기술부 · 전국 대학성폭력 상담실무자 협의회 (2009). **대학 성희롱 예방교육 및 고충상담원 실무능력 향상.** 서울 : 저자.

김계현 · 김은경 · 신상숙 · 박정미 · 김보명 (2005). **국내 · 외대학의 성희롱 · 성폭력 정책연구.** 서울 : 학지사.

김노마 · 배성의 (1997). 남녀평등의식 사회교육프로그램 개발. **사회교육학연구, 3**(1), 173-195.

김문조 (1987). 정보화사회에 있어서의 여성 직업활동 전망. **아세아여성연구, 26**, 35-49.

김민정 (2009). 성희롱 정책결정과정을 통해서 본 유럽연합의 비공식 가버넌스. **동서연구, 21**(1), 285-315.

김보연 (2004). 대학 내 성폭력 사건처리의 합리적인 절차. **전국 대학 내 성폭력 상담실무자협의회 동계연수 자료집**, 2-10.

김양희 (1995a). 성희롱 : 경험과 인식, 그리고 정책방안. **한국심리학회지 : 사회문제, 2**(1) 17-32.

김양희 (1995b). 직장여성의 성희롱 경험과 관련정책에 관한 의식. **여성연구, 49**, 37-56.

김양희 · 정경아 (1999). **한국형 남녀평등의식검사 개발**('99연구보고서 250-4). 서울: 한국여성개발원.

김양희 · 정경아 (2000). 한국형 남녀평등의식검사(Korean Gender Egalitarianism Scale) 개발. **한국심리학회지: 사회 및 성격, 14**(1), 23-44.

김엘림 (1997). **직장내 성희롱의 법적 대책방안 연구**. 서울: 한국여성개발원.

김영석 (1999). **멀티미디어와 정보사회** (제3판). 서울: 나남.

김영환 (2000). 교육적 성희롱에 관한 법적 고찰. **창의력개발연구, 4,** 89-111.

김영환 (2003). 학생간 성희롱과 학교의 책임. **창의력개발연구, 6**, 189-204.

김영희 (2005). 사건처리 절차. **전국대학교육협의회 성희롱 고충상담원 연수 자료집**, 1-14.

김정인 (2000). **성희롱 행동의 이해와 실제: 심리학적 접근**. 서울: 교육과학사.

김정인 · 박영호 (1996). 성적 괴롭힘(sexual harassment)에 대한 심리학적 접근: 조직 내에서의 여성에 대한 폭력. **학생생활연구**(경남대학교 학생생활연구소), **14**, 5-26.

김정인 · 도경수 · 이재호 (2003). 성과 성폭력사건 개념의 인지적 표상: 연상어휘 및 태도를 통한 구조분석. **청소년상담, 11**(1), 56-67.

김정인 · 최상열 · 박정진 (2002). 성희롱 행위에 대한 대처인식 및 가용자원의 기능. **한국심리학회지: 여성, 7**(2), 53-75.

김정임 (2008). 미술활동이 가정폭력 아동의 공격성에 미치는 영향. **아동미술, 7,** 75-86.

김지윤 · 안채순 (2000). 고등학생의 남녀평등의식에 관한 연구. **아동간호학회지, 6**(3), 329-343.

김청자 · 정진선 (2006). **상담의 이론과 실제** (개정판). 서울: 동문사.

김혜란 · 이상균 · 이혜은 (1996). 대학에서 성적 괴롭힘의 정의 및 예방. **학생연구, 31**(1), 92-113.

노일석 (2003). **성폭력 가해자 재범방지 프로그램으로서의 수강명령제도의 가치와 프로그램 필수 구성 요소.** 한국여성민우회 가족과 성 상담소 성폭력 가해자 재범방지를 위한 프로그램 매뉴얼. 서울: 한국여성민우회.

문인옥 (1997). 일부 대학생의 성의식 및 성행동에 관한 연구. **한국보건사회학회지, 14**(2), 95-112.

문희경 (2008). 학교에서 '성적 괴롭힘의 유형'과 예방 및 규제방안. **상담심리연구**(국민상담심리학회), **8**(1), 1-19.

문희경 (2009). **대학생의 성희롱 예방 · 대처를 위한 교육프로그램의 효과.** 미간행 박사학위논문. 서울: 상명대학교 대학원.

박경 · 이희숙 · 김선경 · 고정애 · 유춘자 · 김혜경 · 허정은 (2008). **성심리와 성건강.** 서울: 학지사.

박금주 · 김두화 · 김성현 (2005). 대학생의 성희롱 · 성폭력 실태에 관한 연구. **학생생활연구, 26**(1), 307-342.

박동명 (2003). 성희롱에 대한 법적 이해와 대책. **법률행정논총, 23**(1), 253-278.

박선영 (2006). 성차별 · 성희롱 시정에 대한 성과와 과제. **공법연구, 35**(2), 135-175.

박성혁 · 하혜숙 (2007). **대학내 성희롱성폭력 실태 및 예방교육 활성화 방안 연구** (교육정책연구). 서울: 교육과학기술부.

박천오 (2001). 공조직에서의 성희롱 문제: 조직학적 관점에서의 논의. **사회과학논총**(명지대학교 사회과학 연구소), **17,** 23-37.

변신원 (2006) **다자간 연계를 통한 양성평등 정책형성 교육프로그램.** 서울: 한국양성평등교육진흥원.

서문기 (2004). 정보사회 골드칼라: IT 인적자원의 가능성과 함의. **정보통신정책연구, 11**(4), 33-55.

서울대학교 성희롱 성폭력 상담소 (2003), **2003년 대학생 성의식 및 성폭력 실태조사**. 서울: 저자.

서울대 조교 성희롱사건 공동대책위원회 (2001). **서울대 조교성희롱 사건백서(상)**. 서울: 저자.

서이종 (2001). **지식정보사회의 이론과 실제**. 서울: 서울대학교 출판부.

송정아 (2006). 대학 내 성희롱 · 성폭력 예방을 위한 프로그램 연구. **진리논단, 12**, 45-61.

신성자 (1993). 직장여성들의 성적 성가심. **한국사회복지학, 21,** 91-121.

신이찬희 (2003). **가해자 교육 프로그램 내용**. 한국여성민우회 가족과 성 상담소 성폭력 가해자 재범방지를 위한 프로그램 매뉴얼. 서울: 한국여성민우회.

신혜숙 (1996). 성희롱에 대한 여대생의 태도유형. **여성간호학회지, 2**(2) 147-164.

여성부 (2000). **남녀차별 결정례집**. 서울: 저자.

여성부 (2001a). **관리자를 위한 성희롱 예방가이드**. 서울: 저자.

여성부 (2001b). **성희롱 예방 업무 편람**. 서울: 저자.

여성부 (2002). **대학 성희롱 방지대책과 수립을 위한 간담회 자료집**. 서울: 저자.

여성부 (2003). **공공기관 성희롱 예방업무 편람**. 서울: 저자.

여성부 (2005). **함께하는 대학, 행복한 시작**. 서울: 저자.

여성가족부 (2005). **2002-2004년 가정폭력 · 성폭력 피해자 보호관련 통계**. 서울: 여성부.

염영희 · 이규은 (2003). 성희롱성폭력 예방교육 CD-ROM이 중학생의 성폭력 예방 지식에 미치는 효과. **여성건강간호학회지, 9**(4), 499-508.

오정진 (1998). 성희롱의 법적 개념. **여성과 사회, 9**, 240-251.

오택섭 · 강현두 · 최정호 (2005). **미디어와 정보사회**(개정증보판). 서울: 나남.

윤상민 (2006). 성폭력피해자 지원체계의 문제점과 개선방안: 성폭력상담소의 지원을 중심으로. **피해자학연구, 14**(2), 381-405.

윤영민 (2002). 성희롱의 정의: 사회적 합의가 가능한가? **한양대학교 성폭력 상담소 성희롱의 합리적 기준설정을 위한 세미나 자료집.**

윤인경 외 (2007). **성교육 및 성폭력 예방 자료 개발 연구** (2007년도 교육인적자원부 수탁연구보고서). 교육인적자원부 · 부산광역시교육청.

이경혜 · 이자형 · 배정이 · 김일옥 (2003). 어린이 성희롱/성폭력 예방교육 프로그램 개발. **대한간호학회지, 33**(2), 189-199.

이나영 (1999). 학교 내 성희롱의 실태와 규제방안. **여성연구논집**(신라대학교 여성문제연구소), **10**, 163-177.

이미정 (2002). 사례분석을 통한 성희롱 기준모색. **한양대학교 성폭력 상담소 성희롱의 합리적 기준설정을 위한 세미나 자료집.**

이선자 (1996). 결혼과 가정생활에서의 남녀 차이. 김태련 · 방희정 · 이선자 · 조성원 · 조숙자 · 조혜자 (편), **여성심리** (pp. 315-345). 서울: 이화여자대학교 출판부.

이성은 (1995). **직장 내 성희롱의 순응과 저항에 관한 일 연구**. 미간행석사학위논문. 서울: 이화여자대학교 대학원.

이숙경 (1993). 서울대 교수의 여조교 성희롱, 그 공방의 진상. (월간 사회평론) **길, 93**(10), 86-91.

이승협 (2005). 사회정보화와 노동세계의 변화. **문화과학, 43**, 186-207.

이운구 (1993). 한자문화권에 있어서 남녀차별의식의 변천. **인문과학**, **23**(1), 5-32.

이원숙 (2001a). 대학생활과 성희롱. **학생생활연구, 8**. 105-126.

이원숙 (2001b). 캠퍼스 성희롱의 실태에 관한 연구. **한국사회복지, 5**, 95-118.

이원숙 (2003). **성폭력과 상담**. 서울: 학지사.

이재경 · 조영미 · 민가영 · 박홍주 · (이박)혜경 · 이은아 (2007). **여성학**. 서울: 미래인.

이혜은 (1998). **성적 괴롭힘에 대한 여대생의 대처양태**. 미간행 석사학위논문. 서울: 서울대학교 대학원.

임정섭 (2005). 한국의 성문화와 성희롱의 원인에 대한 고찰. **학생생활연구, 31**, 73-92.

임창희 · 홍용기 (1996). 직장여성의 성희롱 태도에 관한 연구. **경영학연구, 25**(3), 145-170.

장수용 (2007). **인간행동의 심리** (개정2판). 서울: 전략기업컨설팅.

장필화 (1994). 성희롱 재판, 형평성 잃은 시대착오적 판결. **21세기 나라의 길, 35**, 79-85.

장필화 · 김정희 · 안연선 · 이영선 · 이미경 (1995). 직장내 '성희롱'에 대한 이해와 대처방안의 모색: 지침서 개발을 중심으로. **여성학논집, 11**, 113-142.

전국경제인연합회 (2007). **한국경제연감** (통권제42호). 서울: 저자.

전국 대학내 성폭력 상담실무자 협의회 (2004). **동계연수 자료집. 서울: 저자.**

전영자 (2000). 성역할 특성과 남녀평등의식에 관한 조사연구. **인문사회과학연구**(인제대학교 인문사회과학연구소). **7**(1), 227-248.

조선일보 (2009. 5. 5.). **'고교 성추행' 교사 4명 중 3명은 전교조 조합원**. A8면.

조주현 · 장승옥 · 정현희 (2003). **대학 내 성희롱 · 성폭력 예방에 관한 연구** (교육정책연구). 서울: 교육인적자원부.

주은희 (2000). 대학사회에서의 성차별 · 성희롱 경험에 관한 조사. **연세여성연구, 6**, 66-91.

지광준 (2001). 성희롱예방과 대책. **사회과학논총, 11**, 307-321.

진정희 (2003). **성희롱 사건 해석과정에서 나타나는 현대적 성차별주의의 영향**. 미간행 석사학위논문. 서울: 서울대학교 대학원.

채규만 (2009). **성행동 심리학**. 서울: 학지사.

천태윤 (1999). **성희롱 정책: 이론과 실제**. 서울: 선학사.

최덕경 · 최동숙 · 강기정 · 유을용 · 변미희 (2004). 중부지역 대학생의 남녀평등의식에 관한 실태조사. **청소년복지연구, 6**(1), 117-134.

최동숙 · 한정화 · 최덕경 (2000). **대학생의 남녀평등의식에 관한 실태**. 춘천: 강원대학교 교육연구소.

통계청 (2007). **경제활동인구연보**, 2006. 서울: 저자.

통계청 (2007). **인력실태조사보고서**, 2006. 서울: 저자.

표시열 (2002). 교육영역에서의 성희롱 예방대책과 관련 판례 분석. **교육법학연구, 14**(1), 165-190.

표시열 (2008). **교육법: 이론 · 정책 · 판례**. 서울: 박영사.

하혜숙 (2007a). **남녀대학생의 성희롱 인식차이 분석을 통한 효과적 상담 방안 연구.** 미간행 박사학위논문, 서울: 서울대학교 대학원.

하혜숙 (2007b). 대학생 성희롱 대처방안 차이 연구. **한국심리학회지: 상담 및 심리치료, 19**(3), 785-800.

하혜숙 (2009). **성희롱 · 성폭력 상담자 가이드**. 서울: 학지사.

하혜숙 · 김동일 (2007). 다시 생각해 본 성폭력 개입 프로그램: 성폭력 가해자 교육 및 상담프로그램 구성을 위한 소고. **열린교육연구, 15**(2), 111-125.

한국성폭력상담소 (2001). **대학내 성폭력 관련 정책 공청회 자료집**. 서울: 저자.

한국성폭력상담소 (2007). **성폭력 피해생존자를 위한 법률지침서**. 서울: 저자.

한국양성평등교육진흥원 (2006). **성희롱예방교육 강의용: 성희롱 사건 사례집**. 서울: 저자.

한국양성평등교육진흥원 (2009). **생애주기 양성평등교육: 청년기편**. 서울: 저자(온라인 사이버교육용 코스웨어).

한국여성개발원 (1992). **성폭력의 예방과 대책에 관한 연구**. 서울: 저자.

한국여성단체협의회 (1991). **직장내 폭행에 관한 연구**. 서울: 저자.

한국여성민우회 (1987). **사무직 여성 실태조사**. 서울: 저자.

한국여성민우회 (1993). **직장내 성희롱에 관한 실태조사**, 서울: 저자.

한국여성민우회 (1994). **직장내 성희롱 지침서**. 서울: 저자.

한국여성민우회 (1998). **남녀직장인 성의식 및 성문화에 관한 실태보고서**. 서울: 여성노동센터.

한국여성민우회 (2003). **성평등의 눈으로 본 지자체 성주류화 현황**. 서울: 저자.

한국여성민우회 (2003). **젠더, 예산, 여성운동**. 서울: 저자.

한국형사정책연구원 (1999). **수강명령프로그램의 운용실태와 개발방향**. 서울: 저자.

한국형사정책연구원 (2005). **성폭력 · 성매매 가해자 교정 · 교화 프로그램 연구**. 서울: 저자.

홍기원 · 전방지 · 차경호 (2001). 남녀의 평등의식, 고정관념적 성차의식, 그리고 심리적 안녕감. **한국심리학회지: 사회 및 성격, 15**(2), 173-188.

홍성묵 (2005). ***Good sex & good life***. 서울: HWB.

황현락 (2007). 성희롱(Sexual Harassment)의 법적 개념. **경찰연구논집, 1**, 231-271.

Adams-Roy, J., & Barling, J. (1998). Predicting the decision to confront or report sexual harassment. *Journal of Organizational Behavior, 19*, 329-336.

Amendt, G. (1993). *Das Sex Buch*. Berlin: Elefanten; 이용숙 (옮김)(2007), **섹스북** (2판). 서울: 박영률출판사.

American Association of University Women (2006). *Drawing the line : Sexual harassment on campus.* Washington DC: American Association of University Women Education Foundation.

Anderson, E. (2006). Recent thinking about sexual harassment: A review essay. *Personal Psychology, 60*(1), 127-162.

Antecol, H., & Cobb-Clark, D. (2003). Does sexual harassment training change attitudes? A view from the federal level. *Social Science Quarterly, 84*(4), 826-842.

Avina, C., & O'Donohue, W. (2002). Sexual harassment and PTSD: Is sexual harassment diagnosable trauma? *Journal of Traumatic Stress, 15*(1), 69-75.

Benson, D. J., & Tomson, G. G. (1982). Sexual harassment on a university campus: The confluence of authority relation, sexual interest and gender stratification. *Social Problems*, *29*, 236-251.

Boland, M. L. (2005). *Sexual harassment in the workplace*. Naperville, IL: Sphinx.

Bonate, D. L., & Jessell, J. C. (1996). The effects of educational intervention on perceptions of sexual harassment. *Sex Roles*, *35*(11/12), 751-764.

Browne, K. R. (2006). Sex, power, and dominance: The evolutionary psychology of sexual harassment. *Managerial and Decision Economics*, *27*, 145-158.

Carroll, J. L. (2007). *Sexuality now: Embracing diversity* (2nd ed.). Florence, KY: Wadsworth; 오영희 · 노영희 · 강성희 · 권젬마 · 이은경 (옮김) (2009). **성심리학** (2판). 서울: 시그마프레스 Cengage Learning.

Dalmiya, V. (1999). Why is sexual harassment wrong? *Journal of Social Philosophy, 30*(1), 46-64.

Dick, W., Carey, L., & Carey, J. O. (2001). **The systematic design of instruction** (5th ed.). New York, NY: Longman; 최수영 · 백영균 · 설양환 (공역)(2003). **체제적 교수설계** (제5판). 서울: 아카데미프레스.

Dye, T. R. (1998). Preventing sexual harassment and preserving academic freedom. *Policy Studies Review, 15*(4), 75-82.

Equal Employment Opportunity Commission (EEOC)(1980). *Discrimination because of sex under Title Ⅶ of the Civil Right Act of 1964, as amended: Adoption of interim interpretive guideline*, Federal Register 1980 (March, 11): 1604, Washington, DC: U. S. Government Printing Office.

Evans, L, J. (1978). Sexual harassment: Women's hidden occupational hazard. In J. Roberts Chapman & M. Gates (Eds.), *The victimization of women*. Beverly Hills, CA: Sage.

Farley, L. (1978). *Sexual shakedown : The sexual harassment on women on the job*. New York: Warneer.

Fitzgerald, L. F., & Gelfand, M. J., & Drasgow, F. (1995). Measuring sexual harassment: Theoretical and psychometric advances. *Basic & Applied Social Psychology, 17*, 425-445.

Fitzgerald, L. F., & A. J. Ormerold. (1991). Perception of sexual harassment: The influence of gender and context. *Psychology of Women Quarterly, 15*, 281-294.

Fitzgerald, L. F., & Shullman, S. L. (1993). Sexual Harassment: A research analysis and agenda for the 1990s. *Journal of Vocational Behavior, 42*, 5-27.

Fitzgerald, L. F., Shullman, S. L., Bailey, N., Richards, M., Swecker, J., Gold, Y., Ormerod, A. J., & Weitzman, L. (1988). The incidence and dimensions of sexual harassment in academia and the workplace. *Journal of Vocational Behavior*, *32*, 152-175.

Fitzgerald, L. F., Swan, S., & Fischer, K. (1995). Why don't she just report him? The psychological and legal implications of women's responses to sexual harassment. *Journal of Social Issues*, *51*, 117-138.

Frazier, P. A. Cochran, C. C., & Olson, A. M. (1995). Social science research on lay definitions of sexual harassment. *Journal of Social Issues, 51*(1), 21-37.

Friedman, J., Boumil, M. M., & Taylor, B. B. (1992). *Sexual harassment*. HCI.

Giddens, A. (2001). *Sociology* (4th ed.). Polity, England; 김미숙 · 김용학 · 박길성 · 송호근 · 신광명 · 유홍준 · 정성호(옮김)(2003). **현대사회학** (제4판). 서울: 을유문화사.

Gruber, J. E., (1989). How women handle sexual harassment: A literature review. *Social Science Research, 74*, 3-9.

Gruber, J. E., & Bjorn L. (1982). Blue-collar blues: The sexual harassment of women autoworkers, *Work and Occupations, 9*, 271-298.

Gruber, J. E., (1992). The sexual harassment experience of women in nontraditional jobs: Results from cross-national research. *Proceedings of the first national conference on sex and power issues in the workplace*. Belleve, WA.

Gutek, B. A. (1985). *Sex and the workplace*. San Francisco, CA: Jossey-Bass.

Gutek, B. A., Morasch, B. & Cohen, A. G., (1982). Interpreting *social*-sexual behavior in a work setting, *Journal of Vocational Behavior, 22*, 30-48.

Gutek, B. A., & Koss, M. P. (1993). Changed women and changed organizations: Consequences of and coping with sexual harassment. *Journal of Vocational Behavior, 42*, 28-48.

Gutek, B. A., & O'Connor, M. (1995). The empirical basis for the reasonable woman standard. *Journal of Social Issues, 51*(1) 151-166.

Hobson C. J., & Guziewicz, J (2002). Sexual harassment: Preventive/protective at U. S. college and universities. *College Student Affairs Journal, 21*(2), 17-29.

Lichty, L. F., Torres, J. M. C., Valenti, M. T., & Buchanan, N. T. (2008). Sexual harassment policies in K-12 schools: Examining accessibility to students and content. *Journal of School Health, 78*(11), 607-614.

Lion, E. M. (1982). *Human sexuality in nursing process*. San Francisco, CA: John Wiley & Sons; 김계숙 (옮김)(2002). **성과 건강**. 서울: 현문사.

Livingston, J. A. (1982). Responses to sexual harassment on the job: Legal, organizational, and individual actions, *Journal of Social Issues, 38*(4), 5-22.

Martucci, W. C., & Lu, Z. (2005). Sexual-harassment training: The wave of the future in state legislative efforts. *Employment Relations Today, 32*(2), 87-95.

McKinnon, C. A. (1979). *Sexual harassment of Working Women*. New Heaven: Yale University Press.

Martucci, W. C., & Lu, Z. (2005). Sexual-harassment training: The wave of the future in state legislative efforts. *Employment Relations Today*, *32*(2), 87-95.

Maypole, D (1986) Sexual harassment of social workers at work: Injustice within?, *Social Work, 31*(1), 29-34.

Naomi M. D. (2000). *Toward a theory of sexual harassment: Giving voice to women students' experiences.* Unpublished Doctoral Dissertation. The Pennsylvania State University.

Paludi, M. A. (Ed.). (1990). *Ivory power: Sexual harassment on campus.* Albany: State University of New York Press.

Paludi, M. A., & Barickman, R. B. (1991). *Academic and workplace sexual harassment.* New York, NY: State University of New York Press.

Pinkston, D. L. (1993). Redefining objectivity: The case for the reasonable women standard in hostile environment claims. *Brigham Young University Law Review, 1993*(1), 363-383.

Powell, G, N. (1983). Definition of sexual harassment and sexual attention experienced. *The Journal of Psychology, 113*(1), 113-117.

Saguy, A. C. (2000). *Defining sexual harassment in France and United States: 1975-1998.* Unpublished Doctoral Dissertation. Princeton University.

Sandler, B. R., & Shoop, R. J. (1997). *Sexual harassment on campus. A guide for administrators, faculty, and students.* Boston. MA: Allyn and Bacon.

Sheffey, S., & Tindale, R. S. (1992). Perceptions of sexual harassment in the workplace. *Journal of Applied Social Psychology*, 22, 1502-1520.

Sigal, J., Braden-Maguire, J., Patt, I., Goodrich, C., & Perrino, C. S. (2003). Effects of type of coping response, setting, and social context on reactions to sexual harassment. *Sex Roles, 48*(3/4), 157-166.

Stockdale, M. S. (1996). *What we know and what we need to learn about* sexual *harassment:* In M. S. Stockdale (Ed.), *Sexual harassment in the workplace: Perspectives, frontiers, and response strategies.* Thousand Oaks, CA: Sage.

Subrahmanian, R. (2005). Gender equality in education: Definitions and measurements. *International Journal of Educational Development, 25*, 395-407.

Tangri, S. S., Burt, M. R., & Johnson, L. B. (1982). Sexual harassment at work: Three explanatory models. *Journal of Social Issues*, *38*, 33-54.

Thacker, T. A., & Gohmann, S. F. (1993). Male/female differences in perceptions of hostile environment sexual harassment: "Resonable" assumptions? *Public Personnel Management, 22*, 461-472.

Till, F. J. (1980). *Sexual harassment: A report on the sexual harassment of student*: Report of the national advisory council of women's educational program. Washington, DC: U. S. Department of Education.

Vijayasiri, G. (2008). Reporting sexual harassment: The importance of organizational culture and trust. *Gender Issues*, *25*, 43-61.

Willness, C. R., Sreel, P., & Lee, K. (2007). A meta-analysis of the antecedents and consequences of workplace sexual harassment. *Personnel Psychology, 60*, 127-162.

Zalk, S. R. (1990). Men in the academy: A psychological profile of harassment. In M. A. Paludi (Ed), *Ivory power: Sexual harassment on campus* (pp. 141-176). Albany, NY: State University of New York Press.

찾아보기

주제 찾아보기

인명 · 조직 찾아보기

· 인명 국내 ·

· 인명 국외 ·

· 조직 ·

부 록

부록 1: 성희롱 상담 관련 각종 서식[1)]

1. 상담신청서
2. 성희롱 상담신고서
3. 상담일지
4. 피신고인 안내문
5. 출석통지서
6. 피신고인 서약서
7. 내용증명 관련 사항
8. 대책위원회 관련 각종 문서 양식
   - 8-1. 성희롱·성폭력상담소 상담자 복무윤리에 관한 서약서
   - 8-2. 조사(심의)위원회 기록자 복무 윤리에 관한 서약서
   - 8-3. 조사(심의)위원 서약서
   - 8-4. 신고인 및 피신고인 진술서
9. 사과문 양식
10. 사건종결 합의서
11. 조사보고서 양식

1) 부록에 예시한 성희롱 · 성폭력과 관련하여 상담에서 사용되는 각종 양식은 하혜숙(2009). 성희롱 · 성폭력 상담자 가이드. 서울: 학지사, 전국대학성희롱상담실무자협의회 홈페이지(http://www.equaluniv.net)에 탑재된 관련 양식, 저자의 상담과정에서 사용한 양식 등을 종합하여 예시한 것이다.

1. 상담신청서

상담신청서

성명		생년월일		남 ○ 여 ○	접수일	
소 속		○ ○ 대학 ○ ○ 학과 ○ 학년			학번	
연락처	휴대전화		전화		전자우편	

1. 다음 중 어떤 문제에 대하여 상담받기를 원하십니까? (중복 선택 가능)
   (1) 성희롱 · 성폭력 (2) 성차별 (3) 이성 및 성(性)문제 (4) 정서문제
   (5) 기타(상세하게 기술하십시오.)

2. 위(1번)에 선택한 문제와 관련되는 대상자의 인적사항 및 연락처를 아는 대로 기술하십시오.

3. 귀하는 평소 신체적·정서적으로 아프거나 불편한 점이 있습니까? 있다면, 간단하게 기술하십시오.

4. 귀하가 상담받기를 원하는 문제와 관련하여 이전에 상담전문가의 도움을 받은 경험이 있습니까?
   (1) 있다 ___ (2) 없다 ___

   4-1 상담경험이 있다면, 언제, 어디서, 어떤 문제로 누구에게 상담을 받았습니까?

   4-2 상담을 하기 위하여 여기(상담센터)를 오게 된 이유는 무엇입니까?

5. 귀하의 상담문제와 관련하여 어떤 문제가 해결되면, 이 문제가 해결되었다고 생각하시겠습니까?

6. 귀하는 생활 속에서 여자(또는 남자)이기 때문에 불편을 느낀 점이 있습니까? 만약 있다면, 어떤 내용입니까?

7. 마지막으로 상담센터에 요청하고 싶은 내용은 무엇입니까? 자유롭게 기술하십시오.

2. 성희롱 상담신고서

상담신고서

상담번호	
사건번호	
접수일자	
담당자	

1. 신고인이 당사자인 경우

이 름		성별	□남 □녀	분류	□대학생 □대학원생 □강사 □직원 □교원 □외부인 □기타( )
소 속				학번(주민등록번호)	
연락처				전자우편	
주 소					

2. 신고인이 제3자인 경우

피해자	이 름		성별	□남 □녀	분류	□대학생 □대학원생 □강사 □직원 □교원 □외부인 □기타( )
	소 속				학번(주민등록번호)	
	연락처				전자우편	
	주 소					
신고인	관 계	□친구 □선후배 □지도교수 □동료 □상사 □기타			신고접수에 대하여 당사자의 동의를 구하였습니까? □예 □아니오	
	연락처					

3. 피신고인

이 름		성별	□남 □녀	분류	□대학생 □대학원생 □강사 □직원 □교원 □외부인 □기타( )
소 속				학번(주민등록번호)	
연락처				전자우편	
주 소				신고인과의 관계	□동기 □선배 □후배 □지도교수 □동료 □상사 □부하 □모르는 사람 □이성친구 □기타( )

4. 피해 유형 (해당 란에 모두 표시)

☐ 언어적 괴롭힘 ☐ 신체적 접촉 ☐ 학업업무상의 차별 ☐ 스토킹 ☐ 기타( )

5. 피해 발생 횟수 및 기간

발생횟수		☐ 일회성 ☐ 반복성	
최초 발생일		최근 발생일	

6. 피해발생에 대하여 신고인이 취한 반응 및 행동 (해당란에 모두 표시)

☐ 말로 거부 의사를 나타냈음 ☐ 행동으로 거부 의사를 나타냈음
☐ 제3자를 통하여 문제를 제기함 ☐ 변호사 또는 경찰의 도움을 구함

기타(구체적으로):

7. 피해자의 행동에 대한 피신고자의 행동의 변화

☐ 중지 ☐ 감소 ☐ 변화 없음 ☐ 증가 ☐ 기타

8. 희망 조처 사항(중복 표시 가능)

☐ 규정에 따른 처벌 ☐ 사과 및 중재 ☐ 교육을 통한 재발 방지 ☐ 공간분리

9. 기타 하고 싶은 말

신고인 ( )는(은) ○○○○년 ○○월 ○○일자로 신고서를 접수하였으며, ○○대학교의 성희롱·성폭력 관련 규정에 따른 조사 절차에 성실히 협조할 것을 약속합니다.

신고인 ○ ○ ○ (인/서명)

3. 상담일지

상 담 일 지

<table>
<tr><td>분류
번호</td><td></td><td>상담
일시</td><td>○○○○년 ○○월 ○○일
○○시 ○○분 ~
○○시 ○○분</td><td>상담
방법</td><td>□전화 □면접
□전자우편
□게시판</td><td>상담
내용</td><td>□성희롱 · 성폭력
□성차별 □성문제
□기타</td></tr>
<tr><td rowspan="2">내
담
자</td><td rowspan="2">□남
□녀</td><td rowspan="2">세</td><td rowspan="2">□학부생 □대학원생
□졸업생 □강사
□교원 □직원
□외부인 □외국인</td><td>소속</td><td></td><td rowspan="2">유형</td><td rowspan="2">□피해자
□가해자
□제3자</td></tr>
<tr><td>전화</td><td></td></tr>
<tr><td rowspan="2">신
고
인</td><td rowspan="2">□남
□녀</td><td rowspan="2">세</td><td rowspan="2">□학부생 □대학원생
□졸업생 □강사
□교원 □직원
□외부인 □외국인</td><td>소속</td><td></td><td rowspan="2">피해
유형</td><td rowspan="2">□언어적 □물리적
□환경적 □스토킹
□기타</td></tr>
<tr><td>전화</td><td></td></tr>
<tr><td rowspan="2">피
신
고
인</td><td rowspan="2">□남
□녀</td><td rowspan="2">세</td><td rowspan="2">□학부생 □대학원생
□졸업생 □강사
□교원 □직원
□외부인 □외국인</td><td>소속</td><td></td><td rowspan="2">피해자
와의
관계</td><td rowspan="2">□동기 □선배
□후배 □동료
□상사 □부하
□교수 □강사
□기타( )</td></tr>
<tr><td>전화</td><td></td></tr>
</table>

상담내용
1. 사건 발생 일시 및 장소
2. 사건 내용 및 특성
3. 사건 반복성과 지속 기간
4. 내담자 현재 상태
5. 내담자가 필요로 하는 도움

상담조치
1. 정서적 안정과 지지
2. 문제해결 전략 탐색
3. 학교 내 성희롱성폭력 관련 규정 및 절차 안내
4. 관련 법령 및 행정 조치에 대한 정보 제공

상담 후 조치
1. 의료적 지원
2. 법률적 지원
3. 행정적 지원
4. 정보 제공을 위한 관련 자료 발송(책자, 안내자료 등)
5. 외부 기관 및 프로그램 연계

4. 피신고인 안내문

안 내 문

• ○○대학교 성희롱 · 성폭력상담센터는 ○○○○년 ○○월 ○○일자로 신고인(○○○, 소속 및 지위)으로부터 피신고인(○○○, 소속 및 지위)에 대한 사건 신고를 접수 받았기에 이를 알립니다.

• ○○대학교 성희롱 · 성폭력상담센터는 ○○대학의 성희롱·성폭력 관련 규정 및 시행 세칙에 의거하여 상기 접수된 사건을 조사 및 처리할 수 있으며, 피신고인은 본 대학의 구성원으로서 관련 규정 및 절차에 성실한 자세로 협조하여야 할 의무가 있습니다. (규정 및 세칙 참조)

• 피신고인에게는 진술서 및 출석 진술을 통하여 스스로를 변호할 의무와 권리가 있으며, 조사 절차 진행 중 및 조사 종결 후, 사건 내용과 관계자들의 신상 정보에 대하여 비밀을 유지할 의무가 있습니다. (서약서 참조)

• 피신고인은 정해진 일시와 장소에 출석하여 사건의 사실관계 등에 대하여 진술하여야 하며, 부득이 참석하지 못할 사정이 있을 시에는 사전에 고지하여야 합니다. (출석통지서 참조)

• 본 대학의 성희롱 · 성폭력 관련 정책에 대한 이해를 돕기 위하여 학내 상담센터에서 발간하는 성희롱 · 성폭력 및 처리에 관한 홍보 책자와 본교의 성희롱 · 성폭력규정 등을 동봉합니다.

○○대학교 성희롱 · 성폭력상담센터장

5. 출석통지서

출 석 통 지 서

문서번호	
수신대상	

사건번호			
신고인	성명	소속	
피신고인	성명	소속	
신고 사유			
의견 진술을 요하는 사항			
근거	•○○대학교 성희롱·성폭력예방과처리에관한규정 제○○조 •○○대학교 성희롱·성폭력예방및처리에관한규정시행세칙 제○○조		

1. 본 상담센터의 조사위원회는 위 사건의 신고를 접수하여 '○○대학교 성희롱·성폭력예방과 처리에 관한 규정' 및 동 규정의 시행 세칙에 의거하여 사건을 조사하고자 합니다.
2. 사건의 공정한 조사를 위하여 귀하의 진술을 듣고자 하오니 출석하여 주시기 바랍니다.
   가. 출석일시 : ○○○○년 ○○월 ○○일 ○○시
   나. 장소 : ○○○○○
3. 지정된 일시 및 장소에 출석할 수 없는 사유가 있을 경우에는 반드시 사전 고지를 한 후, 가능한 일시 및 장소로 변경하여야 합니다.
4. 정당한 이유나 절차 없이 3회 이상 출석을 거부할 경우, 피신고인의 진술 및 자기 방어권을 포기하는 것으로 인정합니다.

○○대학교 성희롱·성폭력 조사위원회장 (인)

문의할 곳	전화		전자우편	

6. 피신고인 서약서

서 약 서

성명 :
주민등록번호 :

○○○은(는) 피신고인으로서 아래의 사항을 지킬 것을 서약합니다.

- 조사위원회 조사 절차에 성실히 협조
- 사건 내용 및 신고인 신상 정보에 관한 비밀유지
- 조사 기간 중 신고인 증인에 대한 사적 접촉 금지
- 신고인 및 주변인에 대한 보복 행위 금지

※ 조사 과정은 사실 확인을 위한 절차입니다. 피신고인은 조사위위원회의 조사 절차를 통하여 가해 사실이 확인되기 전까지는 피신고인의 신분을 유지하며, 해당인의 인적 사항 및 사건에 대한 비밀이 보장됩니다.

○○○○년 ○○월 ○○일 성명: ○ ○ ○ (인/서명)

※ 피신고인은 조사 과정에서 다음과 같은 권리를 가집니다.

- 조사위원회에 출석하여 진술할 수 있습니다.
- 진술서, 소견서 등 관련 자료를 조사위원회에 제출할 수 있습니다.
- 한국어 구사가 능통치 못한 외국인이거나 기타 사정으로 구두 진술이 불가능할 경우에 대리인과 동반 출석하거나 서면 제출로 대체할 수 있습니다.
- 조사 절차 및 그 결과에 대한 정보를 제공받을 수 있습니다.

7. 내용증명 관련 사항

내 용 증 명 작 성 요 령

신고인이 피신고인에게 문서를 보내거나 상담센터에서 피신고인에게 문서를 발송하고자 할 때, 발송 사실과 발송 문서의 내용을 공식적으로 증명할 수 있는 방식을 채택하는 것이 필요하다. 내용증명이란 발송인이 수취인에게 어떤 내용의 문서를 언제, 누가, 누구에게 발송하였는가에 관한 사실을 발송인이 작성한 등본에 따라서 우체국(장)이 공식적으로 증명하는 '등기취급 우편제도'이다. (우편법 시행규칙 46조) 내용증명의 작성요령은 다음과 같다.

작성요령

- 먼저 A4용지(210×297㎜)에 한쪽 면만을 사용하여 상대방에게 알리고자 하는 내용을 육하원칙에 따라서 작성한다.
- 이 때 작성하는 내용을 내용문서라고 하는데, 내용문서는 한글, 또는 한자로 자획을 명료하게 기재한 문서인 경우에 한하여 취급이 가능하며, 공공의 질서 또는 선량한 풍속에 반하는 내용문서는 취급하지 않는다.
- 내용문서 작성 시 문자나 기호를 정정, 삽입, 또는 삭제할 때에는 정정, 삽입 또는 삭제의 문자와 정정, 삽입 또는 삭제한 글자 수를 난 외의 빈자리나 끝부분 빈 곳에 기재하고 그 곳에 발송인의 인장이나 지장을 찍어야 한다. 이 때, 정정 또는 삭제된 문자나 기호를 명확하게 알아볼 수 있도록 그 자체를 남겨 두어야 하며, 내용문서의 서두와 끝부분에 발송인 및 수취인의 주소, 성명을 반드시 기재하여 누가 누구에게 발송한 내용문서인지 확실히 나타나야 한다.

발송절차

- 내용문서의 작성이 완료되면, 2부를 복사한 후(내용문서의 매수가 2매 이상일 경우에는 합철한 부분에 발송인의 인장이나 지장으로 각각 계인) 원본과 함께 우체국 접수창구에 제출한다. 만약 발송인이 내용문서의 성질상 원본을 보내기 어려울 경우에는 복사본 3부만을 제출하여도 된다.
- 내용문서 원본과 복사된 등본 2통에 대하여 소정의 증명절차가 끝나면 원본을 수취인에게 발송하여야 한다.
- 수취인에게 보낼 원본은 내용문서에 기록된 발송인 및 수취인의 주소, 성명을 동일하게 기재한 봉투에 넣고, 우체국 취급 직원이 보는 앞에서 이를 봉합하여 등기접수하면 된다.

이용 범위 및 재증명 청구

- 내용증명 취급은 국내우편의 특수 취급이기 때문에 외국으로 발송하는 우편물에는 이용할 수 없다. 다만, 국내에 거주하는 외국인에게 국내우편물로서는 발송이 가능하다.
- 내용증명은 단지 내용과 발송 사실만을 우편관서에서 증명해 줄 뿐이고, 법적효력은 사법기관의 판단 사항이므로 내용증면 발송만으로 법적효력이 인정되는 것은 아니다.
- 내용증명 우편물 발송 후, 발송인이나 수취인이 내용증명 우편물을 발송한 다음날로부터 3년까지는 발송 우체국에서 내용증명의 열람이나 재증명을 청구할 수 있다.

유의사항

- 내용증명은 단지 내용과 발송 사실만을 우편관서에서 증명해 줄 뿐, 법적효력은 사법기관의 판단사항이므로 내용증명발송만으로 법적효력이 인정되는 것은 아님을 유의해야 한다.
- 내용증명은 주로 본안소송 제기에 앞서 의무의 이행을 촉구하거나 증거력을 확보하기 위한 수단 등으로 이용되는 것이다.

8. 대책위원회 관련 문서 양식

8-1 상담자 복무윤리에 관한 서약서

성희롱·성폭력상담센터 상담자 복무윤리에 관한 서약서

본인은 ○○대학교 성희롱 · 성폭력상담센터의 기밀과 직무상 취득한 일체의 사항을 재직 중은 물론 후에도 직무상 목적 외에는 사용하지 아니할 것과 다른 사람에게 누설하지 않을 것을 서약합니다.

일시 : ○○○○년 ○○월 ○○일
서명인 : ○ ○ ○ (인, 또는 서명)

8-2 대책위원회 기록자 복무 윤리에 관한 서약서

대책위원회 기록자 복무 윤리에 관한 서약서

본인은 ○○대학교 성희롱 · 성폭력상담센터의 조사위원회 회의자료 녹취와 관련하여 취득한 일체의 사항을 재직 중은 물론 후에도 직무상 목적 외에는 사용하지 아니할 것과 다른 사람에게 누설하지 않을 것을 서약합니다.

일시 : ○○○○년 ○○월 ○○일
서명인 : ○ ○ ○ (인, 또는 서명)

8-3 대책위원 서약서

대책위원 서약서

성명 : ○ ○ ○
주민등록 번호 :

본인은 ○○○○-○○ 사건의 조사(심의)위원으로 ○○대학교 성희롱 · 성폭력상담센터 조사위원회의 조사과정에서 언급되는 일체의 사항 및 정보에 관하여 비밀을 지킬 것을 서약합니다.

일시 : ○○○○년 ○○월 ○○일
서명인 : ○ ○ ○ (인, 또는 서명)

8-4 신고인 및 피신고인 진술서

신고인 및 피신고인 진술서

작 성 자 : ○ ○ ○ (인)

작성일시 : ○○○○년 ○○월 ○○일

사건경위 : (가능하면, 육하원칙에 준하여 구체적으로 작성해 주시기 바랍니다.)

바라는 조치 사항:

9. 사과문 양식

사 과 문

- 행위자의 구체적인 언행으로 인해 상대방이 성적 수치심을 느낀 정신적 피해에 대한 진심어린 사과내용
- 문제의 심각성(언어적, 육체적, 시각적 성희롱, 스토킹, 남녀차별행위 등)을 인지하고, 자기성찰(반성)하는 내용
- 추후 재발되지 않도록 다짐하고 노력하려는 내용

날짜 : ○○○○년 ○○월 ○○일

소속 :

직위 :

성명 : ○○○ (인, 또는 시명)

10. 사건종결 (피해자 동의서 및 가해자 서약서) 양식 예시

서 약 서

성명 : ○ ○ ○ (소속, 연락처) :

본인은 ○○○○년 ○○월 ○○일 학생회관 ○층 ○○○에서의 성희롱 행동을 반성하며, 피해자와의 합의내용을 성실히 이행하겠음을 서약합니다.

또한 추후 본 사건에 대한 다른 방법으로의 문제제기를 하지 않을 것을 서약합니다.

• 합의내용 ① 비실명 대자보 사과(지정장소 ○○곳) 1주간 게시
② 1년간 중앙도서관 출입제한 동의
③ 사회봉사 ○○시간 이수

○○○○년 ○월 ○일

성명 : ○ ○ ○ (인/서명)

동 의 서

성명(소속, 연락처)

본인은 ○○○○년 ○○월 ○○일 ○○○장소에서의 성희롱 피해자로서 사건처리를 위해 당사자 간 합의과정을 거쳐 대자보 비실명 사과 공지(협의된 지정장소 ○○곳), 상담실의 가해자 교육 이수(조치내용 명시)로 본 사건처리 종결에 동의합니다.

또한 추후 본 사건에 대한 다른 방법으로의 문제제기를 하지 않을 것을 서약합니다.

○○○○년 ○○월 ○○일

성명 : ○ ○ ○ (인/서명)

11. 조사보고서 양식

조 사 보 고 서

1. 개인정보

신고접수 일자 및 담당 상담자	
신고인 및 피신고인 인적 사항	
담당 조사위원 명단	

2. 조사일지 및 사건 개요

조사 일지	
면접대상 및 일지	
검토 자료목록 및 개요	

3. 조사위원회의 판단과 처리 의견

사실관계에 대한 판단과 근거	
결론 및 처리의견	

4. 조사위원회 의결안 집행계획

5. 기타: 참고사항

위의 조사 보고서 내용이 사실임을 확인합니다.

○○○○년 ○○월 ○○일

조사위원장 ○○○ (인) 담당상담자 ○○○ (인)

조사위원 ○○○ (인) ○○○ (인) ○○○ (인) ○○○ (인)

부록 2 : 성희롱 관련 참고 사이트[2)]

1. 대학교 성희롱·성폭력 상담기관

가톨릭대학교 학생생활상담센터	http://songsim.catholic.ac.kr/~cukgcc/
경북대학교 성폭력상담소	http://scounsel.knu.ac.kr/
경희대학교 성폭력상담실(서울)	http://web.khu.ac.kr/~happyou/
고려대학교 양성평등센터	http://www.kucge.com/
국민대학교 성희롱 · 성폭력상담센터	http://sangdam.kookmin.ac.kr/
금강대학교 성폭력상담실	http://health.geumgang.ac.kr/
광운대학교 성평등상담실	http://sangdam.kw.ac.kr/
대구가톨릭대학교 성희롱·성폭력상담실	http://scounsel.cu.ac.kr/
동국대학교 학생상담센터	http://counseling.dongguk.edu/
부산가톨릭대학교 성희롱고충상담실	http://sisters.cup.ac.kr/
상명대학교 학생생활상담센터	http://web.smu.ac.kr/scc/
상지대학교 성희롱 · 성폭력상담실	http://helper.csangji.ac.kr/
서강대학교 양성평등 · 성상담실	http://www.equalsogang.net/
서울대학교 성희롱 · 성폭력상담소	http://help.snu.ac.kr/
서원대학교 성희롱 · 성폭력상담소	http://homepy.seowon.ac.kr/counsel119
성균관대학교 학생상담센터	http://scc.skku.edu/
세종대학교 성폭력상담실	http://dasan.sejong.ac.kr/~counsel/
숙명여자대학교 성평등상담소	http://sookmyung.ac.kr/~sexcounsel/
아주대학교 성폭력상담센터	http://www.ajou.ac.kr/~nosexism/
연세대학교 성희롱 · 성폭력상담실(서울)	http://web.yonsei.ac.kr/helper/
영남대학교 성희롱 · 성폭력상담소	http://sisters.yu.ac.kr/
이화여자대학교 양성평등센터	http://antiharass.ewha.ac.kr/

2) 관련 사이트의 홈페이지 주소는 2010년 2월 18일 현재 사용하는 것을 중심으로 작성되었다.

중앙대학교 성폭력상담실(서울)	http://cau.ac.kr/~guidance/
POSTECH 학생상담센터	http://counsel.postech.ac.kr/
한양대학교 양성평등센터(서울)	http://help.hanyang.ac.kr/
홍익대학교 취업지원센터 학생상담실	http://www.hongik.ac.kr/guidance/

2. 공공기관, 교육·연구기관 및 기타

국가인권위원회	http://www.humanrights.go.kr/
교육과학기술부	http://www.mest.go.kr/
노동부	http://www.molab.go.kr/
여성부	http://www.moge.go.kr/
국립재활원 성재활상담실	http://www.nrc.go.kr/
대한가족보건복지협회 성상담	http://www.ppfk.or.kr/
서울특별시 늘푸른여성지원센터 소녀들의 신부인과	http://1318.seoul.go.kr/
여성긴급전화 1366	http://www.1366.or.kr/
한국성폭력상담소	http://www.sisters.or.kr/
한국여성민우회	http://womenlink.or.kr/
한국여성상담센터	http://www.iffeminist.or.kr/
한국성폭력위기센터	http://www.rape119.or.kr/
한국청소년상담원	http://www.kyci.or.kr/
불교상담개발원 청소년성상담 아하!섹스	http://www.ahsex.org/
한국성과학연구소	http://www.sexacademy.org/
전국 대학 성희롱 상담실무자협의회	http://www.equaluniv.net/
한국성희롱예방전문강사협회	http://www.gad.or.kr/
한국양성평등교육진흥원	http://www.kigepe.re.kr/
행복한성문화연구소	http://www.baejw.com/
건강과 성(性)박물관	http://www.sexmuseum.or.kr/
구성애의 푸른아우성	http://www.9sungae.com/

부록 3 : 성희롱 관련 주요 용어

가부장제(家父長制, patriarchy) : 남성에게 권력이 속해 지배적 위치를 갖도록 하는 가족, 집단, 사회, 여성을 희생하여 남성에 특권을 주는 보편적인 정치구조로 남성 지배와 동의어로 쓰이는 경우도 있으며, 특정한 역사상의 사회구조를 가리키는 경우도 있다. 가부장적 권력은 가족, 경제, 언론, 종교, 법, 정치 등 모든 영역에서 발휘된다.

가해자(加害者)와 피신고인(被申告人) : 성희롱 사건의 신고와 상담 과정에서 피해자가 가해자로 지목한 사람을 '사실 확인' 절차 없이 가해자로 명명하는 것은 바람직하지 않다. 엄밀히 말하면, 신고접수 및 상담과정에서 '가해자'라는 용어는 적합하지 않으며, 대신 '피신고인', '행위자'라는 명칭을 쓰는 것이 바람직하다. 성희롱 피해사실에 대하여 상담 및 조사를 요청한 내담자를 '신고인'이라고 할 때, 행위자로 지목된 상대편을 '피신고인'이라고 부르는 것이 적절하다. 가해자라는 명칭은 조사 결과 가해 사실이 밝혀진 후에 사용해도 늦지 않다.

간성자(間性者, intersexed) : 아기가 태어날 때, 내적으로는 남자든 여자든 하나의 성 생식기를 가지고 있지만, 외적으로 구별하기 모호한 생식기를 가지고 있는 아이를 간성자라고 말한다. 간성인 여자아이나 남자아이는 보통 성염색체에 따라서 키워진다. 기록에 의하면, 대부분의 부모들은 아이의 성을 여성이나 남성으로 정하는 수술을 바로 선택한다.

고용기회평등위원회(Equal Employment Opportunity Commission : EEOC) : 미국의 학교를 포함한 직장에서 발생하는 성희롱에 관한 법률 집행기관이다. EEOC가 성차별 지침을 발표하면서, 그 내용 가운데 성희롱을 성에 기초한 차별을 금지하는 민권법 제7조에 위반되는 차별행위라는 점을 공식적으로 확인하였다. 이들 지침서에 기초한 대학에서의 성희롱 정의는 고용관계를 포함하여 교육적 환경, 개인의 복지 측면 등을 포함하여 그 범위를 넓게 규정하는 특징이 있다.

교육수정법 제9편(Title Ⅸ of Education Amendments Act, 1971) : 1972년 6월 미국은 교육수정법을 제정하였는데, 이 법의 제9편은 미국교육에 있어서 혁명적인 변화를 가져왔다. 교육에서 성차별을 최초로 포괄적으로 규정한 제9편은 '연방의 재정적 지원을 받는 어떠한 교육프로그램, 또는 활동을 수행하는 데 있어서 누구도 그 사람의 성을 이유로 하여 참여에 배제되거나 혜택을 받지 못하거나 차별적이어서는 아니 된다'고 명시하였다. 교육수정법 제9편은 초·중등교육에 커다란 영향을 미쳤는데, 이것은 이들 학교가 연방정부로부터 계속 재정지원을 받기 위해서는 제9편을 지켜야만 했기 때문이다. 이 법에 의하여 가장 커다란 영향을 받은 부분은 첫째, 직업학교 입학에 있어서의 성차별을 금지하였다는 것, 둘째, 여학생은 가정교과에 남학생은 산업기술교과에 등록하는 식으로 한 성에만 특정교과가 제한되지 않도록 하였으며, 셋째, 체육교육, 스포츠, 특별활동이나 클럽활동에서 여학생 참여를 제한하는 것을 금지한 것이다.

구제수단(救濟手段, remedies) : 성희롱 피해자가 손실을 회복하는 방법이다. 법률은 성희롱 피해자가 성희롱 사건으로 인한 고통과 시달림에 대하여 보상, 원상회복(reinstatement), 장래 수익(future earning), 금전손실 등으로 손실을 회복하는 규정을 명시하고 있다.

남녀차별의 금지(男女差別禁止, Equal Remuneration Convention/equal treatment) : '근로기준법' 제5조는 '사용자는 근로자에 대하여 남녀의 차별적 대우를 하지 못하며 국적·신앙 또는 사회적 신분을 이유로 근로조건에 대한 차별적 처우를 하지 못한다'라고 규정하고 있다. 이것은 헌법 제11조의 '법 앞의 평등'을 사용자와 근로자와의 관계에서 구체적으로 실현하고자 한 것이며, 국제노동헌장도 '동일가치의 노동에 대하여 남녀 동일임금'을 받아야 한다는 원칙을 선언하고 있다. 이러한 이념에 따라서 '근로기준법'은 사용자가 합리적인 이유 없이 단순히 여성이라는 이유만으로 차별하는 것을 금지하고 이를 어길 경우, 벌칙으로써 사용자로 하여금 준수·이행을 강제하고 있다.

노출증(露出症, exhibitionism) : 기대하지 않은 낯선 사람에게 반복적으로 자신의 성적인 기관을 노출하면서 성적인 흥분이나 만족을 누리고자 하는 사람을 노출증자라고 한다. 노출증자의 대부분은 거의 남자이지만, 극소수의 여성도 있다. 많은 노출증자들은 이성관계에서는 무능력하며, 통제할 수 없는 충동 때문에 노출증적인 행동으로 이어진다고 한다. 노출증은 보통 18세 전에 증세를 보이며, 가장 많이 나타나는 나이는 20대이고, 아주 흔치 않은 경우에는 40대 이후에 이러한 증세를 보인다고 한다.

배우자 폭력(intimate partner violence, IPV, 가정 내 폭력) : 협박, 위협, 혹은 공포를 조성하거나 괴롭히는 행동으로 친밀한 관계에 있는 상대에게 힘과 통제력을 행사하려는 강제적인 행동양식이다. 배우자 폭력은 인종, 민족, 사회경제적 차이에 상관없이 어디에서든 존재한다. 배우자 폭력의 피해자는 육체적, 정신적 증상을 모두 겪는데, 증상들은 폭력의 빈도와 강도에 좌우된다. 공통적인 심리적 증상에는 우울증, 반사회적 행동, 불안 증가, 낮은 자존감, 친밀함에 대한 공포 등이다.

생물학적 결정론/환원론(biological determinism/reductionism) : 어느 집단의 생물학적, 유전적 구조가 사회적, 정치적, 경제적 운명을 결정한다는 일반론이다. 인간의 성격이나 사회는 대부분, 또는 모두 인간 생리 기능의 요구에 지시받으며, 남성성과 여성성 사이는 본질적으로 변하지 않는 차이가 있다고 본다. 이러한 입장은 남성, 또는 백인에 비하여 생물학적, 유전적으로 다른 여성과 유색 인종의 열등성을 주장함으로써 그들에 대한 종속을 정당화하는 데 사용되었다.

성분석(性分析, gender analysis) : 정책이나 프로그램의 기획단계에서 성 인지적 관점을 적용한 것을 말한다. 정책 및 프로그램 기획 단계에서 성별을 주요 변수나 기준으로 삼아 정책과 프로그램이 여성과 남성에게 미칠 영향을 사전에 검토하는 것이다. 또한 주요 변수로서의 성별 구분이 특정 성에 대하여 불평등한 효과를 가져온다면 양성(兩性) 모두에게 평등한 효과를 나타내도록 미리 조정하는 것을 말한다.

성인지 관점(gender sensitive perspective) : 여성이 남성과는 다르고, 때로는 남성과는 상반되는 이해와 요구를 가지고 있다고 보는 것이다. 따라서 여성과 남성의 삶을 비교하고, 여성 특유의 경험을 반영하며, 특정 개념이 특정 성에게 유리하거나 불리하지 않는지, 성역할에 대한 고정관념이 개입되어 있는지 아닌지를 검토하는 관점을 말한다.

성 · 제도 · 개발(Gender, Institutions and Development : GID) 지수 : GID지수는 OECD가 세계 여성의 날을 맞이하여, 2006년에 새로 발표한 여성평등지표로 가족 및 사회의 규범, 관습, 문화까지 포함하는 한 국가의 사회제도가 여성차별과 불평등에 미치는 영향을 평가하는 것으로, 수치가 낮을수록 제도적인 성평등 수준이 높다는 의미를 가지고 있다.

성담론(性談論) : 담론(discourse)은 우리말로 '현실에 대한 설명을 산출하는 표현', 즉 현실을 설명할 수 있는 그 무엇이라는 의미로서 이론, 전형(典型, paradigm)과 유사하다. 성에 대한 담론은 사적인 영역으로 절대화되었던 성의 영역이 어떻게 사회적으로 구성되고 창출되는가를 밝히고, 그것이 사회적 권력관계를 형성하는 데 어떻게 기여하는가를 분석하는 것이며, 이것을 위해서는 성을 하나의 사실로 의미화 하는 데 동원되는 다양한 이념(ideology)과 체계적인 담론으로 표현하고 있는 지식체계를 해석할 수 있어야 한다.

성도착증(paraphilia) : 그리스어 'para(그 외에)'와 'philia(사랑 또는 매력)'에서 온 단어이다. 성도착증은 평범하지 않거나 성욕을 자극하는 에로틱한 특이 물체에 대한 욕망을 수반하는 성적 행동이다. DSM-IV-TR에 따르면, 성도착증의 본질적인 특징은 사람이 아닌 물건이나 고통 또는 자기 자신이나 상대방에 대한 모욕, 어린이, 쌍방 성행위에 동의하지 않는 사람을 수반한 성적 행동의 반복과 강도이다. 이 행동은 엄청난 고통의 원인으로 작용한다.

성매매(性賣買, prostitution/sex trafficking) : 성매매를 우리 사회에서는 오랫동안 매춘으로 불려 왔다. 그래서 매춘하는 여성을 비하하고 심지어는 인간 취급을 하지 않기도 했다. 그러나 성매춘을 하는 여성들에 관한 사회적인 관심이 높아 가고 이들을 도와주고 재활시키는 입장에서 성매춘에 접근하면서 성매춘에 종사하는 많은 여성들이 성폭력 피해자들이며, 생존을 위해서 이 분야에 관여하고 포주에게 진 빚에 시달리며 노예처럼 생활한다는 사실이 표면화되었다. 이에 성매춘하는 여성을 성매매자라고 부르고 이들에게서 성을 사는 남자들을 성매수자라고 부르기 시작했다.

성문화(性文化, sex/gender/sexuality culture) : 우리의 일상에 들어와 있는 성과 관계된 여러 가지 문제를 말한다. 여기서의 문화는 성의 중층적 의미를 해석하고 분석하여 접근하는 하나의 방법으로 제시할 수 있다.

성심리학(性心理學, sex psychology) : 성에 대한 심리 · 사회적인 접근법을 연구하는 학문이다. 여기서 심리(心理)라 함은 마음의 작용과 의식의 상태를 말한다. 결국 성심리라는 것은 성에 대한 심리적인 측면, 성에 관한 개개인의 의식 상태를 말하는 것이다. 이러한 성심리가 올바르게 자리 잡기 위해서는 성에 관한 개념이 명확하게 수반되어야 할 것이다. 성심리학은 성(性, sex)을 바라보는 다양한 측면들-예를 들면, 생물학적인 측면, 행동적인 측면, 임상적인 측면, 문화적인 측면, 도덕적 · 종교적인 측면-가운데 하나의 관점에 불과하다.

성역할(性役割, gender role) : 자신이 살고 있는 사회와 문화를 고려하여 여성과 남성에 관한 정상적이고 적절한 태도와 행동에 관한 총체적인 면을 반영한다. 즉 남성성, 여성성의 성정체성에 대해서 구체적인 태도와 행동 양식을 말하는데, 이런 행동은 사회 · 문화적인 영향을 많이 받는다. 영아기가 끝나고 유아기가 시작되면 성의 분화에 따른 사회화 과정이 시작된다. 유아는 성별에 따라 동성의 부모를 모방하고 성역할을 학습한다. 아이들끼리 소꿉놀이를 할 때에 여자 아이가 엄마 역할을 하고 남자 아이가 아빠 역할을 함으로써 자연스럽게 여성과 남성의 구분된 성역할을 학습하게 된다.

성역할 고정관념(性役割 固定觀念, sex role streotype) : 인간이 성역할에 대하여 가지는 인지적 편견의 한 가지 형태이다. 전형적인 남성 특성의 도구적 차원은 능동적, 객관적, 독립적, 공격적, 직접적, 지배적, 비정상적, 유능한 등과 같은 세상을 효과적으로 조작할 수 있는 개인 특성을 포함한다. 전형적인 여성 특성의 정서적 차원은 따뜻한, 민감한, 표현적 등과 같이 타인에게 관심을 가지고 양육적이며 타인을 돌보는데 적합한 개인적 특성으로 구성된다. 전형적 여성 특성보다는 전형적 남성 특성이 사회적으로 보다 바람직한 특성들로 구성되어 있다는 것을 알 수 있다. 남성적 특성은 곧 바람직한 성인의 특성과 일치하는 반면에 여성적 특성은 어린아이 같은 속성을 지니고 있어서 여성성은 미성숙과 일치한다. 같은 시대를 살아가는 여성과 남성들은 거의 무의식적으로 성역할 고정관념을 수용할 수밖에 없다. 이와 같은 성역할 고정관념은 같은 사회적 범주에 바탕을 둔 편향된 개인들에게 전달되어 개인의 수행 행동의 원인을 추론하는 과정 등 그들의 행동에 영향을 준다.

성역할 사회화((性役割 社會化, sex role socialization) : 남자와 여자는 성별에 따라서 각각 적절하다고 규정된 그 사회의 문화적 기대치를 그 사회 구성원에게 전달, 수용하도록 하는 과정으로서 가정과 학교, 종교, 다양한 매체, 지역사회와 같은 제도라는 맥락 속에서 발생하며, 이에 해당하는 각 제도가 그 역할을 담당한다. 이와 같은 사회화 과정을 통하여 성차별적인 성역할 고정관념은 개개인에게 전달되고 스며들어 광범위하게 우리 사회의 남성과 여성의 삶의 방식을 지배하며, 성차별을 유지・존속시키고 있다. 우리 사회는 남성중심의 가부장적 이념과 구조로 구성되어 각종 제도, 문화 등을 통하여 구성원들의 삶의 내용과 방식을 지배하고 있다. 결국, 우리 사회의 개개인이 살아가는 삶의 조건과 환경 자체가 바로 사회화의 과정이 되는 것이다.

성정체성(性正體性, gender identity) : 자신이 남성인가 여성인가에 대하여 주관적인 의미를 부여하는 것을 말한다. 아동의 성에 대한 정체성은 생물학적인 차이에 근거해서 대체로 3~4세까지 발달하고, 많은 경우에는 자신의 신체적인 특징에 근거해서 자신은 '남성이다', '여성이다'라는 정체성을 가진다. 그러나 자신의 생물학적인 성과 성 정체성이 항상 일치하지는 않는다.

성주류화(性主流化, gender mainstreaming) : 성평등이라는 궁극적 목표를 이루기 위한 근본적인 전략이다. 평등은 그 자체가 중요한 목적이 아니라 시간과 행동에 있어서 고려되어야만 하는 가치이다. 또한 주류화는 불평등을 유지하는 과정의 중요함에 대한 새로운 합의를 의미하고, 불평등을 논함에 있어 과정지향적인 전략의 중심을 의미한다.

성차별주의(性差別主義, sexism) : 성별을 중심으로 한 범주화 과정은 대부분 인위적인 사회규범들, 즉 사회적 이데올로기에 기초하고 있다. 즉 성별 범주화 과정 자체가 성 고정관념이나 성차별주의와 무관할 수는 없다. 모든 사회에서 일련의 사회적 차별은 어떤 점에서는 성별의 구분과 일치되어 있다. 사회적으로 남성과 여성의 역할이 비교적 분명하게 구분되어 있기 때문에 사람들은 남녀 차이를 마치 본질적인 것으로 보는 경향이 있다. 성별의 차이를 근거로 남녀 간을 우열로 나누어 차별하는 것을 성차별주의라고 한다. 성차별주의란 성 고정 관념이 현실적으로 성차별주의로 강화될 수 있다. 성 고정 관념과 유사하게 성차별주의도 사실에 근거하기보다는 비합리적인 방식으로 내재화된 이데올로기일 뿐이다.

성태도(性態度, sex attitude) : 개인이 가지고 있는 성심리를 바탕으로 하여 형성되는 성에 대한 태도를 말한다. 성태도는 시대와 문화에 따라 극심한 변화를 보인다. 성태도는 특히 사회・문화적인 영향을 많이 받는 편이며, 시대가 요구하는 성의식이 개인의 성심리에 간섭하고 그것으로 인하여 성심리가 변화되면 성태도도 변화하게 된다.

성희롱(性戲弄, sexual harassment) : 학교를 포함한 사회생활에서 상대방 의사에 반(反)하는 성(性)과 관련된 언동으로 불쾌하고 굴욕적인 느낌을 가지게 하거나 고용상의 불이익 등 유・무형의 피해를 주는 행위를 말한다. 학술적 개념으로 '성희롱(性戲弄)'이란 영어의 'sexual harassment'를 우리말로 번역하여 사용하는 용어로서 성적 괴롭힘, 성적 모욕, 성적 성가심 등을 말한다. '성희롱'이란 용어는 1975년 미국 Cornell대학교에서 만들어진, 여성들이 원하지 않는 성적 행동에 초점을 맞추어 정의되고 있다. 우리나라에서도 성희롱은 주로 여성에 대한 남성의 행위로서 피해여성의 동의, 가해자의 성적 만족, 피해자의 성적 수치심 발생 등과는 관계없이 객관적으로 볼 때, 성적 침해 행위에 해당된다. 성희롱은 상대방의 의사에 관계없이 성(性)과 관련된 언행을 함으로써 상대방이 불쾌하고 굴욕적인 느낌을 갖게 하고 피해를 주는 일체의 행동을 말한다.

양성평등(兩性平等, gender equality) : '남성과 여성이 평등하다'라고 쉽게 해석할 수 있다. 그러나 이 남성과 여성이 평등하다는 말에는 두 가지 의미가 포함되어 있다. 첫째, '남녀는 인간으로서 평등하다'라는 것이고, 둘째, '남녀를 인간으로서 평등하게 대우해야 한다.'는 것이다.

여성주의(女性主義, feminism) : 여성주의는 사상, 이론, 행동주의를 모두 포괄하는 용어이다. 여성주의라는 우리말로 옮겨 쓰는 경우도 있으나, 페미니즘이라는 용어를 그대로 사용하기도 한다. 여성학은 페미니즘 시각에서 전문적인 연구를 하는 작업이다. 여성의 상황에 대한 비판이나 지위변화를 위한 노력은 학문으로서의 여성학뿐만 아니라 행동주의로서의 페미니즘, 또는 페미니즘의 사상적 발전을 통하여 이루어지므로 연구와 사상, 행동주의가 명확히 구분되지 않는 경우가 많다.

여성정책(女性政策, gender policy) : 정치, 경제, 사회, 문화 등 모든 영역에서 성 평등 실현을 위한 국가 차원의 정책이라고 정의할 수 있다. 많은 사람들이 여성정책을 여성을 위한 정책, 여성을 보호하기 위한 정책으로 오해하고 있으며, 여성정책을 여성을 위한 정책, 여성을 보호하기 위한 정책 등으로 생각하기 쉽다. 그러나 여성정책에서 '여성'은 생물학적인 여성이 아니라 성별 불평등한 사회에서 사회적 성별관계로서의 여성을 의미한다. 따라서 여성정책은 단지 여성만을 위한 정책이 아니고 여성들만의 문제를 다루는 정책도 아니다. 여성정책의 목적은 여성들의 다양한 차이를 인정하지만, 권력관계와 성별관계에 주목하고, 정책적 개입을 통하여 성 평등한 사회를 지향하려는 데에 있다. 따라서 여성과 남성 모두의 삶에 영향을 미칠 수 있다.

인간 성욕(人間性慾, human sexuality) : 인간의 성적인 본질은 다른 동물과는 차별화되며 독특한 것이다. 인간과 유사한 동물들이 복잡한 성행동을 보이기도 하지만, 인간만의 본능적인 교미의식을 넘어서서 성에 대한 생각, 법률, 관습, 환상, 예술 등을 창조해 내는데 이것을 성욕이라고 한다. 성교는 동물왕국에서 흔히 발생하지만, 성욕은 인간의 독특한 특성이다. 성에 대한 연구는 성욕에 대한 이해를 전문으로 하는 '성'과학자 뿐만 아니라 생물학자, 심리학자, 의사, 인류학자, 역사학자, 사회학자, 정치학자, 공중건강 관련 학자, 기타 다른 많은 학문 영역에 있는 사람들에 의하여 진행된다.

조건형 성희롱(條件型性戲弄, quid pro quo sexual harassment) : 보복형 성희롱이라고도 하며 고용이나 승진을 조건으로 성희롱을 하거나 성희롱을 거부한 것에 대한 보복으로 고용이나 승진에서 제외하거나 직급(위)에 있어서 불이익을 주거나 해고하는 행위를 말한다.

포르노그라피(pornography) : 포르노그라피는 그리스어로 '매춘부 또는 전쟁에서 포로가 된 여성'을 뜻하는 'porno'와 '그림'이나 '묘사'를 뜻하는 'graphos'의 합성어이다. 우리나라에서 프로노그라피의 법률적 의미는 '성적 수치심 또는 성적 욕망을 유발하거나 만족'시키는 '음란물'로서 법적 규제의 대상이 된다. 이것은 형법, 음란 비디오물 및 게임물에 관한 법률, 미성년자 보호법 등에서도 언급되어 있다. 일반적으로 '인간의 신체 혹은 성행위를 노골적으로 묘사하거나 서술하여 성적인 자극과 만족을 위하여 이용되는 성 표현물'이라고 정의된다.

환경형 성희롱(環境型 性戲弄, hostile work environment sexual harassment) : 지나친 성적 농담이나 음담패설 등 언어를 통하여, 또는 음란하고 불쾌한 눈빛을 통하여 굴욕적이거나 불쾌한 작업환경을 만드는 행위, 원치 않는 신체적 접촉을 하거나 성기를 노출하는 등의 행위, 성적으로 자극적인 사진이나 낙서 등을 사무실이나 작업장에 걸어 놓음으로써 정상적인 근무를 불가능하게 하는 행위를 비롯하여 회식자리 등에서 무리하게 술을 따르라고 하거나 옆에 앉으라고 요구하는 등 성적인 봉사를 강요하는 행위를 말한다.

저자소개

문 희 경 (文禧卿, Moon, Hee Kyung)

전자우편: rosa-moon@hanmail.net
hkmoon@kookmin.ac.kr

〈학력〉

국민대학교 교육대학원 상담심리 전공 (교육학 석사)
상명대학교 대학원 교육심리 전공 (교육학 박사)

〈경력 및 수상〉

- 국민대학교 학생생활상담센터 연구원 (1985-2009)
- 경희호텔경영대학, 숭의여자대학, 오산대학 외래교수 (1993-1995)
- 국민대학교 보육교사교육원 전임교수 (1996-1999)
- 성희롱 예방교육 전문강사 국가자격증 취득 (여성부, 2004-075)
- 청와대, 국민연금관리공단, 서울경찰청, 남대문세무서, 서울사이버대학 등 성희롱예방교육 외래강사 (2004-현재)
- 성희롱 예방교육 활성화 우수사례 공로 부총리상 수상 (2007)
- 국민대학교 경력개발센터 취업상담역 (2009-현재)

〈논문〉

- **정신분열증 환자들의 조작적 사고능력** (석사학위논문, 1985)
- 적성이 취업에 미치는 영향, **학생생활연구** (상주대학교)(공저, 1995)
- 학교에서 '성적 괴롭힘'의 유형과 예방 및 규제방안. **상담심리연구,** 8(1), 1-19 (2008)
- **대학생의 성희롱 예방 · 대처를 위한 교육프로그램의 효과** (박사학위논문, 2009)
- 성희롱 이해의 법적 기초와 구제 · 예방을 위한 대책. **교육법학연구, 21**(2), 217-242 (공저, 2009)

성희롱의 이해

2010년 2월 20일 1판 1쇄 인쇄
2010년 2월 25일 1판 1쇄 발행

저 자 : 문 희 경
발행인 : 김 동 규
발행처 : **교 육 과 학 사**

경기도 파주시 교하읍 문발리
파주출판문화정보산업단지 514-5
전화 (031) 955-6956～8/ FAX (031) 955-6037
Home-page : www.kyoyookbook.co.kr
E-mail : kyoyook@chol.com
등록 : 1970년 5월 18일 제2-73호

낙장 · 파본은 교환해 드립니다.
Printed in Korea.

정가 17,000 원
ISBN 978-89-254-0369-4